JN418497

이야기로 풀어가는
현실 국제금융론

INTERNATIONAL FINANCE:
CASE STUDIES AND NARRATIVES

이재랑

박영사

머리말

“미국경제나 국제금융은 잘 모르는데 무슨 책부터 봐야 좋은지 추천해 주세요.”

한국은행 뉴욕사무소장으로 근무하고 일 년 정도 지난 때에 마침 새로 부임하신 일간지 뉴욕 특파원이 저자에게 한 질문이다. 세계의 금융중심지인 뉴욕에서 취재하는 언론사 특파원은 미국경제와 금융에 대한 뉴스를 접하고 기사를 쓸 일이 많다. 그런데 그동안 다른 분야에 대한 취재를 주로 하다가 뉴욕에 부임하고 나서 곧바로, 지금 일어나고 있는 미국의 경제, 금융 이슈에 대한 기사를 쓰기 쉬운 일이 아니다. 내용을 찾아보고 사실관계를 정리하는 것은 문제가 아니겠지만, 배경과 원리를 파악하고 핵심을 짚어 내기까지 시간이 걸리고 노력이 든다. 기본 내용에 대한 교과서는 있으나 현재 일어나고 있는 일과 연결해서 설명하는 자료를 찾기 어렵다. 그나마 있는 자료는 여기저기 단편으로 흩어져 있다. 그때, 기자님의 질문에 저자가 했던 답변은 간단했다. 필요할 때마다 인터넷 검색으로 찾아보는 것이 가장 빠를 것 같다고 했다. 이 책의 목적은 바로 그런 분들을 위한 것이다. 최근에 발생한 미국경제, 금융 그리고 정치에 대한 내용을 정리하고 그 배경과 원리를 이야기처럼 엮어서 이해할 수 있도록 하는 것이다. 일부 내용은 실제로 저자가 언론사 특파원에게 대화와 문자로 설명했던 내용을 바탕으로 자료를 보강해서 쓴 것이다.

이 책의 내용은 국제금융론, 화폐금융론, 중앙은행론, 미국경제론, 미국정치론이 섞여 있고, 대체로 사건이 일어난 시간 순서대로 정리되어 있다. 2023년 중반부터 2025년 중반까지 크게 이슈가 되었던 미국의 경제, 금융에 대한 내용이 중심이다. 내용으로 보면, 앞 부분은 미국 중앙은행인 연방준비제도의 통화정책과 미국경제, 중반은 미국의 재정정책과 미국의 정치, 후반부는 미국의 통화정책과 재정정책의 관계가 주로 기술되어 있다. 그리고 세간의 관심이 덜 가는 분야이지만 그 배경이 중요해서 덧붙인 것이 끝부분에 들어 갔다.

많은 부분을 인터넷 검색만으로 확인할 수 있다. 그럼에도 불구하고 인터넷 검색 결과와 차별하기 위해 이 책에서 주안을 둔 것은 첫째, 전체적 흐름을 파악할 수 있도록 하는 것, 둘째, 왜 그것이 중요하고, 그것에 대해 금융시장과 관계당국이 관심을 두는지에 대해 정리하는 것, 그리고 깊이 들어가서 세부 내용과 역사적 배경도 정리하는 것이다. 기사나 문서로 확인되지 않고 저자가 현장에서 듣거나 본 내용도 일부 포함되어 있다. 다만, 사전에 양해되지 않은 경우 익명으로 기술하였다.

이 책은 기자를 포함해서 미국경제와 국제금융에 대한 최근의 이슈에 대해 알고자 하는 모든 사람을 위한 것이다. 그럼에도 불구하고 기술적이고 전문적인 내용을 모두 일상의 용어로 풀어내지는 못한 한계가 있다. 기술적이고 전문적 내용인 것을 일상의 용어로 풀기 위해 허덕이다가, 전문적이 않은 용어와 표현이 나오기도 하고, 일상 표현과 전문용어가 경계없이 섞인 부분도 있다. 영어로 된 용어를 가급적 우리말로 옮겨 적었으나, 전체적으로 영어 단어가 많이 나온다. 영어가 보다 정확한 정보 제공에 필요하다고 판단된 경우 영어로 적었고 필요시 약자와 전체 표현을 같이 기술했다.

이해를 돕기 위해 본문에 도표를 많이 넣었다. 저작권 문제도 있고, 일반 독자가 고가의 유료정보를 이용하기 쉽지 않기 때문에 모두 공개된 통계 자료와 시장정보로 도표를 그렸다. 도표는 파이썬 프로그래밍과 Open API를 이용해 저자가 그린 것이다. 파이썬은 무료로 공개된 프로그램이고 Open API는 프로그램을 이용해서 공개된 자료를 실시간으로 불러와서 프로그래밍에 이용할 수 있도록 자료 제공처가 일반 대중에게 공개한 인터넷 연결주소이다. 독자가 필요시 최신 자료를 이용해 도표를 직접 그릴 수 있도록 저자의 코드를 공개했다. 도표를 그리는 파이썬 코드를 설명과 함께 부록에 첨부하였다. 그래프 이외에 다른 분석에도 이용할 수 있도록 Open API에서 자료를 가져오는 코드에 대해 설명했다. 모든 코드는 부록에 표시한 인터넷 주소에 수록하였으니 참고하면 된다.

불가피한 경우를 제외하고 수식을 쓰지 않았다. 문장만으로 설명하기 곤란해서, 기대확률에 대한 설명에 수식이 몇 개 들어갔다. 특정한 종목이나 지수에 대한 전망이나 평가는 없다. 표준으로 사용되는 지수나 금융지표를 도표와 문장으로 표현했으나 전체 흐름을 설명하기 위해 불가피했다.

내용에 대해 아이디어를 제공한 윤주헌 조선일보 뉴욕 특파원, 윤원섭 매일경제 뉴욕 특파원, 진정호 연합인포맥스 뉴욕 특파원께 감사드린다. 그리고 치열한 국제금융의 현장에서 정확한 정보와 신속한 뉴스를 전달하기 위해 수고하는 모든 특파원들에게 감사드린다. 정보 분석과 배경 파악에 도움을 준 한국은행 뉴욕사무소 직원들께 감사드린다. 이름을 모두 나열하지 못하지만 뉴욕에서 만나 정보와 지식을 공유했던 각국의 중앙은행, 국제기구, 국내외 금융기관 관계자에게 감사의 인사를 전한다.

끝으로 이 책의 모든 내용과 주장은 한국은행 및 한국은행 임직원과 관계가 없으며 저자 개인의 의견임을 밝힌다. 이 책은 투자의 방향이나 방법을 제시하지 않으며 모든 투자의 결과는 투자자 본인의 책임임을 분명히 한다.

2026년 1월

이재랑

차례

미국 은행이 망했다

"요즘 미국 금융시장에 가장 큰 이슈가 무엇인가요?"

"연준이 혹시라도 금리를 더 올리지 않을까 걱정하는 것 빼고 아직 소용해요. 상업용 부동산 관련해서 주목하고 있고요. 봄에 은행이 문닫는 일이 있었는데 그 여파가 지나가고 월가도 한 숨 돌리고 있죠."

2023년 8월 한국은행 뉴욕사무소장으로 발령을 받고 맨하튼에서 업무를 시작했다. 그동안 한국은행에서 우리나라 경제에 대한 분석과 전망업무를 주로 해왔기 때문에, 미국경제와 국제금융시장 이슈에 대해 이제부터 익숙해져야 했다. 약어로 줄여서 쓰는 말이 많아서 힘들었다. 월가는 약자를 많이 쓴다. 채권시장, 증권시장, 일반인 모두 약자를 많이 쓴다. 영어 단어의 첫째 알파벳을 조합해서 만든 단어가 많다. 자주 듣지 않았다면 처음 들어서 무슨 말인지 알기 어렵다.

부임하기 6개월 전의 일이었다. 2023년 봄에 미국 은행에서 예금인출 사태가 나고 영업이 중단되는 일이 있었다. 실리콘 밸리은행에서 예금인출 사태가 일어났다. 실리콘 밸리은행은 영어 약자로 SVB로 표시하며, Silicon Valley Bank Financial이 공식 이름이다. 2023년 3월 9일 SVB의 신용등급이 강등되고, 주가가 급락하면서 사건이 시작되었다. 그리고 생각보다 사태가 심상치 않게 흘러갔다.

예금인출이 줄을 이었다. 뱅크런(bank run) 현상이 일어난 것이다. 인터넷 뱅킹의 보급으로 예금인출 속도가 예상을 뛰어넘었다. 지금은 은행 앞에 줄 서서 돈

찾는 시대가 아니다. 급기야 다음날 SVB의 영업이 중단되고 결국, 미국 예금보험공사(FDIC)에 넘어갔다. 상황이 더욱 악화되어 갔다. 예금인출 사태가 다른 은행으로 번진 것이다. 2023년 3월 12일 시그너쳐은행(Signature Bank)이 폐쇄됐고, 퍼스트 리퍼블릭은행(First Republic Bank)에는 다른 대형은행들이 긴급히 자금을 수혈해야 했다. 유럽의 은행에도 난리가 났다. 도이치 뱅크, 코메르츠(Commerz), 소시에테 제너럴(Societe Generale)과 같은 유럽의 은행들 주가가 급락했다. 은행들은 거의 한 달 동안 악몽에 시달려야 했다. 미국 은행업 주가지수는 4월까지 하락했다.[1)]

그림 1 은행예금 잔액과 은행업 ETF가격

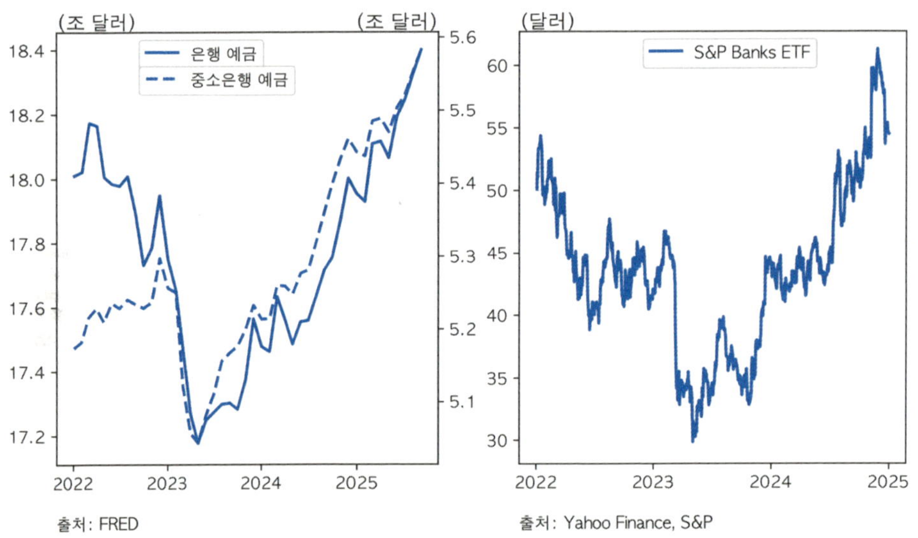

SVB는 왜 이렇게 망가진 것일까? 정책금리가 급격히 오른 부작용 때문이고, 근본적으로 SVB가 자금운용과 위험관리를 잘 못했기 때문이다. 미국 정책금리는 코로나19 사태로 제로금리, 그러니까 0% 수준까지 내려갔다. 그런데, 2022년 3월

---

1) SVB 은행사태, NYCB 은행 주가급락에 대한 내용은 한국은행 뉴욕사무소 자료를 참고해서 정리한 것이다. 한국은행 뉴욕사무소, "(현지정보) SVB발 주가 급락의 배경", 2023.3.9, "(현지정보) NYCB 사태 경과 및 배경", 2024.2.7

부터 정책금리가 오르기 시작해서 1년만에 4.5% 포인트가 올라버렸다.

SVB는 이름에서 알 수 있듯이 실리콘 밸리의 벤처투자회사(venture capital)들이 자금을 맡기는 은행이었다. 고수익을 추구하는 자금이 벤처투자회사로 유입되었고 그 돈이 다시 SVB에 예금되었다. SVB는 그 예금을 미국 국채, 모기지 증권 등 장기채권에 투자했다. 그러다가, 2022년 봄부터 정책금리가 오르면서 상황이 변해갔다. 벤처투자회사에서 들어오는 예금보다 나가는 인출이 많아졌다. 벤처투자회사가 투자자 유치를 잘 못하기 시작했고, 예금은 계속 까먹고 있었기 때문이다. 벤처기업은 수익을 내기까지 계속 투자만 하는 사업구조를 가지고 있기 때문에 투자자금 수혈이 지속되지 않으면 보유한 현금만 축내야 한다. SVB는 우선 단기금융시장에서 돈을 빌려서 예금을 내줬다. 금리가 오르자 그것도 부담이 됐고, 보유한 국채와 모기지 증권을 손해보며 내다 팔기 시작했다. 코로나 때 정책금리는 제로금리로 내려 갔고, 국채가 아주 비쌌다. 코로나 전에 금리가 높았을 때 발행된 국채는 귀하신 몸이라 비쌌다. 정책금리가 올라가면 새로 발행되는 국채도 높은 금리로 발행된다. 예전에 비싸게 사논 국채는 이제 예전만큼 귀한 몸이 아니라 가격이 내렸다. 비쌀 때 사서 싸게 파니 손해가 날 수밖에 없었다. 은행이 손실을 많이 보고 있다는 소문이 나니까 예금인출 속도가 빨라진 것이다.

SVB는 2022년 9월 기준 2,120억달러의 자산을 가진, 자산 순서로 18위에 해당하는 중간 규모의 은행이었다. 어느 정도 규모가 있는 은행이 흔들리니, 비슷한 규모와 비슷한 자산구조를 가진 은행에서도 예금인출이 증가하고 주가가 하락하게 된 것이다. SVB 은행 사태라고 하면 바로 이러한 일련의 은행 위기를 의미한다.

은행으로부터 예금인출 사태가 발행했을 때, 미국의 중앙은행인 연방준비은행과 미국 정부는 어떤 조치를 취했는가? 연준은 은행들에게 긴급자금을 대출했다. 예금인출 사태 때문에 은행들이 국채와 모기지 증권을 손해보며 내다 팔면, 은행에게도 손해이고 은행 시스템 전체도 위험에 빠질 수 있다. 은행에 손실이 커지고 있다는 소문이 다시 예금인출로 이어지는 악순환이 일어날 수 있기 때문이다. 은행은 대출 기능을 통해 자금 순환의 가장 중요한 연결 고리 역할을 하기 때문에 은행의 기능이 원활하게 유지되는 것이 경제에 필수적이다. 또한, 국채와 모기지 증권 대량 매각은 시장금리 상승으로 이어진다. 사태가 더욱 심각해지기 전에 연준은 은행들에게 국채, 모기지 증권 등을 담보로 1년만기 대출을 해줬다. 이것을 BTFP(Bank Term Funding Program)이라고 한다. 번역하면 은행자금대출 정도가 된다. BTFP는 2023년 3월에 시작되어 2024년 3월에 종료되었다. BTFP로 지원된 대출잔액은 최대 1,678억 달러에 달했다. 미국 정부는 영업이 정지된 SVB와 Signature Bank에 예치된 예금에 대해 예금보험 적용 여부와 상관없이 모두 전액 보호해 줬다. 미국 재무부는 환율안정기금(Exchange Stabilization Fund)에서 연준의 BTFP에 250억 달러를 지원한다고 발표했다. 연준은 환율안정기금의 돈을 가져다 쓰지는 않았다.

그림 2 BTFP 잔액과 정책금리

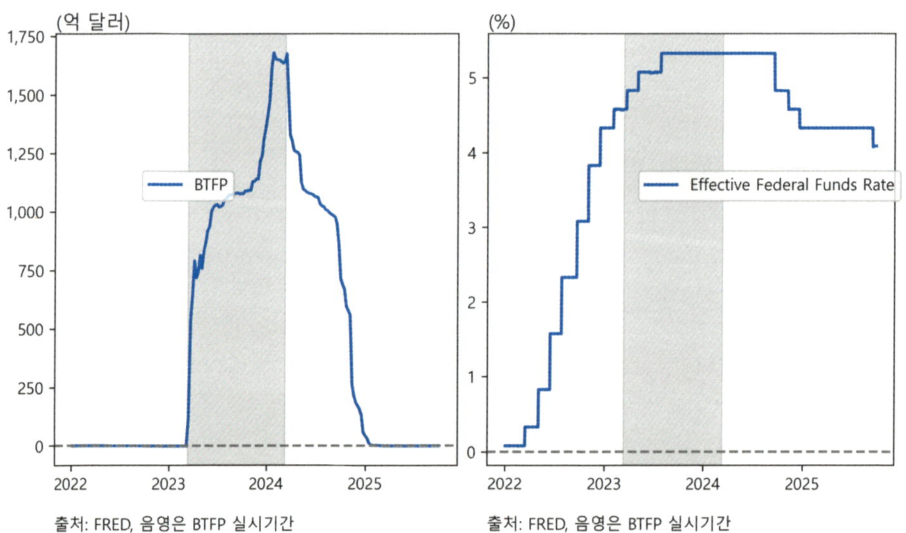

연준의 은행에 대한 긴급대출은 어떤 의미를 가지는가? 연준은 미국의 중앙은행이며 최종대부자이다. 최종대부자란 은행이 돈이 없을 때 마지막으로 가서 돈을 빌려올 수 있는 곳이라는 의미이다. 연준은 최종대부자로 기능했고, 뱅크런이 진정되었으며, 은행들은 빌려간 BTFP를 모두 되갚았다.

연준은 BTFP를 통해 긴축적 통화정책기조를 계속 이어 나갈 수 있었다. 은행산업에서 금융불안이 발생했지만 정책금리 인상을 지속했고, 시중자금을 회수하는 정책인 양적축소를 중단없이 시행했다. 연준은 은행들에게 BTFP로 자금을 긴급 대출한 지 10일만인 3월 22일, 정책금리를 0.25% 포인트 인상했다. 5월, 7월에도 각각 0.25% 포인트를 인상해서 최종 5.25~5.5% 수준이 됐다. 매월 최대 950억 달러의 자금을 흡수했는데 이 속도를 2024년 6월까지 유지했다. 은행들에게 1,700억 달러 가까이 대출한 것은 완화정책이고, 금리를 올리고, 자금을 흡수한 것은 긴축정책이다. 서로 상반된 정책을 동시에 시행했다. 이유는 간단하다. 금융안정과 물가안정을 모두 중요하게 생각하기 때문이다. 연준은 금융안정을 위해 물가안정 정책을 중단하지 않았고, 반대로 물가안정을 위해 금융안정 정책을 도외시하지 않았다. 금융불안을 진정시키기 위해 한시적으로 긴급대출제도를 운영했고, 동시에, 물가안정을 위해 긴축적 통화정책을 시행했다. 금리조절이라는 한 가지 수단으로 모든 정책 목적을 달성하기 어렵다. 연준은 금리정책, 내출성책, 공개시장정책을 병행한다. 공개시장정책은 국채, 모기지 증권 등과 같은 채권을 사고 팔아서, 시중 금리와 자금 수준을 조절하는 정책이다. 양적축소는 공개시장정책의 하나다.

SVB 사태는 진정되었으나 그 여파가 다른 곳으로 번질 수 있다는 우려가 계속되었다. 은행들이 대출에 몸을 사리기 시작한 것이다. 2023년 4월 연준이 분기마다 조사하는 은행대출행태조사(Senior Loan Officer Opinion Survey on Bank Lending Practices: SLOOS)[2] 결과, 대다수 은행들이 상업용 부동산(Commercial Real Estate: CRE) 관련 대출기준을 강화했다고 답변했다. 대출기준을 강화한 이유는, 크게 보면 상업용 부동산 시장 상황이 악화된 것, 금리가 올라 자금조달 비용이 높아진 것, 그리고 아직도 예금인출 우려가 있는 것 등으로 나타났다. 상업용 부동산이란 수익을 얻기 위한 부동산이란 말이며, 수익이란 임대료 수입 또는 영업이익을 말한다. 사무실, 창고, 공장, 공동주택(multifamily housing) 등이 대표적인 상업용 부동산(CRE)에 해당된다. 2023년 3월 미국 은행들의 CRE관련 대출잔액은 약 2.9조 달러에 달했고, 그 가운데 65% 이상이 소규모 은행의 대출이었다. CRE 시장은

2) 연준의 은행대출행태조사 결과는 연준 홈페이지에 공개된다.
https://www.federalreserve.gov/data/sloos.htm

이미 전부터 부진을 나타내고 있었다. 코로나19 이후 재택근무가 많아 지면서 사무실 공실률이 높아지는 문제가 언론에 자주 보도되고 있었다. 내가 근무했던 빌딩에도 약 30% 정도가 빈 공간으로 남아있다는 소문이 돌았다. 대출을 받아간 상업용 부동산 투자업체의 수익이 떨어질 수밖에 없고 은행에서 빌린 원금과 그 이자를 제때 갚지 못할 위험이 높아졌다. 그러면 은행도 위험해진다.

뉴욕에 부임한지 얼마 지나지 나지 않은 2023년 10월초에 뉴욕 연방준비은행 고위 인사와 오찬행사가 있어 참석했다. 여러 나라의 중앙은행 뉴욕사무소장과 함께하는 공식 오찬행사였다. 상업용 부동산 시장이 은행과 금융시장에 미칠 영향에 대해 어떻게 생각하는지 의견이 오갔다. 뉴욕 연준 인사는 놀라운 답변을 했다. 뉴욕 상업용 부동산 시장의 문제는 연준의 문제가 아니고 뉴욕 시장의 문제라고 했다. 상업용 부동산 시장의 위기가 은행위기로 번지면 전체 연방준비제도 차원에서 금융안정 조치를 취해야 하는 문제가 되겠지만, 상업용 부동산 시장이 그 정도 문제를 불러올 만큼 위기 상황이 아니라는 의미였다. 사무실 용도의 빌딩에 공실이 많은 것은 사실이지만, 이것은 뉴욕시가 고민하고 해결할 문제라는 뜻이었다. 상업용 부동산 시장이 은행산업과 금융시장에 미칠 영향에 대한 긍정적 전망으로 들렸다. 그랬으면 하는 바람이라고 이야기한 것이 아니었다.

그림 3 CRE 대출, 주택대출, CRE가격과 공동주택가격 상승률

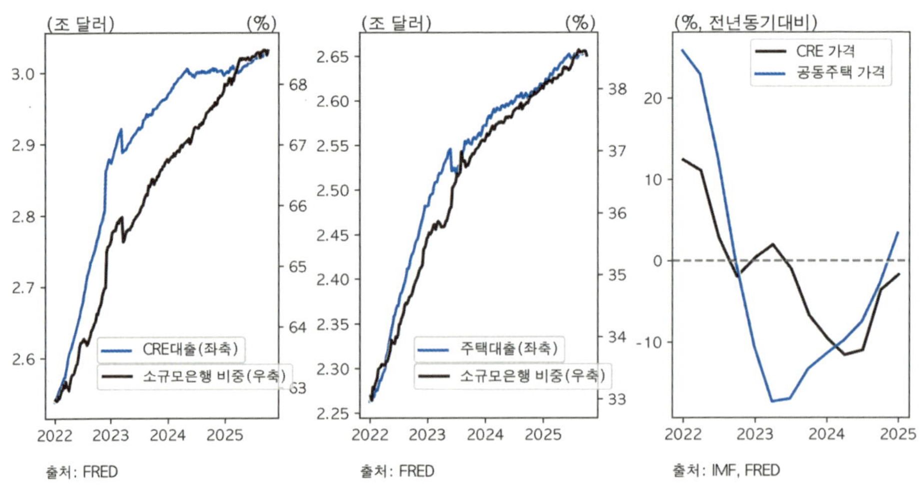

그런데, 얼마 후 뉴욕에서 한 은행이 문을 닫을지도 모른다는 말이 나왔다. 2024년 1월 31일, 영업실적 악화로 뉴욕 커뮤니티 은행의 주가가 급락하기 시작했다. 뉴욕 커뮤니티은행의 영문 이름은 New York Community Corp.이며 약자 NYCB로 표시한다. 뉴욕을 기반으로 한 지역은행이다. NYCB은행의 대출 가운데 상업용 부동산에 대한 대출비중이 56%로 높았다. 소형은행이 상업용 부동산 대출비중이 높아 위험하다는 말이 나온 지 반년만에 실제 문제가 터진 것이다. NYCB은행은 상업용 부동산 대출 가운데 공동주택 관련 사업에 대한 대출이 많았다. 뉴욕의 공동주택 가운데 저소득층을 위한 임대주택은 임대료 상한 규제를 받는다. 금리상승으로 금융비용은 높아지는데 임대료 수입은 제한되면 임대사업의 수익성이 떨어진다. 임대사업 관련 업체에 대출한 NYCB의 수익성도 떨어졌다. 금융시장은 순간 긴장했다. 일년도 지나지 않아 SVB 사태의 악몽이 재현될지도 모르기에 이목이 집중됐다. 다행히 NYCB의 주가 급락 충격이 다른 곳으로 퍼지지 않있다. 은행업 주가는 평균적으로 큰 요동이 없었고, 단기금리도 잠시 하락했다가 안정되었다. NYCB 한 회사의 문제였고 다른 금융시장의 문제가 되지 않았다. 뉴욕 상업용 부동산 시장의 문제는 뉴욕 시장의 문제이지 월가의 문제가 아니라는 뉴욕 연준 인사의 말이 맞았다.

그림 4 NYCB와 은행업 주가

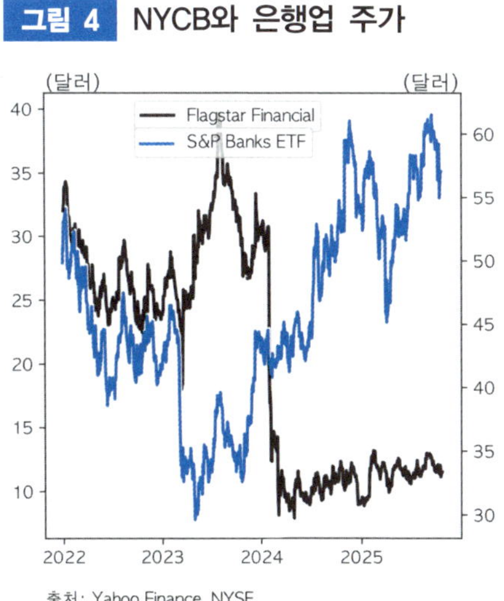

출처: Yahoo Finance, NYSE

그림 5 2년물 국채금리

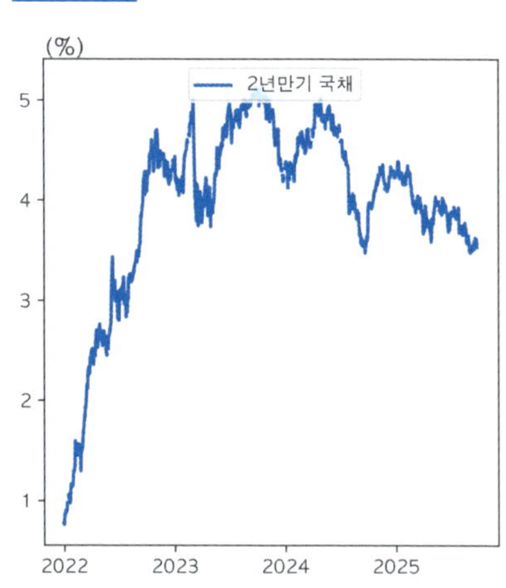

출처: FRED

NYCB 사태가 커지지 않은 이유가 몇 가지 있다. 일단, NYCB에서 급격한 예금인출 사태가 발생하지 않았다. 지역은행으로서 지역주민의 예금이 은행을 믿는 모양새가 되었는데, 예금의 70% 이상이 예금보호를 받는 예금이었다. NYCB 문제가 표면화된 것은 강화된 은행감독 때문이었다. NYCB는 SVB 사태직후 폐쇄된 Signature Bank를 인수했다. 은행의 덩치가 커지면서 강화된 자본비율 규제를 받게 되었다. 결과적으로 건전성 문제가 은행 외부로 일찍 노출되었고 조치를 미리 할 수 있었다. NYCB는 경영진을 교체했으며 Liberty Strategic Capital 등 여러 투자기관의 투자도 받았다. 기관투자가라면 누구나 은행에 관심이 많다. 주식이 저렴해지자 기관투자가들이 많은 관심을 보인 것이다.

뉴욕 커뮤니티은행은 2024년 10월부터 사명을 플래그스타 금융(Flagstar Financial)으로 변경했다. 뉴욕주식시장 기호(ticker)도 NYCB에서 FLG로 바뀌었다. 마지막으로 연준이 최종대부자로 버티고 있기에 위기가 전방위로 번지지 않았다. SVB 사태 때 만들어진 연준의 은행대출프로그램, BTFP가 시행 중이었고 은행들은 필요할 때 국채를 담보로 내고 자금을 빌릴 수 있었다.

반년 사이에 은행 위기가 두 번 있었지만 다행이 미국 금융시장 전체의 위기로 번지지 않았다. 주식시장의 은행업지수는 다시 오르기 시작했다. 더 이상 뱅크런도 일어나지 않았다. 상대적으로 안전한 자산이라고 평가되는 미국 국채금리는 2023년초 급락했다가 다시 점차 회복되었다. 연준의 금융안정 조치가 효과를 발휘했고 미국 금융기관들이 자체적으로 위기를 소화하기도 했다.

그런데, SVB은행 사태 전후로 은행에서 인출된 예금들은 어디로 갔을까? 은행에서 나간 예금은 안전하면서 수익도 높은 곳을 찾았다. 그 가운데 하나가 바로 머니마켓 펀드(MMF)였다.

예금이 몰려간 곳

"MMF가 우리나라에도 있는 그 MMF 맞나요?"

"네, 머니마켓 펀드. 맞습니다. 예금처럼 언제나 찾을 수 있고, 수익률도 조금 더 좋고. 은행이 아닌 투자회사가 만든 상품이죠."

MMF를 영어로 풀어 쓰면 Money Market Fund이다. 우리말로 자금시장펀드로 번역할 수 있지만, 통상 우리나라에서도 머니마켓 펀드 또는 MMF라고 부른다. 단기 안정성 상품에 투자하는 펀드이고 고객이 원하면 언제든 환매가 가능한 상품이다. 그래서 개인, 기업 등의 고객이 단기자금 운용을 위해 주로 활용한다. 기관의 이름이 아니고 투자회사들이 만든 모든 MMF를 의미한다.

2023년 3월 SVB 사태가 나기 전부터 은행에서 예금이 빠져나가기 시작했다. 2022년 18조 달러 규모였던 은행예금은 2023년 17조 달러규모로 축소되었다. 가장 큰 이유 가운데 하나는 은행예금 이자가 낮아도 너무 낮기 때문이다. 보통예금은 이자율이 없는 경우가 많고, 저축예금 이자율도 1%도 되지 않았다. 반면, MMF 이자율은 훨씬 높았다. 2022년 3월부터 정책금리가 오르기 시작하자 MMF 이자률도 같이 올라갔다. 그러는 가운데 2023년 3월 SVB 사태가 예금 이탈의 정점을 만드는 계기가 되었다.

은행예금에서 이탈한 자금의 일부는 MMF로 유입되었다. 전체 MMF 잔액이 2022년말 5조 달러 조금 넘었는데 2023년말 6조 달러 정도로 늘었다. MMF는 고객의 돈을 받아 어디에 투자했을까? 수시입출금 상품인 MMF는 고객의 자금을 유치해서 단기형 안정형 금융상품에 투자했다. 대표적으로 미국 단기국채에 투자했다. MMF의 미국 단기국채 투자잔액은 2022년말 1조 달러가 안되었으나 2023년말 약 2조 달러로 늘어났다. 금액이 정확히 일치하지 않지만 대략 은행예금에서 줄어든 금액이 MMF의 단기국채 투자자 잔액 증가로 나타난 셈이다.

그런데 MMF는 단기국채를 어디서 누구로부터 샀을까? 일부는 채권시장에서 사고, 일부는 담보로 받고 돈을 빌려주는 형식으로 확보했다. 채권을 담보잡고 돈을 빌려주는 것을 환매조건부 채권 매입이라고 한다. 영어로 줄여서 레포(RP) 또는 Repo(리포)라고 하는데 Repurchase Agreement를 줄여서 그렇게 표기한다. 만기가 되면 MMF는 원금과 이자를 받고 담보로 잡아 둔 채권을 돌려준다. MMF로부터 돈을 빌려간 곳, 그러니까 MMF에 담보형식으로 채권을 판 곳 가운데 미국 달러를 발행하는 미국 중앙은행도 있었다. 미국 중앙은행은 연방준비제도라고 부르며, 일반적으로 줄여서 '연준'이라고 한다.

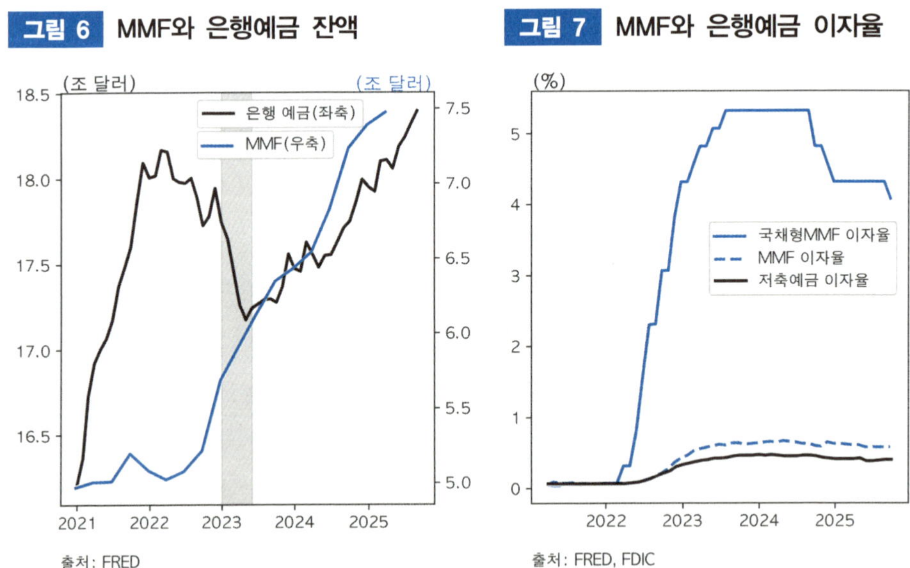

그림 6 MMF와 은행예금 잔액

출처: FRED

그림 7 MMF와 은행예금 이자율

출처: FRED, FDIC

중앙은행이 돈이 필요하면 그냥 발행하면 돼지, 왜 이자를 줘가며 돈을 빌려갔을까? 연준은 돈이 궁해서 빌려간 것이 아니라 돈을 없애기 위해 빌려간 것이다. 그 귀한 돈을 왜 없애? 그리고 빌려갔으면 빌려간 것이지 없어지는 게 아니지 않은가? 맞는 말이다. 쉽게 표현해서 그렇고, 정확히 연준 입장에서 설명하면, 연준은 자신이 그동안 발행한 민간에 풀린 돈을 회수해 가려고 한 것이다. 영원히 없애 버린 것이 아니고 하루 동안만 회수해 간 것이다. 1일만기 거래이며 다음날 돈을 갚고 채권을 찾아온다.

그림 8 **MMF의 단기국채 투자잔액, 연준과 MMF의 RRP**

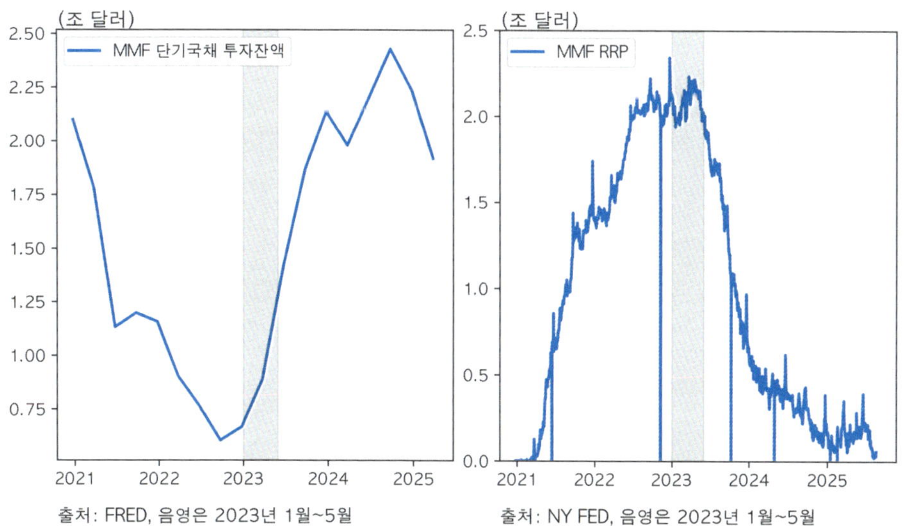

출처: FRED, 음영은 2023년 1월~5월

출처: NY FED, 음영은 2023년 1월~5월

돈을 빌려 온 연준은 이 거래를 역레포(Reverse Repo), 영어 약자로 RRP라고 표현했다. 돈을 빌려준 MMF는 이 거래를 레포(RP)라고 부르고, 돈을 빌려온 연준은 빌려준 쪽과 입장이 반대라 역레포(RRP)라고 부른다. 같은 거래를 놓고 대출해준 쪽과 차입한 쪽이 각각 다른 이름으로 표현한다.

SVB 사태의 여파로, 은행예금에서 MMF로 자금 유입이 증가한 2023년 상반기 기록을 보면 MMF가 연준에게 RRP로 채권을 받고 자금을 대여해 주는 규모가 증가했다. 이 기간 중에는 MMF의 채권보유 금액도 늘어나고 연준이 MMF에서 빌려온 돈도 같이 늘어났다.[3] 돈도 많은 연준이 MMF에게 돈을 빌린 이유가 무엇인가? 다시 말해 연준이 돈을 회수하려던 이유는 무엇일까? 그것도 고작 1일 동안만인데.

3) 2021년부터 2025년 전체를 보면 대체로 MMF의 채권투자 잔액과 연준에 대한 RRP 잔액이 반대로 움직였다. MMF는 채권투자 수익률, 금융기관에 대한 채권담보 대출과 연준에 대한 채권담보대출(RRP) 수익률을 비교하여 선택적으로 투자한다. 2021년 하반기부터 RRP수익률이 단기국채 투자 수익률보다 높아지자 RRP를 늘렸다. 2023년 상반기에는 단기국채 투자와 RRP가 동시에 늘어났으며, 2023년 하반기부터 수익률이 역전되자 RRP는 줄이고 단기국채 투자와 일반 금융기관에 대한 국채담보 대출을 늘렸다.

중앙은행이 돈을 빌려간 이유

"RRP 잔고가 왜 이렇게 높아요? 너무 많은 것 아닌가요?"

"늘어난 것도 자연스러운 것이고, 앞으로 자연스럽게 줄어들 것입니다. MMF가 주로 이용하는 프로그램입니다. 양적축소가 이어지면 점차 줄어들게 되어 있어요. 연준은 프로그램을 만들어 놓고 기다리는 것이고요, MMF가 금리 움직임에 따라 연준에 빌려줬다가 점차 빌려주는 금액을 줄이게 될 것이에요."

연준은 시중에 풀려 있는 돈이 너무 많다고 봤다. 금리도 너무 낮다고 평가했다. 2022년 6월부터 코로나19 기간 중에 푼 돈을 회수하기 시작했다. 이것을 양적축소 즉, QT(Quantitative Tightening)라고 한다. 연준이 국채를 담보로 주고 1일만기로 자금을 차입한 것도 같은 이유이다. 만기는 짧지만 채권담보 차입규모를 늘려갔다. 세상의 눈으로 보면 연준의 차입인데, 연준의 시각에서는 국채를 내보내고 자금을 회수한 것이다. 1일짜리 만기로 돈을 회수한 이유는 1일만기로 자금이 돌아가는 시장에 자금이 너무 많았기 때문이다. 2023년 상반기중에 연준은 MMF에서 하루에 2조 달러가 넘는 자금을 빌렸다. 다른 곳에서 빌려가지 못하게 연준이 높은 금리로 빌려가 버렸다고 해도 될 것 같다. 이때 연준이 빌리는 금리를 O/N RRP금리라고 하는데, 이것도 연준의 중요한 정책금리 가운데 하나이다. 통화정책결정회의에서 정책금리의 상단, 하단과 함께 O/N RRP금리도 결정한다. 보통 O/N RRP금리는 정책금리의 하단에 가깝게 설정한다. 연준이 RRP로 빌리는 프로그램은 휴일 제외하고 항상 열려 있다. 연준이 여기 저기 찾아가서 빌려달라고 하거나, 빌려 줄게요 하며 찾아와도 연준이 심사해서 빌릴지 말지 결정하는 것이 아니다. 금리를 고지해 놓고 누군가 빌려주러 오면 돈을 빌리는 가두리형 차입이다.

반대로 MMF의 입장을 생각해 보자. MMF는 왜 연준에 돈을 그렇게 많이 빌려줬을까? 먼저 연준은 매우 믿을 수 있는 차입자이다. 연준에게 돈을 떼일 염려는 없다. 고객의 수시입출금에 대응하기 위해 MMF는 일정부분 초단기로 자금을 운용해야 하고 수익률도 좋은 곳에 운용해야 한다. 들어온 자금을 언제라도 믿을 수 있는 곳에 믿고 빌려줄 수 있었고, 연준도 아주 큰 돈을 척척 빌려갔기 때문에 MMF가 좋아할 만한 차주였다. 돈을 언제라도 운용할 수 있는 곳이어서 편리했다.

게다가 연준이 주는 금리는 아주 매력적이었다. 연준이 아닌 다른 금융기관에 1일만기 국채담보 자금을 빌려주는 것보다 더 높은 금리를 받을 수 있었다. MMF가 연준이 아닌 다른 금융기관에 1일만기 국채담보로 자금을 빌려주는 거래는 여러 형식이 있는데, 대표적인 것이 제3자 레포 거래이다. 그림 9에서 검은색 선으로 표시된 TGCR[4]이 그 거래의 금리이며, 우리 실정에 맞게 비유하면 금융기관간 1일만기 국채담보 대출금리에 해당된다. 연준은 2022년 3월부터 제로금리를 버리고 정책금리도 올리기 시작했다. 이와 함께 연준이 국채를 담보로 주고 1일만기로 빌릴 때 주는 O/N RRP금리도 따라서 올렸다. 정책금리 인상과 함께 MMF가 국채를 담보로 빌려주는 1일만기 금리인 TGCR도 올라갔다. 그런데, 어찌된 일인지 TGCR금리가 연준이 주는 RRP금리보다 낮았다. 2023년 내내 TGCR의 평균 금리를 표시한 검은색 선이, 연준이 국채를 담보로 1일만기로 자금을 빌려가는 금리, 즉 RRP금리(Over Night RRP)를 나타낸 파란색 선보다 낮았다. 그림 9

4) 국채를 담보로 돈을 빌려주는 것 중에 제3자 레포 거래가 있다. 증권예탁원 역할을 하는 기관이 국채를 담보로 주는 쪽과 담보로 받는 쪽 사이에서 관리를 해주는 거래라고 생각하면 된다. 이것을 영어로 Tri－Party Repo라고 하고 그 때 적용되는 금리가 TGCR이다. 풀어 쓰면 Tri－Party General Collateral Rate이며, '제3자 일반담보거래 이자율'이라는 뜻이다. 뉴욕 연방준비은행이 금융시장에서 자료를 모아서 발표한다. BNY Melon이 증권예탁원 역할을 하는 대표적 금융기관이다. Tri－Party Repo 시장에서 MMF는 가장 활발한 자금 공급처 가운데 하나다.

에서 검은색 선 주변의 울퉁불퉁한 띠처럼 보이는 것은 실제 거래에 적용된 TGCR 금리의 편차를 나타낸다. 검은색 선이 중앙값이고, 하늘색 구역은 거래들 가운데 약 절반인 25%~75%의 거래에 적용된 금리이다.

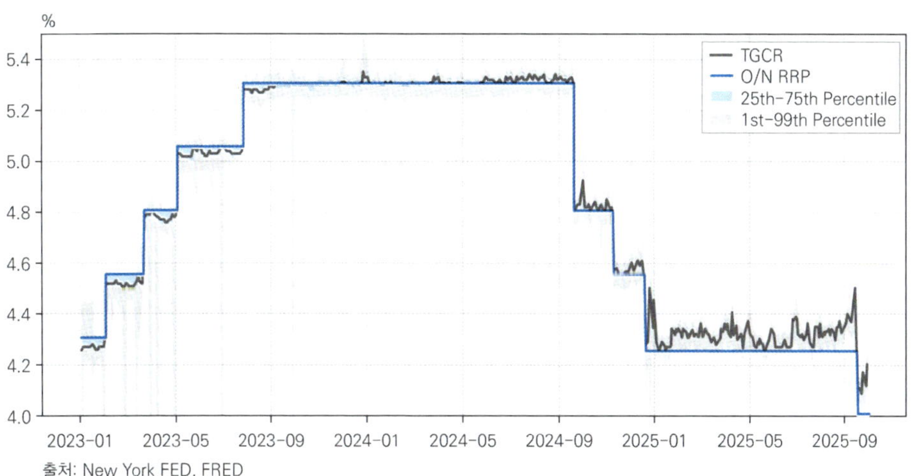

출처: New York FED, FRED

회색구역은 전체 TGCR 가운데 거의 대부분인 1%~99%의 거래에 적용된 금리를 표시하고 있다. 회색으로 표시된 분포를 보면 2023년 내내 비교적 아래쪽으로 많은 거래가 분포하는 모습을 볼 수 있다. 연준이 더 높은 금리를 주고 있지만, 누군가는 연준이 아닌 다른 곳에 연준보다 낮은 금리를 주는 곳에 대출을 해주고 있었다. 이런 상황에서 MMF가 높은 금리를 주는 연준에 많은 돈을 빌려준 것은 당연한 선택이었다. 한마디로, 긴축적 통화정책을 하려는 연준의 목적과 MMF의 수익 추구 목적이 일치한 결과이다.

연준이 주는 것보다 낮은 금리를 받고 다른 곳에 대출해 준 금융기관은 도대체 어디인가? 그리고 연준보다 낮은 금리로 빌릴 수 있는 능력자는 누구였나? 국채를 담보로 하는 1일만기 대출 시장, 즉 Repo 시장에서 돈을 빌리는 쪽은 대부분 투자회사 또는 증권회사이다. 뉴욕 연준의 보고서에 따르면 투자회사나 증권회사에 연준보다 낮은 금리로 자금을 빌려준 것은 주로 같은 그룹의 계열사였다고 한다. 일부는 같은 그룹의 해외계열사에서 빌려줬다고 한다. 계열사 내부거래라서 금리를 좋게 줬다. 그리고 일부 MMF는 거래관계 유지를 위해 연준에게 준 것보다 낮은 금리로 투자회사나 증권회사에 빌려줬다고 한다(McCabe, 2023).

연준이 주는 금리보다 낮은 금리로 대출하는 게 가능했던 이유는 무엇인가? 이유는 간단하다. 시중에 자금이 많았기 때문이다. 글로벌 금융위기 이후 연준은 여러 차례 양적완화를 했다. 마지막 양적완화는 코로나19 기간 때였다. 코로나19 충격에 대응해 금융시장과 거시경제 안정을 위한 양적완화를 실시하였는데 그 규모가 2022년 4월 최대치를 찍었다. 당시 규모는 약 8조 9,655억 달러를 기록했다. 양적완화는 연준이 국채와 정부기관 모기지 증권을 사는 것이고, 그 대가로 지불한 돈이 시중으로 나간다.

연준은 2022년 6월부터 양적완화 규모를 점차 줄이는 양적축소를 시작했다. 풀려나간 자금을 거두어 들이기 시작한 것이다. 그럼에도 불구하고 시중자금이 급격히 줄지는 않았다. 그동안 풀린 돈이 워낙 많았기 때문이기도 하고, 정부 쪽으로 빠지는 돈도 없었다. 2023년 상반기에 미국 정부가 정부부채 한도에 막혀 신규로 채권을 발행하지 못했기 때문에 정부로 빠져나가는 돈이 없어서 시중자금이 압박을 덜 받았다. 새로 발행되는 국채가 적어서 담보로 잡을 국채가 점차 귀하게 됐고 국채로 담보를 내면 금리를 좋게 받을 수 있었다.

2023년 하반기부터 정부부채 한도가 늘어나서 정부가 국채 발행을 늘리고, 연준이 양적축소를 지속하면서 상황이 바뀌기 시작했다. 국채 발행 물량이 늘어나면서 국채 담보가 예전보다 덜 귀하게 취급되기 시작했다. 국채 발행이 늘어나면서, 국채를 산 금융기관으로부터 국채를 발행한 정부로 시중 자금이 흡수되었다. 그 효과가 TGCR금리에 나타나기 시작했다. 2023년 하반기부터 TGCR금리가 연준이 빌려가는 금리와 거의 비슷하게 됐다. 돈이 예전보다 덜 돌게 되니, 같은 계열사끼리 낮은 금리로 자금을 빌려주기 어렵게 됐다. 그림 9를 보면 2023년 10월부터 TGCR금리(검은색)가 연준이 제시하는 ON/RRP금리(파란색)와 비슷하다. TGCR금리의 분포도 아래로 치우치지 않고 위아래 좁은 범위 내에 몰려 있다. 2023년말과 2024년초가 되자 TGCR금리가 연준의 금리보다 높아지는 현상이 나타나기 시작했다.

그림 10 MMF의 RRP와 TGCR 거래 규모

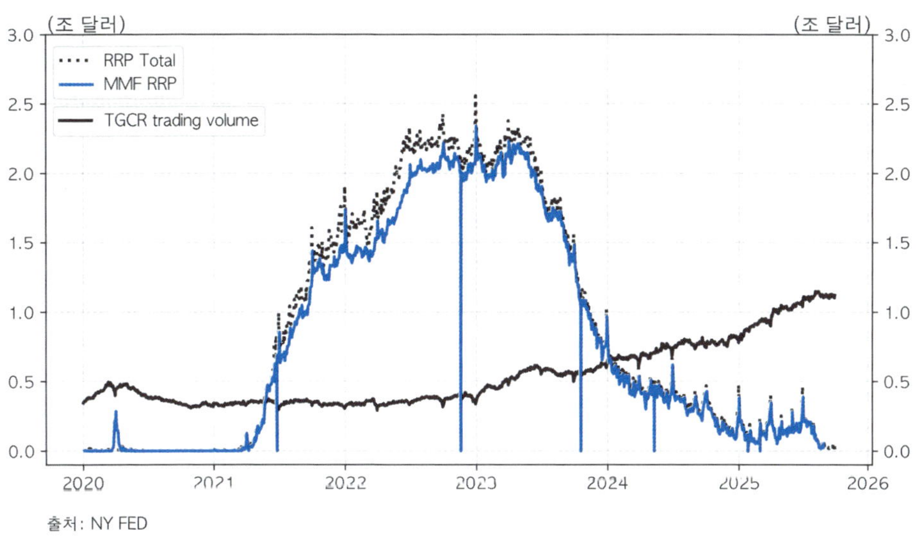

출처: NY FED

시중 금리가 오르자 MMF는 점차 연준이 아닌 다른 금융기관에게 더 많은 대출을 해주기 시작했다. MMF가 금리를 더 주는 곳으로 가고 나니까, 연준이 국채담보로 1일짜리 대출받는 RRP 규모는 점차 축소되기 시작했다.

MMF가 연준에 빌려준 1일만기 RRP 규모가 2023년초 2조 달러가 넘었었는데, 2023년말에는 1조 달러 미만으로 축소되었다. 이와 반대로, 2023년중 금융기관간 TGCR 거래 규모는 조금씩 증가했다.

앞서 했던 긴 이야기를 정리하면 다음과 같다. 2022년부터 2023년 사이에 미국 단기 금융시장에서 머니무브가 있었다. 정책금리가 오르는 데다, 중간 규모의 은행 몇 군데가 어렵다는 소문이 나자 MMF로 자금이 몰렸다. 연방정부가 부채한도에 막혀 국채 발행 물량을 줄였고, 정부로 흘러갈 돈이 시중에 돌아다녔다. 이 돈은 연준이 RRP라는 국채담보 단기차입 프로그램으로, 그리고 양적축소를 통해 흡수해 갔다.

여기서 우리가 주목할 것은 연준의 통화정책 수단이 금리정책 말고 또 있다는 사실이다. 그 가운데 하나는 양적축소 정책이다. 국채와 모기지 증권 투자를 줄이는 정책이며, 채권을 사지 않는 형태로 운영된다. 연준은 2025년 7월 현재 6조 달러가 넘는 국채와 모기지 증권을 사가지고 있고, 그만큼의 달러를 시중에 풀어 논 상태다. 이 규모를 조금씩 줄이는 것이 양적축소이다.

우리가 상대적으로 주목을 덜 하고 있는 것 가운데 하나는 연준의 RRP 프로그램이다. 1일만기 단기자금 시장에서 자금 흐름을 조절하는 중요한 수단이며, O/N RRP금리를 정해서 발표한다. 연준은 통화정책결정회의를 통해 정책금리, O/N RRP금리, 그리고 양적축소 규모를 동시에 발표한다. 현재 O/N RRP금리는 정책금리의 범위 가운데 낮은 쪽 금리와 같은 수준으로 정한다. 2025년 7월 미국 정책금리는 4.25%~4.50%이며, O/N RRP금리는 4.25%이다.[5)]

2025년 7월 현재 TGCR금리는 O/N RRP금리보다 높은 수준으로 유지되고 있지만, 어느 정도 범위 내로만 올라가고 있다. 정책금리 자체가 많이 내려왔고, 그동안 양적축소가 진행되면서 시중자금이 연준으로 흡수된 결과이다.

TGCR금리가 O/N RRP금리보다 아주 높게 올라 가면서 거래량도 줄어든다면 연준이 양적축소 규모를 현재보다 줄이고 시중자금 흡수를 그만둘 시점이 다가오고 있다고 볼 수 있다. 양적축소 중단 또는 자금흡수 중단에 대해 나중에 다시 자세히 살펴볼 예정인데, 2025년 8월 현재 아직 그 수준은 아닌 듯하다.

---

5) 연준이 통화정책결정회의에서 발표하는 정책 지표가 하나 더 있다. 연준에 예금하는 시중은행에게 주는 예금이자율이다. IORB이며 연준예금이자율(Interest On Reserve Balance)의 약자이다. 2025년 7월 IORB는 4.40%이며 정책금리 범위의 중간보다 약간 높은 수준이다.

연준은 피리부는 목동

"1일물 금리가 너무 많은데, 이거 다 봐야 해요?"

"우리가 매일 모든 금리를 다 보지는 않지만 중요한 지표는 있지요. SOFR은 지표금리라서 자주 보아야 해요."

지표금리는 무엇이고, SOFR는 또 무엇인가? 지표금리란 금융시장에서 거래의 기준으로 삼는 금리로 보면 된다. 돈을 빌린다면 지표금리를 기준으로 그보다 얼마나 더 높은 금리를 지불하는지, 아니면 낮은 금리를 지불하는지 차이를 표시하는 방식으로 차입금리를 나타낸다. 예를 들어 차입금리가 SOFR+1.0%이면, SOFR에 1%포인트를 더한 금리가 차입금리가 된다.

SOFR은 Secured Overnight Financing Rate의 앞 글자를 딴 것인데, 우리말로 하면 1일물 담보대출 금리이다. 뉴욕 연준이 미국 동부시간 기준으로 매일 아침 8시에 금융기관 사이에 있었던 1일물 담보대출 금리를 거래량으로 가중평균해서 그 중앙값을 발표한다.[6] 담보물은 미국 국채이다. 그림 11에서 파란색 선과 같이 움직이는 검은색 선이 2024년 8월부터 1년 동안 SOFR금리의 변화를 보여주고 있다.

---

6) SOFR을 포함해서 뉴욕 연준이 발표하는 금리 자료는 뉴욕 연준 홈페이지의 Markets Data 편에 나와 있다. https://www.newyorkfed.org/data-and-statistics

그림 11 **1일물 금리**

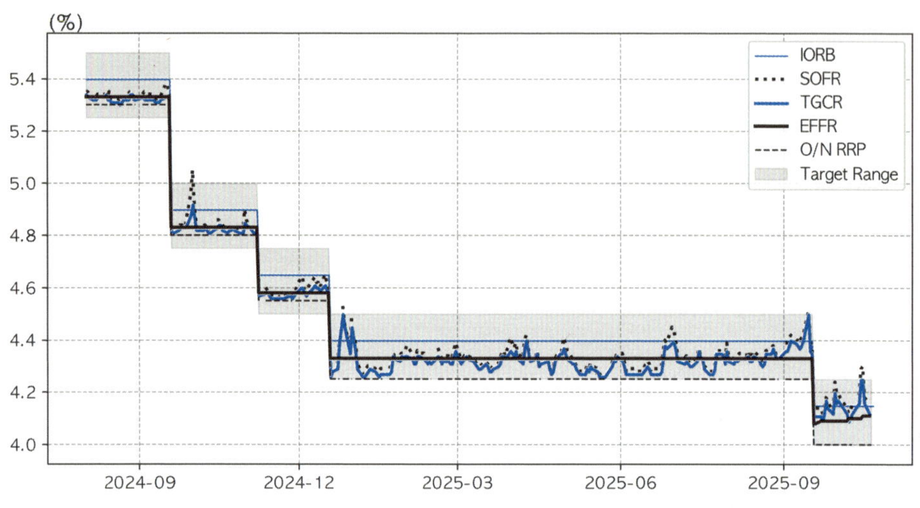

출처: FRED, NY FED

앞서 언급한 TGCR도 1일물 담보대출 금리이며 SOFR보다 좁은 범위의 거래만 포함해서 산출한 금리이다. TGCR은 증권 예탁기관을 통한 거래의 금리만 이용해서 산출한 금리이고 SOFR은 그 외에도 증권 예탁기관을 통하지 않은 증권사 간 거래, 국채 담보대출 거래소를 통한 거래[7] 등을 모두 포함한 거래의 금리이다. 한마디로 TGCR은 도매, SOFR은 도매와 소매 모두 포함한 금리라고 보면 된다. 그림에서 파란 선이 TGCR금리를 보여주고 있다. TGCR금리는 일반적으로 SOFR 금리보다 낮다. 도매 거래인 TGCR 거래가 대규모 거래이고 돈을 빌리는 쪽과 빌려가는 쪽이 모두 같은 증권 예탁기관을 이용하는 거래여서 신용 위험이 낮은 편이다. TGCR, SOFR 거래에서 MMF가 주로 자금을 대출해 주는 쪽이고 증권사, 헤지펀드 등이 주로 자금을 빌려가는 쪽이다. 은행들도 이 거래 시장에서 자금을 빌리기도 빌려주기도 한다.

EFFR은 Effective Federal Funds Rate의 앞 글자를 딴 것이며, 우리말로 하면 실효연방 기금금리이다. 한국 금융시장에서 콜금리와 유사한 개념이다. SOFR

---

7) FICC가 국채 담보대출 거래소이며, 중앙거래청산소(CCP) 성격의 거래소이다. 채권거래소 정도로 이해하면 된다.

이나 TGCR과 달리 EFFR은 담보가 없는 1일물 대출금리이다. 이 거래는 주로 은행이 자금을 차입하는 곳이며, FHLB가 가장 대출을 많이 해주는 기관으로 참가한다.[8] EFFR 시장에는 증권사 등 비은행 금융기관은 참가하지 않는다. EFFR이 연준이 정책의 대상으로 삼는 금리이며 EFFR이 목표범위 이내에 있도록 관리하는 것이 금리정책이다. 한국으로 비유하면 과거에 한국은행이 콜금리를 정책 목표로 하여 콜금리가 목표수준에서 벗어나지 않게 관리하던 것과 같다. SOFR, TGCR, EFFR이 시장에서 거래로 나타나는 금리이고 그림에 있는 나머지 금리는 연준의 정책금리이며 목표이다.

정리하면, SOFR, TGCR, EFFR은 시장금리이고 수요와 공급에 따라 수준이 결정된다. 그런데 그림에서 보듯이 수준이 일정하게 유지되는 것이 아니고 계단 모양으로 변하고 있다. 구체적으로 말하면 연준이 정책금리를 변경하면 이에 따라 계단 모양으로 변한다. 연준이 내리는 피리를 불면 다른 시장금리들이 줄줄이 연준이 부는 피리에 맞춰 같이 내리고, 연준이 올리는 피리를 불면 다른 시장금리도 연준의 피리소리에 따라 같이 오른다. 연준이 부는 피리, 즉 연준이 정해서 공표하는 정책금리는 IORB, O/N RRP, 그리고 범위로 발표하는 Target Range가 있다.

IORB는 연준이 연준에 예금하고 있는 은행들에게 주는 예금금리이다. 그림에서 가는 파란색 직선이 IORB를 의미한다. 그림 11에서 평균적으로 SOFR, TGCR, EFFR보다 조금 높고 목표범위인 Target Range의 높은 쪽보다 약간 낮은 수준이다. 연준에 예금계좌가 있는 은행은 연준이 비교적 높은 금리를 예금금리로 주기 때문에 구태여 담보대출 시장에서 대출을 하거나 은행간 대출시장에서 대출할 필요 없이 연준 계좌에 넣어 두면 IORB를 이자로 받을 수 있다.

IORB는 연준이 피리처럼 활용하는 수단이 된다. 연준이 시장금리를 조절하

8) FHLB는 Federal Home Loan Bank의 앞 글자를 딴 약자이며, 금융기관들이 모여서 만든 기관이고, 연방정부의 후원을 받는 기관이다. 연방주택대출은행으로 번역할 수 있다. 회원 금융기관들에게 주택담보대출증권(모기지 증권)을 담보로 받고 대출을 해주는 업무를 주로 한다. 우리나라 주택금융공사와 유사하지만 일반인을 상대로 하지 않고 회원 금융기관을 상대로 한다. 정부가 설립한 기관이 아니고 회원사인 은행, 보험사 등이 모여 만든 기관이다. 자금은 채권을 발행해서 조달한다.

는 수단이 된다는 말이다. 연준이 그런 힘을 갖는 이유는 간단하다. 누구든 돈을 빌릴 때 IORB보다 낮은 금리로 빌리기 쉽지 않기 때문이다. 자금을 빌려주는 쪽은 IORB보다 낮은 금리로 자금을 빌려줄 이유가 없다. 연준에 예금만 하면 되는데 연준 예금금리보다 낮은 금리로 자금을 빌려줄 이유가 없다. 그런데 실제로 TGCR, SOFR 모두 IORB보다 낮다. 주로 MMF가 기꺼이 연준 예금금리보다 낮은 금리로 돈을 빌려주고 있다. 이유는 간단한데, 국채담보 대출시장(RP 시장)의 큰 손인 MMF가 연준에 예금통장이 없기 때문이다. MMF를 운용하는 기관은 주로 증권사, 자산운용사이고 이들은 은행이 아니어서 연준에 예금통장이 없다. 은행들도 IORB보다 낮은 금리로 돈을 빌릴 수 있다. 그림의 검정색으로 표시된 EFFR이 평균적으로 IORB보다 낮게 형성된 것을 알 수 있다. 이 이유도 간단하다. 무담보 대출시장(연방기금 시장)에서 돈을 빌려주는 큰 손은 FHLB인데 이 기관도 연준에 예금통장을 만들 수 없는 기관이다. 그렇다고 국채담보 대출시장에서 MMF를 설득해서 엄청나게 낮은 금리로 대출을 받거나, 무담보 대출시장에 FHLB를 설득해서 아주 좋은 금리로 돈을 빌릴 수 있는 것은 아니다. MMF와 관계가 아주 좋거나, 같은 지주의 계열사간 거래에서 그런 경우가 종종 있었는데, 그런 특수한 경우가 아니라면 어렵다. 그 이유는 연준이 너무 낮은 금리가 형성되지 않도록 그물을 치고 두 번째 피리를 불고 있기 때문이다.

O/N RRP는 연준이 국채를 담보로 돈을 빌릴 때 돈을 대여해 주는 쪽에 주는 금리이다. 다시 말하지만, 연준이 돈을 빌려주는 것이 아니라 돈을 빌려간다. MMF나 FHLB가 연준에 예금통장이 없지만 연준에 대출해 주는 것은 가능하다. 결과적으로 다른 금융기관들은 연준이 제시하는 O/N RRP금리보다 낮은 금리로 MMF나 FHLB로부터 대출을 받기 어렵다. 연준은 대출받을 때 대량으로 받기 때문에 물량에서도 밀린다. 한번에 많이 받아가는 쪽을 이기기 힘들다.

이렇게 연준은 IORB와 O/N RRP 두 금리를 정책으로 정해서 1일물 금리가 당초 정한 목표범위인 Target Range 안에 머무르게 할 수 있는 것이다. IORB가 목표의 상단 쪽을 지키고 있고 O/N RRP가 목표의 하단 쪽을 지키고 있다. 실제 그림을 보면 IORB는 정책금리 상단보다 약간 낮다. 반면 O/N RRP는 정책금리 하단과 같다. 과거 O/N RRP가 정책금리 하단보다 약간 높은 때도 있었다. 2025

년 8월 현재 연준의 정책금리 상단은 4.5%이고 하단은 4.25%이다. IORB는 상단보다 0.1% 포인트 낮은 4.4%이고, O/N RRP는 하단과 같은 4.25%이다.

그런데 MMF나 FHLB가 IORB 이상 금리를 받아야 대출할 수 있다고 하면 어떻게 될까? 가끔 그런 일이 생긴다. 시중에 자금선호 현상이 강해지거나, 자금이 부족해지면 그렇게 된다. 2024년 10월 1일 SOFR과 TGCR 금리가 IORB금리보다 높았다. 연준이 주는 예금금리보다 높은 금리를 줘야 국채담보 대출을 받을 수 있었다. 그날 이스라엘이 이란을 공습하는 놀라운 뉴스가 있었고 모든 금융기관이 위험을 피해 현금을 확보하려는 성향이 강해졌다. 중동발 국제정세 불안이 유동성 선호 현상을 불러왔다. 이렇게 닥치고 달러 확보 성향이 강해지면 담보대출 금리가 연준 예금금리보다 높아진다.

2024년 12월 24일 그리고 12월 30일에도 SOFR과 TGCR 금리가 급등했는데 이것은 미국 금융기관들의 몸단장과 관련이 있다. 국채담보 대출시장인 RP 시장에서 자금을 제공하는 큰 손인 MMF를 운용하는 증권사들은 분기말에 자신들의 자산 가운데 위험자산 규모를 조금이라도 작게 보이기 위해 노력한다. 이를 부르는 말도 있는데 영어로 window dressing이라고 한다. 잠깐 동안 창문너머 보이는 모습을 좋게 보이려고 몸단장한다는 뜻이다. 이들이 국채담보 대출규모를 잠시 줄이면서 금리가 올라가는 것이다(Bostrom, Bowman, Rose, & Xia, 2025).

마지막으로 금융시스템 전체로 자금이 부족해지면 국채담보 대출시장에서 금리가 높아진다. 그동안 연준이 자금을 빨아들이는 양적축소를 꾸준히 진행해 왔다. 그런 영향이 조금씩 보이는 듯하다. 2024년보다 2025년에 국채담보 대출금리가 IORB를 초과하는 경우가 많아지고 있는 것으로 보인다. 특히 분기말, 연말에 그런 현상이 두드러지게 나타나고 있다.

연준이 어떤 메커니즘을 이용해서 목표로 정한 수준 대로 시장금리가 따라가게 하는지 설명하기 위해 연준이 피리를 부는 것으로 비유적으로 표현했다. 그런데 정말 피리를 부는 것처럼 보인다. 딱히 하는 것이 없이 소리만 냈는데 시장이 따라가는 모양이다. 그래서 금융시장은 연준이 언제 피리를 불지, 어느 정도 큰 소리로 피리를 불지 엄청나게 궁금하다.

연방준비제도가 금리를 얼마나 내릴지 미리 아는 법

"연준이 얼마나 내릴 것으로 생각하시나요?"

2024년 8월, 뉴욕에서 만나는 사람들로부터 매번 같은 질문을 받았다. 월가의 관심이 온통 9월 18일 미국 연방준비제도(연준)이 정책금리를 50bp(0.50%) 인하할지, 아니면 25bp(0.25%p)만 인하할지에 모아져 있었다. 2024년 내내 유지하던 금리를 처음 내리는 데다, 인하 폭이 생각보다 클 수 있다는 기대도 만만치 않았기 때문이다. 나도 만나는 사람들에게 매번 같은 질문을 하곤 했다. 8월 27일 나의 답변은 이랬다.

"Small Cut일 듯해요."

Small Cut은 25bp=0.25% 포인트, Big Cut은 50bp=0.50% 포인트 인하를 지칭하는 말이다. 나의 예상은 빗나갔다. 2024년 9월 18일 연준은 정책금리를 5.5%에서 5.0%로[9] 50bp 인하했다.

금융시장은 연준이 정책금리를 앞으로 올릴지, 아니면 내릴지 미리 예측한다. 예측을 잘할수록 수익이 높아지고, 고객의 관심을 많이 받는다. 예측이 틀리면 틀린 이유, 연준이 다른 결정을 한 이유를 잘 설명해야 한다. 말로 할 때는 '올

9) 인하하기 전 정책금리는 5.25~5.5% 였다. 미국 연준은 정책금리를 하나의 숫자로 제시하지 않고 상단과 하단을 포함한 범위로 발표한다. 보통 하단은 상단보다 0.25% 포인트 낮다. 표현을 단순하게 하기 위해 이하 정책금리 범위의 상단기준으로 서술하였다. 범위로 표현하면 9월 정책금리가 4.75~5.0%일 확률이 30.5%, 5.0~5.25%일 확률이 69.5%였다.

릴 것 같다', '내릴 것 같다', '얼마 올릴 것 같다', '얼마 내릴 것 같다'와 같이 구체적인 변동폭과 방향을 이야기하지만, 월가에서 딜러들이 활용하는 것은 연준 정책금리 기대확률(Fed Target Rate Probabilities)이다. 연준이 금리를 얼마 내일지 족집게로 집어내듯이 미리 알 수 없지만 합리적으로 예측하는 것은 가능하다.

정책금리 기대확률은 미래 어떤 시점에 연준 정책금리가 어떤 수준에 있을 확률을 백분율로 표시한다. 기술적으로는 금융시장에서 옵션상품을 이용해 계산되고 있고, 인터넷으로 누구나 볼 수 있다. 2024년 8월 27일 옵션상품을 이용해 계산한 정책금리 기대확률을 보면, 9월에 연준이 Big Cut할 확률보다 Small Cut할 확률이 더 높았다. 50bp 인하 확률이 30.5%, 반면 25bp 인하 확률이 69.5%였다.

같은 날 기준으로 2024년말까지 연준이 정책금리를 100bp=1% 포인트 내릴 확률은 44.7%였다. 8월 정책금리가 5.5%이니까 연말까지 연준이 4.5%로 1% 포인트 내릴 확률이 50% 가까이 됐다는 말이다. 9월, 11월, 12월 즉 3번의 정책금리결정회의(FOMC)가 남았는데, 매번 25bp씩 내린다면 100bp가 아닌 75bp 가 내려간다. 100bp 내려갈 확률이 그만큼 된다는 것은 그 당시 연말까지 최소한 한번은 50bp를 내릴 것이란 기대가 있었음을 보여준다. 그런데 8월말까지만 해도 9월 회의에서 Big Cut을 한다는 기대확률이 Small Cut을 한다는 기대확률의 절반도 되지 않았다. 연말까지 언젠가 한번은 50bp를 인하하겠지만 9월은 아닐 것으로 본 셈이다.

8월에는 연준의 정책금리결정회의(FOMC)가 열리지 않는다. 7월말에 있고 한 달 반 뒤인 9월 중순에 FOMC가 열린다. 많은 월가 딜러가 여름 휴가를 보내기 위해 자리를 비우지만 정책금리에 대한 관심도 비우고 가진 않는다. 8월 중순에 있는 잭슨 홀 심포지엄에서 힌트가 나오길 기대하며 관련 소식을 주의 깊게 듣는다. 2024년 8월 잭슨 홀 심포지엄에 대한 관심은 어느 때보다 높았다. 앞서 연준은 정책금리를 곧 내리기 시작할 것이라고 힌트를 줬는데 확실하게 말한 것은 없었다. 그게 9월인지, 그리고 한번에 왕창 0.5% 포인트를 내릴 것인지, 조심스럽게 0.25% 포인트 인하할 것인지 관심 포인트가 많았다. 5.5%라는 근래 보지 못한 고금리를 2023년 7월 이후 1년 넘게 유지한 연준이 심포지엄에서 어떤 메시지를 던질 지 관심이 집중됐다.

제롬 파월 연준의장은 8월 23일 잭슨 홀 심포지엄(Jackson Hole Economic Symposium) 개회사에서 연준의 통화정책 방향에 대한 견해를 발표했다. 금융시장은 연준의장의 발표가 Big Cut보다 Small Cut을 의미하는 것으로 이해했다. 나도 그 중 한 사람이었고 결론적으로 틀렸다. 금융시장이 기대하지 못한 Surprise Cut을 만든 것이 당초 연준의장의 의도였는지, 아니면 의도와 달리 시장의 기대를 부드럽게 이끌어 내지 못한 것인지 판단이 애매하다. 잭슨 홀 심포지엄에 참가했던 사람들의 견해조차 하나로 모아지지 않았다. 너무 고차원으로 말하면 의도대로 전달하기 힘들다. 그렇다고 너무 쉽고 명확하게 말하면 시장의 분위기가 한쪽으로 쏠리게 된다. 중앙은행이 시장과 소통할 때 이게 가장 어렵다.

[정책금리 기대확률 산출방식]

정책금리 기대확률(Federal Funds Target Rate Probability)은 연준의 정책금리가 어떤 시점에 어떤 수준에 있을 확률을 의미한다. 확률을 만드는 것은 금융시장 참가자들이다. 하지만 금융시장 참가자 한사람, 한사람이 직접 계산할 필요가 없다. 어떤 금융상품에 알게 모르게 반영된다. 그 금융상품이 거래되는 곳이 시카고 상품선물거래소(CME)이고 그 상품을 이용해서 CME가 확률을 계산해서 알려준다. CME Fed Watch라는 웹사이트에 가면 정책금리 기대확률을 볼 수 있다.[10)]이제 용어부터 하나씩 정리해 보자.

정책금리는 연준이 통화정책결정회의(Federal Open Market Committee: FOMC)에서 정하는 금리목표이다. 하나의 숫자로 제시하지 않고 상한과 하한의 범위로 제시한다. 2024년 8월 정책금리는 5.25%~5.5% 였다. 목표로 하는 구체적 금리는 연방기금금리이다. 연방기금금리가 5.25%와 5.5% 사이에 있도록 하겠다는 것이 연준의 목표이다.

연방기금금리는 은행과 은행 사이에 거래되는 1일만기 무담보 대출금리이다.

---

10) https://www.cmegroup.com/markets/interest-rates/cme-fedwatch-tool.html

정책금리(Federal Funds Target Rate)와 구분하기 위해 실효연방기금금리(Effective Federal Funds Rate)로 부르기도 한다. 한국의 1일만기 콜금리와 개념이 비슷하다. 2024년 8월 기준으로 한 은행이 다른 은행에 담보 없이 신용으로 하루 동안 빌려주는 금리가 5.25%와 5.5% 사이에 있도록 관리하는 것이 연준의 목표였다. 여기서 오해하면 안 된다. 하루 만에 5% 넘는 이자를 받는 것이 아니고 연간 이자율로 환산한 것이다. 예를 들어, 100원을 5.25%로 빌렸다면 1일치 이자는 5.25원/360=0.014583원 정도이다.

금융시장 참가자들의 생각이 알게 모르게 반영되는 상품은 연방기금선물(Federal Funds Futures)이다. Futures는 영어로 미래의 것들, 선물(先物)은 한자로 미래의 것이다. 미래에 연방기금금리가 어떤 수준이 될 것이라는 것을 놓고 거래하는 상품이다. 시카고상품거래소(CME)의 상품은 미래 어떤 시점에 연방기금금리의 30일 평균값이 어떤 수준이 될지를 놓고 거래한다. 앞으로 한 달 후, 혹은 두 달 후, 혹은 1년 후 은행들이 하루만기 대출을 평균적으로 얼마의 금리로 할지 예상하는 상품이다.

연방기금선물의 가격은 연방기금금리가 오를 것으로 기대하면 내려가고, 반대로 연방기금금리가 내릴 것으로 기대하면 올라간다. 금리와 금리상품의 가격은 반대로 움직인다. 예를 들어보자. 금리가 오르면 과거에 낮은 금리로 발행된 채권은 오른 금리로 발행된 채권보다 상품가치가 떨어진다. 금리가 오르면 이미 낮은 금리로 발행된 기존 채권의 가격은 내려간다.

금리선물은 금리가 변동할 때 생기는 위험을 줄이기 위한 목적으로 만들었다. 예들 들어보자. 채권을 샀는데 앞으로 금리가 오르면 손해다. 채권가격이 낮아지니까 그때 팔면 손해가 난다. 금리가 앞으로 오를 것으로 예상되면 지금 미리 팔면 된다. 그런데, 채권을 사서 바로 팔 생각이면 아예 사질 말아야 하지 않는가? 채권을 실제 팔지 않고, 판 것 같은 효과를 낼 수 있는 것이 바로 금리선물이다. 채권을 사고, 동시에 금리선물을 팔면 앞으로 금리가 올라가도 손실을 줄일 수 있다. 금리가 오르면 선물가격이 내려간다. 가격이 내리기 전에 팔았기 때문에 이익이 난다. 금리가 올라갈 것으로 예상될 때, 금리선물을 팔면 들고 있는 채권에서 본 손해를 보충할 수 있다.

금리 상승을 예상한 금리선물 매도 물량이 많아지면 선물가격이 내려간다. 시장의 예상이 선물가격에 반영되기 때문에 여기서 금리 하락 기대 확률을 구할 수 있다. 반대로 금리 하락을 예상한 금리선물 매수 물량이 많아지면 선물가격이 올라간다. 이것을 통해 금리 인상 또는 인하 기대 확률을 구할 수 있다. 연방기금 거래는 채권거래가 아니지만 원리는 같다.

금리선물가격은 [100－시장이 예상하는 금리]로 표시된다. 연방기금선물 가격은 [100－시장이 예상하는 연방기금금리 평균]이 된다. 수식에 보이듯이 예상 금리가 올라가면 선물가격이 내려간다. 반대로 예상 금리가 낮아지면 선물가격이 올라간다. 100에서 금리를 빼기 때문에 선물가격은 100에서 90 사이의 숫자로 표현된다. 정리해 보자.

그림 12 연방기금금리와 정책금리

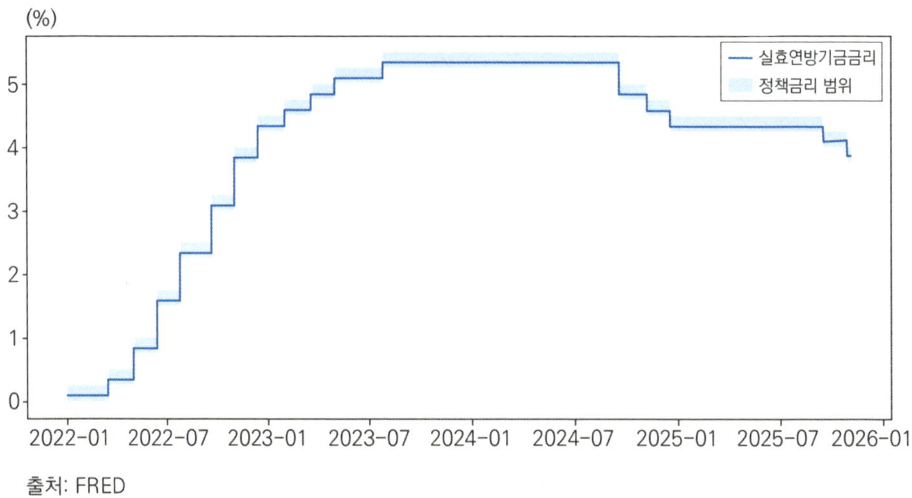

출처: FRED

- 연방기금금리: 은행끼리 거래하는 1일만기 무담보 대출금리, 실효연방기금금리
- 정책금리: 위의 금리에 대해 연준이 정한 목표
- 연방기금선물가격: 연방기금금리를 예상해서 거래하는 파생금융상품 가격

그림 12에서 보듯이 연방기금금리는 정책금리 범위 내에 있다. 연방기금금리의 30일 평균도 정책금리의 상한과 하한 사이에 들어간다. 여기서 가정이 들어간다. 시장이 예상하는 연방기금금리 평균이 미래에도 정책금리 상한과 하한 사이에서 정해진다고 가정한다. 가정이 맞는다면, 연방기금선물가격은 시장이 예상하는 미래의 정책금리에 따라 결정된다.

정책금리 기대확률은 연방기금선물가격에 반영된 시장의 예상을 확률 형태로 바꿔 놓은 것이다. 원리는 간단하다. 비율로 배분하는 방식이다.[11] 예를 들어 보자. 정책금리는 상단, 하단 이렇게 범위로 발표되지만 설명을 편하게 하기 위해 상단만 생각하자.

1월 1일 현재, 2월 1일을 기준일로 하는 연방기금선물가격이 94.375라고 하자. 한 달 후 정책금리에 대한 시장의 기대값이 100 − 94.375 = 5.625%인 것을 의미한다.

1월 1일 정책금리가 5.50%라고 하면, 금융시장은 한 달 후 정책금리가 평균 0.125% 오른다고 예상하고 있다. 연준은 통상 0.25% 단위로 금리를 조정한다. 0.125% 단위로 조정하지 않는다. 그럼 어떻게 0.125% 인상 예상이라는 것일까? 연준이 0.25%p 올리면 5.75%가 될 것이고, 유지하면 5.50%가 된다. 5.625%는 정확히 그 절반이다. 5.5%로 유지에 50%의 확률, 0.25%p 인상에 50% 확률을 준 것과 같다. 수식으로 쓰면 다음과 같다.

- 5.625% = 0.5 × [5.5% + 0.25%] + (1 − 0.5) × [5.5% + 0 %]

1개월 후 정산되는 연방기금선물가격이 94.35라면 어떻게 될까? 선물가격이 내려갔으니, 금리가 올라갈 확률이 높아졌다. 인상 확률이 얼마나 높아졌는지 계산해 보자. 1개월 후 예상 정책금리 = 100 − 94.35 = 5.65%이다. 5.50%보다 0.15%p 높다. 0.15%p는 0.25%p의 60% 이다. 따라서 선물시장은 0.25%p 인상 확률을 60%, 현재 수준 유지 확률을 1 − 60% = 40%로 평가하고 있다.

---

11) 연준 정책금리 기대확률 계산 방식에 대한 이해를 돕기 위해 직관적으로 설명한 것이다. 좀더 기술적인 설명은 CME group 홈페이지의 자료를 참고하기 바란다.

- 5.65% = 0.6 × [5.5% + 0.25%] + (1−0.6) × [5.5% + 0 %]

정리하면 다음과 같다.

- 정책금리에 대한 시장의 기대값 = 0.25%p 인상 확률 × [현재 정책금리 + 0.25%] + 금리유지 확률 × [현재 정책금리 + 0.0%]

논리적으로 볼 때, 연준의 선택지는 예를 든 것처럼 두 가지가 아니고 세 가지이다. 올리거나, 내리거나, 변경하지 않는 것, 세 가지 선택지가 있다. 방금 전 사례의 경우 정책금리 25bp 인상 확률 60%, 유지 확률 40%, 그리고 25bp 인하 확률 0%라고 하는 것이 보다 정확한 표현이다. 그런데, 무슨 근거로 인하 확률을 0%로 확신할까? 경험적으로 우리는 연준의 정책방향이 정해져 있다고 보는 게 일반적이다. 인플레이션, 경제성장, 고용상황, 금융안정 상황 같은 현재의 경제 환경과 앞으로 전망을 고려할 때 '금리 인하 기조에 있다', 혹은 '금리 인상 기조에 있다'라는 말을 많이 하는 데 이게 그런 의미이다. 그래서 인하 확률과 인상 확률 가운데 하나를 0으로 할 수 있다.

금리 인상폭이 25bp일지 아니면 50bp일지에 대한 기대확률이 나올 수도 있다. 선물가격 변동폭이 아주 크면 정책금리 변동폭이 클 것으로 예상한다는 의미이기 때문이다. 1개월 후 정산되는 연방기금선물가격=94.125라고 하자. 수식으로 표현하면 [100−1개월 후 예상 정책금리]=94.125. 다시 말해 1개월 후 예상 정책금리=5.875%가 된다. 따라서 예상 금리 인상폭=5.875%−5.50%=0.375%이다. 시장은 금리가 유지될 일은 없고, 0.25%p 이상 인상될 것으로 본다. 연준이 25bp=0.25%p 단위로 금리를 조정하는 것이 일반적이므로 이를 다시 표현하면, 정책금리 0.25%p 인상 또는 0.5%p 인상인데 확률을 감안하면 0.375%p 인상이 기대수준이다. 앞서 사용한 수식을 다시 이용해 보자. 0.25%p 인상 확률을 P(0.25)로 표시하자. 금리 유지 확률은 0%로 보기 때문에 0.5%p 인상 확률은 1−P(0.25)가 된다.

- 연방기금금리에 대한 시장의 기대값 = P(0.25) × [현재 연준 정책금리

+ 0.25%] + (1 − P(0.25)) × [현재 연준 정책금리 + 0.5%]

- 5.875% = P(0.25) × [5.5% + 0.25%] + (1 − P(0.25)) × [5.5% + 0.5%]

  P(0.25) = 0.5

선물시장은 1개월 후 연준이 정책금리를 0.25%p 인상할 확률이 50%, 0.50%p 인상할 확률이 50%라고 평가하고 있는 셈이다. 0.375%는 0.25%와 0.5%의 절반이다.

정책금리 기대확률은 날마다 변한다. 연준 인사의 말 한마디, 신문 기사, 발표되는 경제 데이터 등 여러 변수가 기대확률에 영향을 준다. 그림 13은 2025년 9월 정책금리 기대확률의 변화를 보여준다.

그림 13 정책금리 기대확률(2025년 9월 17일 FOMC)

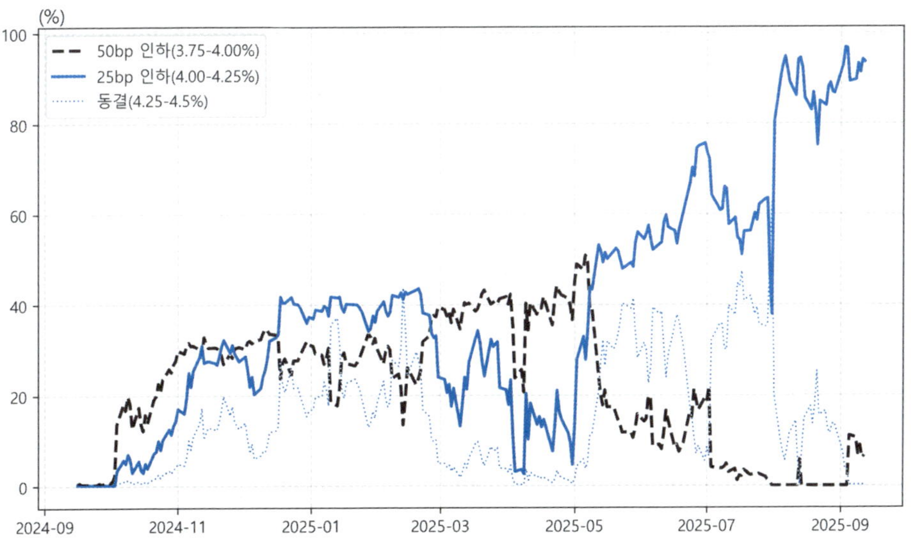

출처: CME FedWatch

개념은 쉬워 보여도 선물거래 자체는 매우 어렵다. 내가 직장인으로 걸음마를 떼던 1990년대 미국선물협회(National Futures Association: NFA) 중개사시험 열풍이 불었다. 나는 적성에 맞지 않는 것 같아 포기했다. 원리만 대충 설명해도 이렇게 길고 복잡한 선물을 전문적으로 공부하려고 보니 엄청 난해해 보였다. 그 때 대학 동기 한명이 미국에 가서 연수과정까지 마치고 우수한 성적으로 시험에 합격했다. 미국 선물중개사가 되지는 않았지만, 우리나라 채권 업계에서 유명한 딜러가 되었다. 본인 주장에 의하면 30년만기 장기국채를 발행하자는 아이디어를 제공한 장본인이다. 그 친구는 선물을 공부하고 업계 성공이라는 선물을 받았다.

연준의장의 개회사에 전세계가 귀를 기울이는 이유

"9월에 25bp 인하하고 다음 달에도 25bp 인하할 것 같습니다."

"아니야, 9월에 50bp 인하하겠다는 말로 들리는군."

2024년 8월23일 제롬 파월(Jerome Powell) 연준의장의 잭슨 홀 심포지엄(Jackson Hole Symposium) 개회사를 현장에서 듣고나서 나눈 대화이다. 나는 다음 달 연준의 25bp 인하를 예상했고 금융통화위원께서는 50bp 인하를 예상하셨다.

7월 정책금리 결정회의(FOMC) 직후 파월 의장은 기자회견에서 9월에 인하할 수 있다고 이미 힌트를 줬다. 8월에는 정책금리 결정회의가 없어서, 8월 잭슨 홀에서 9월 인하폭에 대한 시그널을 줄지 이목이 집중되어 있었다.

예상대로 파월 의장은 8월 잭슨 홀 심포지엄 개회사(Powell, Review and Outlook, 2024)를 통해 9월 정책금리 인하를 확정적으로 발표했다. 그런데, 금리 인하폭에 대해서는 확실하게 말해주지 않았다. 발표되는 경제지표와 향후 경제전망, 그리고 리스크 요인을 균형 있게 보고 정할 것이라고 원론적으로 말하였다.

노동시장에 대한 평가와 전망에 대해 평소보다 길게 발표했는데, 이 부분을 두고 평가가 갈렸다. 파월 의장은 팬데믹 이전에 비해 노동시장 여건이 완화(less tight)된 것은 맞는데, 앞으로 악화될 수 있는 리스크도 커졌다고 평가했다. 또한, 노동시장의 추가적인 둔화를 바라지 않으며 모든 수단을 동원하여 대응할 준비가 되어있다고 했다. 노동시장 강화를 위해 적극 대응할 것이라는 표현에 주목한 쪽은, 9월 50bp 인하를 시사한다고 해석했다. 이전까지 이렇게 강한 표현은 나오지 않았기 때문이다.

반면 나는 인하 시작 배경을 설명하기 위해 의도적으로 강한 표현을 쓴 것으로 봤다. 2023년 7월 이후 1년 넘게 유지한 정책금리를 왜 이제서야 내리는지 설명하는 것으로 이해했다. 2023년에 연준은 정책금리 인상 시기를 놓쳐서, 인플레이션을 조기 안정시키는데 실패했다는 비판을 많이 받았다. 연준은 금리정책 타이밍을 놓쳤다는 비판에 민감하다.[12)]

2024년 8월 금융시장이 비교적 안정되어 있었고, 경기침체가 임박해 보이지 않았기에 정책금리를 50bp까지 인하할 상황으로 보기도 어려웠다. 연준이 big cut을 단행한 때는 모두 심각한 금융위기 또는 경기침체 시기였다. 2000년대의 사례만 보면, 닷컴 버블 붕괴가 있던 2001년, 2002년, 글로벌 금융위기 기간이던 2008년, 2007년[13)]과 팬데믹이 한창이던 2020년 3월 한번에 50bp를 인하한 사례가 있다. 2024년 8월은 금융안정이 심각하게 위협받던 때도 아니고, 경기침체 우려가 과거 위기 때만큼 심각하던 것도 아니다. 파월 의장도 개회사에서 미국경제는 견고한 성장을 지속하고 있다고 평가했다.

8월 23일 파월 의장 개회사를 듣고 나서 월가는 9월 big cut을 확신하지 못했다. 50bp 인하 기대확률이 35.9%에 불과했다. 전날보다 약간 높아지긴 했지만, big cut 기대로 들뜬 분위기는 아니었다. 월가는 매년 연준의장의 잭슨 홀 개회사를 주목한다. 하지만 거시경제 및 금융안정상황도 종합적으로 고려하여 정책금리를 예상한다. 월가는 한 가지 정보에 전적으로 의존하지 않는다.

---

12) 팬데믹에 따른 경기침체에 대응하여 연준은 2020년 3월부터 2022년 3월까지 2년 동안 정책금리를 제로금리에 가까운 0.25% 수준으로 유지했다. 2019년 6월 1.7%에 불과했던 미국 소비자물가 상승률이 2021년 6월 5.4%, 그리고 2021년 12월 7.0%로 급격하게 상승했는데도 정책금리를 변경하지 않았다. 2022년 3월 16일에야 정책금리를 25bp 인상하기 시작했는데, 2022년 6월 소비자물가 상승률이 9.1%에 이르렀다.

13) 글로벌 금융위기 때 50bp 이상을 한번에 내린 적도 있다. 2008년 1월 12일과 3월 18일에 75bp를 인하했고, 같은 해 12월 16일에 100bp, 즉 1%p를 하루에 내리고 제로금리 시대를 열었다.

[잭슨 홀 심포지엄]

아주 오래전 잭슨 홀 심포지엄[14]에 대해 처음 알게 되었을 때 잭슨 홀이 심포지엄이 열리는 방(hall)의 이름인 줄 알았다. 잭슨 홀은 심포지엄이 열리는 미국 와이오밍 주의 지역 이름(Jackson Hole)이다. 잭슨 공항에서 차로 약 40분 거리 북쪽에 있는 잭슨 레이크 롯지,[15] 2층 컨퍼런스룸에서 매년 8월 개최된다. 8월의 무더위를 피하기 좋은 장소다. 그랜드 티턴 국립공원(Grand Teton National Park) 한 가운데 있어 경치가 매우 수려하며 조용한 곳이다. 번거로운 일상을 피해 토론하고 공부하기 좋은 장소이기도 하다. 미국 드라마 '더 라스트 오브 어스(The Last of Us)'에도 나온다. 좀비를 피해 사람들이 와이오밍 주 잭슨 시에 성채를 만들고 모여 산다. 잭슨 홀은 그만큼 멀리 떨어진, 외진 곳으로 알려져 있다. 잭슨 레이크 롯지는 잭슨 시에서 북쪽으로 58km 거리에 있다.

심포지엄이 시작된 1978년부터 1981년까지는 다른 장소에서 개최되었다. 잭슨 홀 지역에서 열리기 시작한 것은 1982년부터이다. 잭슨 홀을 개최장소로 제안한 것은 당시 켄자스시티 연준 조사담당 이사(Head of Research) 톰 데이비스(Tom Davis)이다. 폴 볼커(Paul Volcker) 의장이 송어 플라이 낚시를 좋아했다고 하며, 톰은 연준의장 참석이 심포지엄의 성공에 중요한 요소가 될 것으로 믿었다. 그가 콜로라도의 송어 낚시 전문가에게 추천받은 곳이 와이오밍 주 잭슨 홀이다. 8월 콜로라도의 기온이 높아 송어 낚시가 불가능해서, 더 시원한 북쪽으로 가야 했다(Federal Reserve Bank of Kansas City, 2013).

지리적으로 좀 외진 곳이지만 세상과 완전히 단절된 곳은 아니다. 행사장에서 핸드폰 신호 잘 나오고, 데이터 속도도 빠르다. 연준의장의 개회사는 화상을 통해 실시간 생중계된다. 발표, 토론 자료는 회의시작과 함께 홈페이지에 게시된다. 통화정책, 세계경제, 미국경제 등을 주제로 한 경제학 논문이 발표되고[16], 전

14) https://www.kansascityfed.org/research/jackson-hole-economic-symposium/

15) 101 Jackson Lake Lodge Rd, Moran, WY 83013 미국.

16) 1978년부터 1981년까지는 농업경제가 심포지엄의 주제였다. 농업은 주최 기관인(host)

세계 중앙은행 총재들, 경제학자들이 모여 토론한다.[17)]

잭슨 홀 심포지엄이 월가를 비롯해 전세계의 이목을 받기 시작한 것은 폴 볼커(Paul Volker) 연준의장이 참석한 1982년부터이다. 그해 볼커 의장은 참석자로부터 좋은 소리를 듣지 못했다. 연준은 1979년부터 통화 공급을 급격히 줄였으며, 이로써 인플레이션이 진정되는 했으나 성장률이 급락하고 실업률이 급등했다. 여론이 좋을 리 없었다. 오하이오 주립대 에드워드 케인(Edward J. Kane) 교수가 가장 심하게 연준을 비판했다. 그는 발표에서 연준의 정책을 '완전한 재앙(absolutely disastrous in its effects)'으로 평가했다. 케인 교수의 발표에 대해 볼커 의장이 구체적으로 어떤 말로 대응했는지 자료를 찾기 어려웠다. 참석은 했지만 연설 혹은 토론 같은 역할을 맡지 않아 그의 발언이 기록으로 남아있지 않은 탓이다. 당시, 켄자스시티 연준 조사담당 이사(head of economic research), 톰 데이비스(Tom Davis)에 따르면 볼커 의장이 케인 교수의 발표에 '잘 대응했다(Paul handled himself very, very well.)'고 한다. 또한 그는 결과적으로 케인 교수의 발표가 연준 통화정책에 대한 활발한 토론의 여건을 조성했고, 잭슨 홀 심포지엄의 명성을 세우는 토대가 되었다고 평가했다.

1982년 이후 연준의장이 매년 참석하였고 이어서 주요국 중앙은행 총재, 중앙은행 고위 인사들도 참석하기 시작했다. 1989년 처음으로 연준의장이 심포지엄에서 발표를 했고, 그 이후 연준의장의 발표가 관행으로 자리잡았다. 앨런 그린스펀(Allan Greenspan) 의장이 그해 심포지엄의 주제인 '1990년대 통화정책의 주요 이슈'에 대해 연준의장으로서 견해를 발표했다. 회의 마지막 순서였으며 맺음말 또는 폐회사(Overview)에 가까웠다. 존 크로우(John W. Crow) 캐나다 중앙은행 총

켄자스시티 연준(Federal Reserve Bank of Kansas City)의 관할 지역, Colorado, Kansas, Nebraska, Oklahoma, Wyoming 주의 주요 지역 산업이다. 당시 켄자스시티 연준 총재 로저 구피(Roger Guffey)도 농부의 아들이다. 통화정책이 주제가 된 것은 1982년부터이다.

17) 뉴욕 타임즈의 연준 출입기자 지나 스미알렉(Jeana Smialek)은 2023년 8월 24일자 기사에서 잭슨 홀 컨퍼런스를 '세상에서 가장 배타적(exclusive)인 경제행사'로 표현했다. 참석자가 중앙은행, 학계 인사 등 200명 내외의 초청자로 제한되어 있다. 나는 2024년 8월 행사에 참석했다.

재도 같은 주제로 발표했고 잭슨 홀 심포지엄에서 발표한 첫 외국 중앙은행 총재가 됐다.

연준의장이 맨 마지막 발표하던 관행에서 벗어나 첫 순서로 개회사(Opening Remarks)를 발표한 것은 2006년 벤 버냉키(Ben Bernanke) 의장이 처음이다. 글로벌 경제 통합(Global Economic Integration: What's new and What's not)을 주제로 하였고, 정책당국은 생산성 향상이라는 글로벌 경제 통합의 이익이 충분히 널리 공유되도록 하는 과제를 안고 있다고 결론지었다.

벤 버냉키가 프린스턴 대학교 교수였던 1999년 잭슨 홀 심포지엄에서 발표한 논문, "Monetary Policy and Asset Price Volatility"는 2008년 글로벌 금융위기 이후 더 주목을 받았다. 통화정책은 자산가격의 급등 및 붕괴에 대응하는 효과적인 수단이 아니지만, 역사적으로 볼 때 자산가격 붕괴가 발생했을 때 통화정책이 대응하지 않거나 오히려 디플레이션 압력을 적극적으로 강화할 경우, 경제에 지속적인 해가 된다는 주장을 담았다. 글로벌 금융위기 당시 연준이 보여준 적극적 통화정책 대응과 맞닿아 있다.

실제로 글로벌 금융위기를 계기로 연준의장의 잭슨 홀 개회사에 대한 관심이 폭발적으로 증가했다. 2008년 심포지엄에서 버냉키 의장은 글로벌 금융위기가 한창이던 당시의 금융 및 거시경제 상황, 경제와 금융시장을 안정시키기 위해 했던 연준의 조치를 담담하게 설명했다. 2009년부터 심포지엄이 진행되는 동안, 초청을 받지 못한 기자, 월가의 분석가들이 잭슨 레이크 롯지, 2층 행사장 앞 로비에 빼곡히 모여들기 시작했다.

한편, 2013년 최초로 연준의장의 개회사 관행이 깨졌다. 버냉키 의장은 2013년 심포지엄에 참석하지 않았고 개회사도 없었다. 2014년 1월 의장의 임기가 끝나는 것과 연관 지어 그해가 그가 의장으로 재직하는 마지막해가 될 것이라는 추측이 나왔다. 공식적으로 버냉키 의장은 개인스케줄 상의 이유로 참석하지 않았다(Politico, 2013). 2014년 1월 재닛 옐런(Janet Yellen)이 신임 연준의장으로 취임했다.

2015년 8월에도 연준의장의 개회사가 없었다. 옐런 의장이 참석하지도 않았다.[18] 존 윌리엄스(John Williams) 샌프란시스코 연준총재, 찰스 에반스(Charles Evan) 시카고 연준총재, 대니얼 털룰로 연준이사(Daniel Tarullo)도 참석하지 않았다.

2015년 금융시장은 2008년 12월부터 이어진 제로금리 시대가 끝날 때가 가까이 다가오고 있다고 생각하기 시작했다. 인플레이션율이 연준 목표 수준인 2% 아래로 낮았지만 고용시장 여건이 글로벌 금융위기 이전 수준에 점차 근접해 가고 있었기 때문이다. 반대로, 그해 중반부터 시작된 중국 주식시장의 붕괴로 연준의 금리 인상 시기가 늦어질 것이라는 기대도 있었다.[19] 기대가 갈린 가운데, 연준 의장의 잭슨 홀 불참 배경에 대해 여러 추측이 나왔다. '시장의 관심이 어느 때보다 높아진 때에 의장이 통화정책에 대한 의견을 공식적으로 발표하기 어려웠을 것이다', '연준이 통화정책에 대한 논의를 연준 내부로 한정하려는 의도이다(USA Today, 2015)', 8월에 신호를 주지 않음으로써 9월 '통화정책 발표의 극적 효과를 높이려는 의도이다'(CNBC, 2015)와 같은 해석이 나왔다. 의장의 불참이 통화정책 기대에도 영향을 줄 수 있다는 가능성을 남긴 첫 사례가 되었다. 연준은 심포지엄 4개월 후인 2015년 12월 17일 정책금리를 0.25%p 인상했으며 2008년 12월 16일부터 이어진 제로금리 시대를 7년 만에 끝냈다.

코로나19가 한창이던 2020년 8월 27일 최초로 온라인으로 개최된 심포지엄 개회사에서 연준의장은 연준의 새로운 통화정책체계를 발표했다.[20] 명시적으로 탄력적 평균인플레이션 목표제를 시행한다고 발표했다. 인플레이션율이 2%에 미달하였을 경우, 평균적으로 목표 수준에 근접할 수 있도록, 일정기간 동안 2%를 다소(moderately) 초과하는 것을 허용하는 것이다. 일정기간이 얼마인지, 초과 허용 범위가 얼마인지 명시하지 않은 점에서 탄력적 제도라고 한다. 중앙은행은 물가안정을 목표로 한다는 상식과 달리 일정기간 인플레이션이 다소 높아지는 것을 허용한다는 것을 시장과 대중이 이해하기 어려웠다. 이에 대해 파월은 낮은 인플

18) 연준 대변인은 잭슨 홀 심포지엄 개최 3개월 전인, 2015년 5월 26일 옐런 의장의 불참 계획을 발표했다. 불참 배경은 알려지지 않았다(The Wall Street Journal, 2015).

19) 잭슨 홀 심포지엄이 열리기 3일 전인 8월 24일 주가지수 하락폭이 더욱 커지며 금융시장 불안이 증대되었다. 중국 상해종합지수가 8.48% 하락했다. 글로벌 금융위기 이후 일간 최대 하락이었다. 일본 닛케이 지수가 같은 날 4.6% 하락했고, 미국 다우지수는 25, 26일 이틀간 988.33포인트 하락했다

20) 당일 오전 FOMC(Federal Open Market Committee)가 'Statement on Longer－Run Goals and Monetary Policy Strategy'을 발표하였다.

레이션이 장기간 지속되고 따라서 금리도 더욱 낮아지면 연준이 대응할 여지가 점점 없게 된다며 배경을 설명했다.[21] 코로나19로 통행제한 조치(lock down)가 시행됐고, 경기침체가 나타났으며 소비자물가 상승률이 2020년 3월부터 2%를 밑돌고 있었다. 글로벌 금융위기 이후 나타난 낮은 인플레이션에서 점차 벗어나는 것 같았는데 다시 인플레이션율이 낮아졌고 정책금리는 3월부터 다시 제로금리로 되돌아 간 상황에서 나온 통화정책의 변화였다.[22] 물가가 다소 오를 때까지 완화적 통화정책을 유지하겠다는 메시지였지만 실제로 시장이 이해하는데 시간이 필요했을까, 금융시장이 당일 크게 반응하지 않았다.[23]

2022년 개회사에 대한 관심은 다른 때에 비해 상대적으로 높지 않았다. 코로나19로 2020년 3월부터 시작된 제로금리 시대가 2022년 3월 끝났다. 그리고, 3월부터 7월까지 4회 연속 정책금리가 인상되었고 인상이 지속되는 주기가 아직 끝나지 않았다는 것도 알고 있었다. 7월 정책결정회의에서 이미 9월 정책금리 인상을 예고한 바 있다. 파월 의장은 8월 26일 개회사에서 '9월 또 한 번의 비정상적 큰 폭의 정책금리 인상(another unusually large increase)이 적절해 보인다'는 아주 구체적 표현으로 9월 통화정책 방향을 예고했다(Powell, Monetary Policy and Price Stability, 2022). 시장은 7월에 75bp를 인상한 것처럼, 9월에도 75bp를 올릴 수도 있다는 의미로 자연스럽게 해석했다. '인플레이션이 진정되는 확신이 들 때까지' 금리를 인상할 것이라며 금리 인상이 9월 이후에도 지속될 수 있음을 예고했다. 이 정도의 직접적 표현을 사용한 것은 2022년 심포지엄이 처음이었던 같다. 평균 30분 정도였던 과거 연준의장 개회사와 달리 10여 분 정도로 매우 짧았던 것도 특이했다. 그럼에도 불구하고 당일 금융시장의 반응은 차분했다.[24] 금융시장이 이미 어느 정도 발언의 수위를 예상하고 있었기 때문이다. 당연하게도 잭슨 홀 심포지엄

21) 2020년 9월 FOMC가 끝나고, 기자설명회에서 파월 의장이 NBC방송, Brian Cheung 기자의 질문에 답변한 내용이다.

22) 2020년 3월 3일 50bp, 3월 15일 100bp 인하하여 정책금리가 0~0.25%가 됐다. 두 번 모두 비정기로 열린 회의에서 결정됐다.

23) 8월 27일, 10년물 미국 국채 수익률은 오히려 5bp 상승했다. 다우산업평균지수는 0.57% 상승했다.

24) 8월 26일 10년물 미국 국채금리는 4bp 상승에 그쳤다.

개회사는 연준이 금리정책의 방향을 변경하기 시작할 때 가장 큰 관심을 받는다.

2023년 8월 잭슨 홀 심포지엄 개회사에 대한 월가의 관심은 뜨겁지 않았다. 1년 넘게 쉬지 않고 금리를 인상해온 연준이 이제 곧 금리 인상을 중단할 것이라는 예상이 팽배했다.[25] 잭슨 홀 심포지엄 한달 전인 7월 연준은 시장의 예상대로 금리 인상 종료가 임박했다고 예고했다. 추가금리 인상 여부가 데이터에 달려있다고 했는데, 6월과 7월 인플레이션 실적이 예상대로라고 했다. 2023년 8월 잭슨 홀 개회사는 7월 발표한 내용과 유사했다. 통화정책 방향이 이미 알려진 상황이면 잭슨 홀 개회사에 대한 관심이 줄어든다.

앞서 말한 대로 2024년 8월 잭슨 홀 개회사에 대한 관심은 어느 때보다 뜨거웠다. 1년 넘게 5.25~5.5%로 유지하고 있는 정책금리를 9월에 얼마나 내릴지, 의장이 관련된 메시지를 줄지, 월가의 모든 투자자가 궁금해 했다.

2025년 8월 잭슨 홀 개회사도 중요했다. 트럼프 정부 정책의 경제적 영향과 전망, 통화정책 방향에 대한 힌트가 관전 포인트다. 연준은 지속해서 2025년말까지 정책금리 2회 인하 전망을 내놓았는데(Federal Reserve Board, 2025),[26] 월가는 몇 월부터 얼마나 인하할지 궁금했다.

정리하면, 잭슨 홀 심포지엄은 연준 통화정책에 대한 학계의 건설적 비판을 시작으로 그 명성이 높아졌다. 마틴 펠드스타인(Martin Feldstein) 하버드대 교수가 말한 바와 같이 '통화정책에 대한 경제학계의 생각, 워싱턴 컨센서스(Washington Consensus) 또는 잭슨 컨센서스(Jackson Consensus)를 만들고 있다(Federal Reserve Bank of Kansas City, 2013).' 연준의장이 미국경제에 대한 평가와 전망, 그리고 연준의 통화정책방향에 대해 세상과 대화하는 중요한 창구이기도 하다. 컨퍼런스 장소 앞에 모이는 방송 카메라와 기자의 숫자도 줄지 않고 있다. 한국의 경제전문기자들도 매년 여름 잭슨 홀에 모인다.

---

25) 2022년 3월 시작된 정책금리 인상 2023년 7월까지 이어졌다. 정책금리는 1년 4개월 만에 0~0.25%에서 5.25~5.5%까지 높아져 있었다.

26) 2025년 3월 미국 정책금리는 4.25~4.5%였다. 통화정책에 참가하는 위원들이 제시한 2025년말 정책금리 전망에 대한 중위값(median)은 3.9%였다. 정책금리 상단 기준으로 약 50bp=0.5%p 낮으며, 한번에 25bp씩, 두 번 인하할 경우에 해당한다.

고용 상황을 파악하는 통계들

'앞으로 어떤 통계가 가장 중요한가요?'

'9월 6일 발표되는 8월 고용통계, 9월 11일 발표되는 소비자물가 상승률이 매우 중요합니다."

2024년 8월 23일 잭슨 홀 심포지엄부터 9월 18일 통화정책결정회의 전까지 월가가 가장 주목한 통계는 고용(NFP)과 소비자물가지수(Consumer Price Index: CPI)였다. 매달 주기적으로 나오는 통계 가운데에 당연하게도 고용과 물가가 가장 많은 관심을 받는다. 미국 연준의 통화정책 목표가 완전고용과 물가안정이다.

9월 6일 오전 8시 30분, 8월중 비농업취업자 통계가 발표된 후 월가는 차분한 반응을 보였다. 10년물 국채금리는 전날보다 2bp 내리는 데 그쳤다. 정책금리 50bp 인하 기대확률은 오히려 하루 전보다 내렸다. 고작 30% 수준에 머물렀다. 9월 18일 통화정책회의 12일 전까지 월가는 big cut에 대해 기대가 낮았다.

미국 노동통계국[27]이 발표한 비농업취업자수(Non-Farm Payrolls: NFP) 기준으로 2024년 8월 취업자가 14만 2천 명 증가했다. 7월 8만 9천 명보다 두 배 가까운 증가였지만, 시장이 기대했던 것보다 적어서 해석하기 애매했다. 시장은 고용통계를 보고 순간 당황했다. 9월부터 금리 인하를 한다고 했으니 하긴 할 텐데, 고용 숫자가 50bp 인하 기대에 힘을 실어주지 않았다.

---

27) BLS: Bureau of Labor Statistics, https://www.bls.gov/

월가는 발표된 통계를, 컨센서스와 비교하여 평가한다. 컨센서스란 금융시장 참가자가 평균적으로 예상하는 수준을 의미한다. 블룸버그(bloomberg.com), 마켓워치(marketwatch.com)와 같은 금융전문 미디어가 월가의 경제분석가를 대상으로 설문 조사해서 발표한다. 복수의 경제분석가들이 각자 전망치를 내놓는데 그 중간(median) 수준이 월가의 컨센서스라고 보면 된다. 블룸버그는 유료로, 마켓워치는 무료로 시장의 컨센서스 정보를 제공한다. 양사가 발표하는 값이 크게 차이 나지 않기 때문에 일반인들은 무료로 제공되는 마켓워치의 정보를 주로 활용한다. 마켓워치는 웹페이지에 매주 발표 예정 통계에 대한 정보를 제공한다. 통계 발표 전날 또는 한두 시간 전, 시장의 전망치가 일반 신문, 방송에도 언급되는 경우가 많다. 일부러 찾아보지 않아도 될 정도가 된다. 나는 주로 아침 출근 때 블룸버그 라디오의 아침 프로그램 '블룸버그 서베일런스(Bloomberg Surveilance)'[28]를 들으며 시장의 전망치를 확인했다. 비농업취업자수가 매월 첫째 금요일, 미국 동부시간 오전 8시 반에 발표되는데, 오전 8시 무렵부터 그날 발표되는 고용지표에 대한 시장 전망, 해설 등이 진행자의 질문, 출연자의 답변 형식으로 방송된다. '블룸버그 서베일런스'는 스마트폰의 '블룸버그(Bloomberg)' 애플리케이션을 통해 전세계로 실시간 방송된다. 방송된 내용이 일정 시간 후 팟캐스트에 올라온다. 라디오 블룸버그의 '블룸버그 서베일런스' 진행자 톰 킨(Tom Keene)의 목소리가 매우 거칠다. 엄청난 허스키 보이스인데, 평소 잘 아는 블룸버그 기자에게 유명한 한국산 진해 거담제를 톰 킨에게 선물로 주고 싶다고 농담한 적이 있다. 퇴근 시간에 다시 미국 공영 라디오방송 NPR(National Public Radio)의 '마켓플레이스(Marketplace)'[29]를 들으며 그날 월가의 반응을 정리한다. 미국 동부시간으로 저녁 6시에 방송된다. NPR이 만든 스마트폰 애플리케이션으로 또는 팟캐스트로 들을 때도 있다.

9월 6일 발표된 14만 6천 명은 컨센서스, 16만 5천 명보다 2만 3천 명이나 적었다. 시장 참가자들이 평균적으로 예상한 것보다 낮은 수준이지만, 큰 폭으로 금리를 인하할 만큼 노동시장 상황이 절박한 수준은 아니라고 시장이 평가했다.

---

28) https://www.bloomberg.com/podcasts/series/bloomberg－surveillance, 라디오와 TV 방송내용이 다르고 진행자도 다르다. 톰 킨은 라디오 프로그램을 진행하는 메인 앵커이다.
29) https://www.marketplace.org/shows/marketplace

월가가 매달 발표되는 지표를 평가할 때 먼저, 컨센서스와 비교하고, 다음에 추세와 비교한다. 이 달의 통계가 지난 달과 크게 차이가 나더라도 추세와 벗어난 특이요인에 의해 생긴 일시적 차이는 중요도가 떨어진다. 7월 고용은 8만 9천 명 증가에 그쳤는데, 6월 28일부터 7월 11일까지 미국 남부지역에 허리케인 베릴(Beryl)이 큰 피해를 입혔다. 7월 고용통계에 계절적 특이요인이 있었던 셈이다. 미국 노동통계국은 7월 고용지표를 발표할 때 허리케인 베릴의 영향이 뚜렷하지 않았다고 했지만, 8월 고용지표를 발표할 때 7월 고용인원을 2만 5천 명 낮추었다. 허리케인의 영향을 나중에 반영한 것으로 추측할 수 있다. 월가도 7월보다 8월 고용이 크게, 거의 두 배 가까이 증가한 것에 큰 의미를 부여하지 않았다.

추세와 비교할 때 주로 과거 평균을 추세의 대용 지표로 사용한다. 과거 3개월 평균 또는 6개월 평균과 비교하는 경우가 많다. 과거 3개월 평균 기준[30]으로 6월 14만 7천 명, 7월 14만 천 명, 8월 11만 6천 명의 고용이 증가했다. 점차 고용이 악화되는 것은 맞지만 위기 상황으로 빠르게 가고 있지 않았다. 날씨가 나빴던 7월이 너무 이례적일 뿐.

	2024년 7월	→	8월[31]
• 비농업취업자수 증가:	8.9만 명	→	14.2만 명
• 비농업취업자수 증가(3개월 이동평균):	14.1만 명	→	11.6만 명
• 경제활동참가율:	62.7%	→	62.7%
• 실업률:	4.1%	→	4.3%
• 시간당 평균임금 상승률(전월대비):	0.3%	→	0.2%
• 시간당 평균임금 상승률(전년동월대비):	3.9%	→	3.6%
• 주당 평균 노동시간:	34.3시간	→	34.2시간

30) 통계용어로 3개월 이동평균(moving average)이라고 부른다. 6월 14만 7천 명은, 4월, 5월, 6월의 평균이고, 7월 14만 천 명은 5월, 6월, 7월의 평균, 8월 11만 6천 명은, 6월, 7월, 8월의 평균이다. 가장 먼저 발생한 실적이 빠지고, 이 달의 실적을 새로 넣어 평균한다. 평균하는 통계가 매번 과거에서 현재 쪽으로 1개월씩 움직이기 때문에 이동평균이라는 이름이 붙었다.

31) BLS의 2024년 9월 6일 발표 기준임.

둘째, 취업자수가 발표될 때 함께 발표되는 다른 통계도 같이 이용해서 고용상황을 평가한다. 비농업취업자수와 경제활동참가율, 실업률, 시간당 평균임금 상승률, 주당 평균근로시간이 같이 발표된다. 7월과 8월 통계를 비교하면 실업률이 다소 상승했고, 시간당 평균임금 상승률, 주당 평균노동시간이 낮아졌다. 하지만 한 달 전보다 고용상황이 크게 악화됐다는 근거로 충분해 보이지 않았다. 어느 정도가 되야 심각한 악화인지 논쟁이 있을 수 있지만, 허리케인이라는 계절적 특이요인이 논쟁을 잠재우기에 충분했다.

노동통계국의 비농업취업자수(NFP)보다 먼저 나오는 통계도 고용동향 평가에 이용된다. 노동통계국이 발표하는 JOLT 구인건수(Job Openings and Labor Turnover Surveys)와 ADP[32]가 발표하는 민간취업자수가 그것이다. 구인건수, 민간취업자수 모두 한달 전보다 작은 수가 나왔고, 컨센서스보다 작은 값이었지만 급격하게 노동시장이 악화하고 있다고 평가하기 어려웠다.

- JOLT 구인건수: 823만 건(5월) → 818.4만 건(6월)(전망 800만 건)
- ADP 민간취업자: 15.5만 명(6월) → 12.2만 명(7월)(전망 15만 명)

이와 같이 매월 발표되는 통계를 평가하려면 여러 가지를 같이 놓고 봐야 한다. 개인이 이를 직접하려면 시간과 오랜 경험, 감각, 그리고 노하우가 필요하다. 월가의 경제분석 전문가들은 각자 이런 방법과 나름대로 터득한 전문지식을 바탕으로 전망치를 만든다. 그 전망치의 중간 값을 이용하면 발표된 통계를 평가하기 편해진다. 그러나, 월가의 전문가들도 집단적 사고의 오류에 빠질 수 있다. 경제에 영향을 미치는 특이요인이 전문가들도 예상치 않게 갑자기, 예상하지 못했던 곳에서 발생하기도 한다. 시장의 전망에만 전적으로 의존하기도 어렵다. 모든 일이 다 그렇지만 직접 노력해야 보상이 있다.

---

32) 1941년 Automatic Payrolls, Inc.로 창립되었고 1961년 Automatic Data Processing, Inc.로 사명을 바꾸었다. 본부는 미국 뉴저지 주 로즈랜드에 있다. 인사, 급여, 세금, 직원복지 관리 서비스 툴을 제공하는 것이 주요 사업이다. 자사가 가지고 있는 데이터를 이용해서 매월 '전국고용동향(National Employment Report)'를 발표한다. ADP의 민간취업자는 수요일, 노동통계국의 비농업취업자는 같은 주 금요일에 나온다. https://adpemploymentreport.com/

[JOLT, ADP, NFP 비교]

"1월 3일 금요일에 같이 식사합시다."

"그날 NFP가 나와 바쁜 날입니다. 다른 날 하시죠."

"어! 아닌데, 1월 10일에 나와요. 1월에는 첫째 금요일이 아니고 둘째 금요일에 나와요."

통상 매월 첫째 주에 노동시장 지표, 세 가지가 하루 걸러 하나씩 발표된다. 월요일에 노동통계국이 JOLT 구인건수를, 수요일에 ADP가 민간취업자수를, 금요일에 노동통계국이 비농업취업자수(NFP)를 발표한다. 2025년 1월과 같이 예외도 종종 있다. 그래서 가끔 전문적인 시장참가자도 착각한다.

미국 노동통계국(BLS)이 발표하는 JOLT 즉 Job Openings and Labor Turnover Survey(구인 및 노동 이직률 조사)는 노동수요를 파악하기 위한 목적으로 작성되기 시작한 지표이고, 전국 2만 1천 개 사업체를 표본으로 설문조사한 결과이다. 구인건수, 고용건수, 이직건수 등이 발표된다. 이 세 가지 지표를 통해 노동수요보다 노동공급이 부족한지, 수요가 더 많은지 평가할 수 있고, 노동시장의 역동성도 볼 수 있다. 하지만, 월별로 변동성이 크다는 단점이 있다.

가끔 JOLT 구인건수가 큰 뉴스가 되고, 금융시장에 충격(jolt)을 주기도 한다. 2023년 10월 3일 발표된 구인건수가 특히 그랬다. 이날 나온 8월 구인건수가 월가의 예상보다 많았다. 전망이 881.5만 건이었는데 961만 건으로 발표됐다. 7월 892만 건보다 100만 건 이상 늘어났다. 시장금리가 급등하고 주가가 큰 폭으로 하락했다.[33] 월가는 구인건수 급등을 노동시장 과열로 해석했다. 같은 날 연준이사들의 강경발언이 나오면서, 정책금리 인상사이클 재개에 대한 우려가 커졌다. 2022년 3월 25bp 인상을 시작으로 수차례 인상되어, 2023년 7월에 정책금리가 5.25%~5.5%였다. 8월에는 금리결정회의가 없었고, 9월에 동결됐다. 그러면서 연준은 앞으로 나오는 데이터를 보며 금리수준을 결정하겠다고 했다. 월가는 연준

33) 10년물 미국채 수익률이 4.6%에서 4.82%로 12bp 상승하고 S&P500 지수가 1.4% 하락했다.

이 인상을 멈추고 이제부터 당분간 쉬어 간다는 말로 해석했다. 그런데, 10월 3일 충격적인 수준의 JOLT 구인건수가 나왔다. 취업자수 통계보다 먼저 나와서 예고 지표처럼 인식이 됐다. 그래서 금융시장이 크게 반응했다.

JOLT 구인건수와 비농업취업자수(NFP)는 연방정부기관인 노동통계국(BLS)이 발표하고, ADP 민간취업자수는 민간기업 ADP가 자기가 가지고 있는 데이터를 기반으로 작성해서 발표한다. 기업의 인사, 급여, 세금, 직원복지 관리서비스를 제공하는 회사여서 많은 데이터를 보유하고 있다. 예외가 있지만 일반적으로 JOLT는 월요일, ADP는 이틀 후인 수요일에 나온다. 민간기업 취업자만 포함하며, 공공부분 취업자, 자영업자는 제외된다. 금요일에 나오는 NFP보다 먼저 나오기 때문에 속보성이 강점이다. 민간취업자수만 있고 노동시간이나 임금 같은 다른 정보는 발표되지 않는다.

2023년 10월 4일 ADP가 9월중 민간취업자수 증가를 발표했다. 시장의 전망치보다 훨씬 적은 민간취업자수 증가가 나오면서 전날 JOLT 구인건수 충격으로 올라갔던 시장금리가 다시 크게 내렸다. 컨센서스는 9월중 민간취업자 15만 명 증가였는데, 8.9만 명 증가로 발표되었다. 8월의 15만 명 증가보다 적게 나왔다. 10년물 국채 수익률이 다시 내려갔다.[34] 발표기관도 다르고 내용도 다르고, 대상시기도 다르지만 NFP보다 먼저 발표되기 때문에 예고 지표처럼 해석되고 있다. 그래서, 종종 시장이 크게 반응한다.

통화정책결정회의 당일 오전에 ADP의 민간취업자수가 발표되는 경우도 있다. ADP의 민간취업자수가 발표된 2024년 7월 31일에 공교롭게 연준의 통화정책결정회의(FOMC)가 있었다. 민간취업자수는 미국 동부시간 오전 8시 30분, 통화정책 결정문은 오후 2시에 나왔고, 연준의장의 기자설명회는 오후 2시 30분이었다.

연준 출입기자들이 기자설명회에서 연준의장에게 자주 하는 질문이 있다. 회의 당일 오전 발표된 통계를 본 다음 연준이사와 총재들이 통화정책결정회의에 참가하는지 궁금해한다. 의장의 답변은 늘 같다. '회의에 참가하는 모든 위원들은

---

34) 4.73%로 내려갔다.

회의 당일 발표되는 통계를 포함해서 회의 직전까지 입수 가능한 모든 정보를 보고 나서 통화정책결정회의에 참가한다. 마지막에 입수된 정보도 그 때까지 입수된 여러 정보의 하나이며 특별하지 않다.'

연방기관인 노동통계국(BLS)이 발표하는 비농업취업자(NFP)는 보통 ADP 발표 이틀 후인 금요일에 나온다. 앞서 말한대로 NFP는 노동시장 전반의 흐름을 파악하는 광범위한 지표와 함께 발표된다. 비농업취업자수와 함께 경제활동참가율, 실업률, 주당 평균노동시간, 주당 평균임금 등이 관심을 받는다.

ADP 민간취업자수가 나온 이틀 뒤, 2023년 10월 6일 금요일, 노동통계국의 비농업취업자수(NFP)가 발표되자 월가가 다시 크게 반응했다. 비농업취업자가 9월중 33.6만 명 증가했다. 시장의 예상 17만 명보다 거의 두 배였다. 10년물 국채 수익률이 치솟았다.[35] Loretta Mester 클리블랜느 연준총재[36]기 '금리가 거의 정점에 도달했다고 생각'한다고 말하여 시장을 달랬다. 주당 평균임금 상승률, 실업률이 지난 달과 비슷한 수준을 보인 것을 보며 비농업취업자수에 놀란 시장금리가 다시 안정을 찾아갔다. 10년물 국채 수익률이 월요일 수준으로 되돌아 갔다.[37] JOLT로 놀라고, ADP로 안도했다가 NFP로 다시 놀란, 롤러코스터 타기 수준의 정신없는 한 주였다. 5.5%라는 2001년 1월 이후 22년 만의 최고 수준의 정책금리가 다시 오르게 될까 노심초사했던 금융시장이 연달아 나오는 세 개의 노동지표에 크게 반응했다. 너무 많은 정보를 보면 중심을 잃을 수 있다.

세 지표의 차이를 표로 간단히 정리하면 다음과 같다.

---

35) 한 때 4.89%까지 올라갔다.

36) Loretta Mester는 2014년 6월 1일부터 2024년 6월 30일까지 클리블랜드 연준총재를 역임했다. 2024년 8월 21부터 Beth M. Hammack이 총재를 맡고 있다.

37) 4.8%로 나왔다.

	JOLT	ADP	NFP
• 발표주기	매월	매주	매월
• 대상기간	전전월 실적	전월 실적	전월 실적
• 발표시기[38]	월요일 ADP 2일 전	수요일 NFP 2일전	첫 금요일
• 발표내용	구인, 고용, 이직건수 등	민간취업자수	비농업취업자수,실업률 등
• 발표기관	BLS(연방기관)	ADP(민간회사)	BLS(연방기관)

이처럼 한 달에 세 통계가 각각 다른 날에 나오면 금융시장 지표가 나올 때마다 민감하게 움직이는 경우가 있다. 통화정책 변화를 기대하고 있을 때 특히 심하다. 이때, 시장은 매우 단기적인 흐름에 집착할 수 있다. 그러나 과거부터 현재까지 전체 자료를 긴 시각에서 보면 느낌이 다르다. 다 지나고 보니 그렇다고 하는 것이지만, 그래도 장기 추세를 보는 자세가 필요하다. 2023년 8월의 JOLT 막대가 올라왔고, 2023년 9월의 ADP 막대가 전월보다 조금 짧아졌다가, 9월의 NFP막대가 전월보다 길어졌다. 같은 발표 시점에 세 지표가 전월대비 다른 움직임을 보이는 것 같다. 관점을 바꿔 전체 기간을 놓고 보자. 이제 추세가 보인다. 코로나19가 끝나고 구인건수, 고용 모두 서서히 줄고 있음을 알 수 있다. 쉽지 않지만 긴 추세로 보는 습관이 필요하다.

38) 예외가 많다. 특히 그 주에 연방휴일이 있으면 달라진다.

그림 14 월별 구인건수와 고용 증감

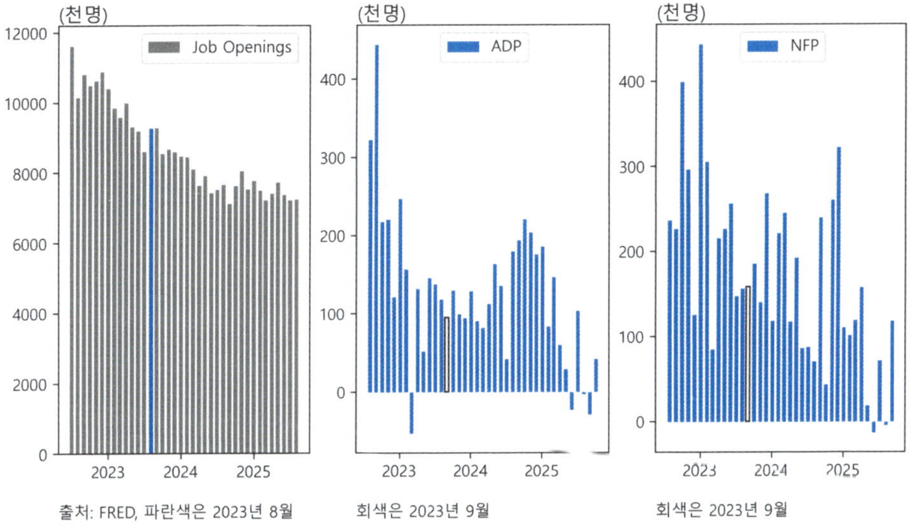

출처: FRED, 파란색은 2023년 8월 회색은 2023년 9월 회색은 2023년 9월

[NFP 데이터 수정]

노동통계국이 NFP 고용통계를 최소 2번 수정한다. 최초 발표와 최종 발표 사이에 차이가 크게 나기도 한다. 2023년 10월 6일 노동통계국이 발표할 때, 9월 중 NFP 고용이 33.6만 명 증가했다고 했다. 그런데 그림 14에 보면 2023년 9월 검은 막대 높이가 20만 명에도 못 미친다. 그동안 통계가 수정되었기 때문이다. 그림 14는 수정이 완료된 자료로 그렸다.

최근 2년 동안 NFP 수정폭이 점점 커지는 추세이고 최초 발표치보다 하향 조정된 경우가 훨씬 많았다. 2025년 6월 통계의 경우 더 극단적이었다. 10만 명이 넘는 증가였다가 나중에 1만 3천 명 감소로 바뀌었다.

그림 15 NFP 고용 수정 전후비교

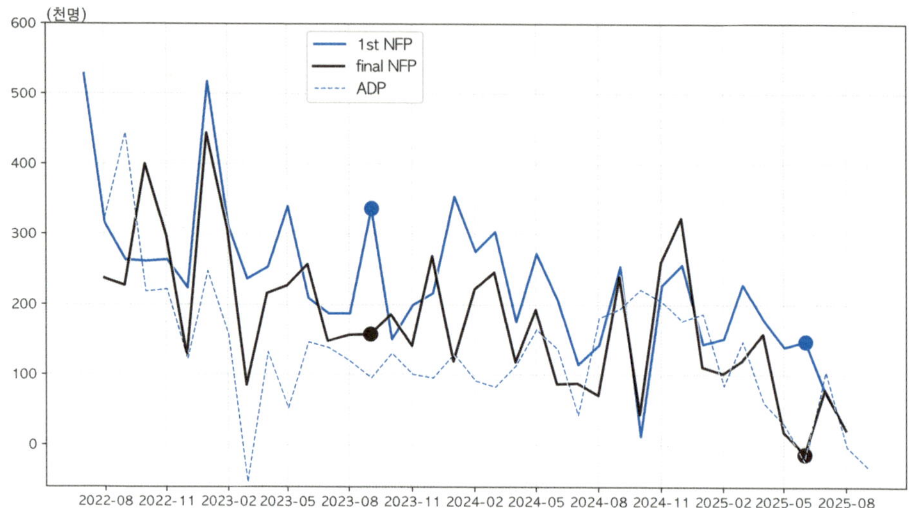

출처: BLS, ALFRED, FRED

얼마 전까지만 해도 금융시장은 통상 NFP 고용통계가 수정되는 것에 큰 의미를 두지 않았다. 한편으로 당연하게 여겼고, 한편으로 개선되기를 희망했다. 설문조사에 기초했기 때문에 나중에 수집되는 자료를 반영해서 수정할 수밖에 없다고 평가했다. 연방정부 구조조정으로 통계 편집 여건이 어려워지는 것을 우려했지만 개선되리라는 희망도 잃지 않았다. 노동통계국의 통계에 대한 신뢰는 유지했다.

그런데 2025년 8월을 기점으로 상황이 바뀌기 시작했다. 금융시장은 고용통계 하향 조정을 고용시장 악화 신호로 평가하기 시작했다. NFP 고용통계 발표일마다 직전 2개월 고용통계에 대한 수정치가 발표된다. 2025년 8월 1일, 7월 고용지표를 발표하면서 6월과 5월 고용 수정치를 총 25.8만 명이나 하향조정했다. 글로벌 금융위기 때보다 하향조정폭이 컸다. 그날 미국 주가와 국채 수익률이 큰 폭으로 내려갔다.

그림 16 **직전 2개월 NFP 수정치**

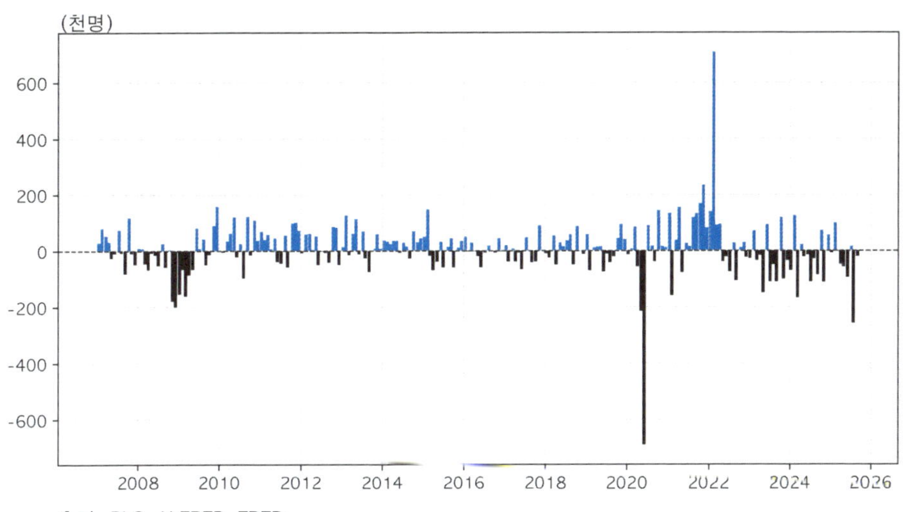

출처: BLS, ALFRED, FRED

금융시장이 고용통계 하향조정을 고용상황 악화신호로 보는 근거는 무엇일까? 아직 명확한 분석이나 상세한 통계를 제시한 자료를 찾기 어렵다. 추측만 있을 뿐이다. 우선 하향조정 규모가 과거 사례보다 너무 크고 추세적으로 커지고 있는데 근거한다. 그리고, 경기가 안 좋을 때면 폐업으로 응답하지 않는 경우가 많다고 보는 것 같다. NFP 통계작성은 기업에 대한 설문조사로부터 시작된다. 폐업한 기업은 설문에 응답을 안하고, 막 생긴 기업은 설문조사에 답할 여유가 없거나 시기를 놓칠 수 있다. 이런 점을 고려해 노동통계국이 계량모형으로 보정하는데 완벽하지 않다. 응답률이 떨어진 것을 보정해서 채워버리니 그럴 수밖에 없다. 상식적으로 생각해보면 경기가 안 좋을 때일수록 신설기업의 무응답 또는 지연응답보다 폐업기업의 무응답이 많을 것으로 보인다. 최초 발표치가 신생기업 효과를 과대평가했을 것이라는 평가도 있었다. 설명하는 관점이 다르지만 결과적으로 같은 말이다.

아니면, 2024년 8월 고용 악화전망을 근거로 정책금리 인하를 기정사실화했던 연준의장의 잭슨 홀 심포지엄 개회사가 금융시장의 기억에 각인된 것일 수도 있다.

베버리지 커브는 누가 던지는 커브인가?

“구인건수가 감소했으며, 구인과 실업의 비율이 팬데믹 이전 수준으로 돌아갔습니다.”

“이 통계를 전에도 연준의장이 언급한 적 있었나요?”

파월 연준의장이 2024년 8월 23일 잭슨 홀 심포지엄 개회사에서 구인과 실업을 언급했다(Powell, Review and Outlook, 2024). 구인건수가 감소했다는 말은, 이미 6월과 7월 기자회견에서 파월 의장이 했던 것이고, 자주 인용했던 통계라 새로울 것이 없었다. 구인과 실업비율, 즉 베버리지 커브(Beveridge Curve)를 7월에 언급하긴 했는데 조용하게 했다. 파월은 7월에 유럽중앙은행 포럼과 미국 상원 은행위원회에서 이를 언급했다. 7월 1일 유럽중앙은행 포럼(ECB, 2024)에서 “완전고용과 물가안정이라는 연준의 목표가 더욱 균형을 이루었으며 이를 판단하는 가장 좋은 것은 베버리지 커브”(연합인포맥스, 2024)라고 했고, 7월 9일, 연방상원에서 ‘구인과 취업의 간격이 2019년보다 조금 높은 수준’임을 확인했다(Powell, Semiannual Monetary Policy Report to the Congress, 2024). 유럽중앙은행 포럼에서 한 발언은 패널 세션에서 한 이야기인데 연준의 홈페이지에도 안 나오고, 상원 은행위원회에 한 발언은 용어를 살 짝 틀어서 썼다. 베버리지 커브를 주목하고 있다고 좀 확실히 말하지, 임금님 귀는 당나귀라고 월가가 들을 수 있게 크게 말하지, 한 번은 다른 나라 가서 말하고, 한 번은 의회에 가서 표현을 다르게 했다. 그리고 한 달 후 잭슨 홀에서 비로소 큰 소리로, 정식으로 주목받는 자리에서 말한 것이다. 두 달 동안 3번을 언급했지만 월가는 연준의장이 베버리지 커브를 이렇게 자주 인용했다는 사실을 알아차리지 못했다. 그 배경도 잘 몰랐다.

월가는 9월 18일 연준이 금리를 50bp 내린 후에 비로서 그 배경을 알게 되었다. 파월 의장은 FOMC 직후, 기자회견에서 큰 폭의 금리 인하 배경을 베버리지 커브를 이용해 설명했다.[39] Axios의 닐 어윈(Neil Irwin) 기자가 질문했다. 수년간 구인건수가 감소하는 중에도 실업은 늘지 않는 추세가 있었는데, 앞으로도 그럴 것인지, 아니면 이제 필연적으로 실업이 늘어나게 될 것인지 질문했다. 파월 의장은 구인건수가 매우 많으면 어느 정도까지는 실업이 늘어나지 않고도 구인건수가 줄면서 노동시장의 과열이 조정될 수 있다고 했다. 그런데 이제는 그 한계에 근접한 것 같고, 정확히 어느 지점부터인지 알 수는 없지만, 구인건수가 줄면서 실업도 늘어나게 될 것이라고 했다(Federal Reserve Board, 2024). 월가는 기자회견을 다 듣고 나서, 이날의 big cut을 고용이 더 이상 악화되지 않도록 하기 위한 리스크 관리 차원의 인하로 해석했다.

연준의장이나 총재들이 미리 알리고 싶은 것을 말하는 패턴이 있다. 예외는 있지만, 적어도 같은 패턴이 두 차례 정도 확인된다. 가장 먼저, 발언 내용 전체가 연준 홈페이지에 올라가지 않는 곳에서 말한다. 미국 언론매체가 덜 주목하는 곳, 월가의 시선이 닿지 않는 곳이면 더욱 좋다. 예를 들면, 해외에서 개최되는 컨퍼런스 패널토론, 컨퍼런스의 질문 답변 시간이 있다. 미국에서 개최되는 컨퍼런스의 질문 답변 시간도 해당된다. 해외에서 개최되는 컨퍼런스일지라도 개회사에서 이런 발언을 하는 경우는 상대적으로 적다.

그 다음에 미국 언론과 월가가 주목하는 곳에서 같은 말을 반복한다. 표현을 조금 바꾸는 경우도 있다. 미국 의회 증언, 미국 내 주요 단체가 개최하는 행사의 개회사, 해외에서 개최되는 행사의 개회사 등을 통해 약간 더 공개적으로 언급한

39) https://www.federalreserve.gov/monetarypolicy/fomccalendars.htm
연준의 홈페이지에서 통화정책결정회의 일정, 연준의장 발표문(Statement), 기자회견 발표문과 질문답변 내용(Press Conference), 의사록(Minutes), 경제전망 보고서(Projections)를 확인할 수 있다.

다. 전체 발표 내용에서 비중을 적게 두는 경우도 있기 때문에 유의해서 들어야 한다. 마지막으로 연준의 공개행사에서 공식화한다. 통화정책결정회의와 그 후에 있는 기자간담회가 가장 대표적이다.

이러한 장소와 시간 순서 패턴으로, 한 달 또는 그 이상 반복해서, 그동안 거의 언급한 적이 없는 통계, 개념, 원리 등을 언급한다. 언론사 기자나 월가 관계자들이 사용하던 용어를 그대로 연준의장이 똑같이 사용하는 경우도 있었다. 이럴 때는 미리 알리고 싶은 것을 돌려 말하는 것일 수 있으니 주의 깊게 들어야 한다. 깊은 우물 안에 "임금님 귀는 당나귀 귀"라고 말하고 싶은 것이 인간 본성 가운데 하나인 것 같다.

[미국 베버리지커브의 형태]

베버리지커브(Beveridge Curve)는 구인(job opening)과 실업의 관계를 그림으로 표현한 것이다.[40] 구인은 기업이 일할 사람을 찾지 못한 자리(umber of unfilled job)이고 실업은 반대로 일할 의사와 능력이 있음에도 일할 자리를 못 찾은 노동자의 수이다. 베버리지커브는 구인율과 실업률을 이용해서 그린다. 구인율이 세로축, 실업률이 가로 축에 놓이는데 구인건수를 경제활동인구(labor force)로 나눈 것이 구인율, 실업자 수를 경제활동인구(labor force)로 나눈 것이 실업률이다. 영국 경제학자 윌리엄 베버리지(William H. Beveridge)의 이름을 딴 것이다.[41]

일반적으로 기업이 일할 사람을 많이 구하면 실업이 줄고, 기업이 일할 사람을 적게 구하면, 일을 하려해도 일자를 못 구한 실업자가 많아지므로 베버리지커브는 왼쪽에서 오른쪽으로 내려가는 형태를 보인다. 또한 기업의 구인건수가 줄면 줄수록 일자리를 못 찾은 실업자는 더 많이 늘어나므로 구인건수가 줄수록 보다 완만하게 오른쪽으로 내려가는 모습이 된다.[42]

---

40) Job opening을 구인건수로 번역하기도 하고, 빈일자리로 번역하기도 한다. 여기서는 모두 구인건수로 표현했다.

41) 곡선 자체는 1958년 Christopher Dow와 Arthur Dicks−Mireaux가 만들었다.

베버리지커브를 보면 경기상황을 간접적으로 알 수 있다. 구인율이 높고 실업률이 낮다면, 기업이 높은 임금을 지불해야 일할 사람을 구할 수 있는 상황이고, 반대로 노동자는 일자리가 많아서 일할 의사만 있다면 일자리를 구하기 쉬운, 즉 경기가 매우 좋은 상태이다. 임금상승 압력이 높고, 물가상승 압력도 높다. 반면, 구인율은 낮고 실업률은 높은 상태라면 기업은 일할 사람이 많이 필요 없는데, 일자를 구하는 사람은 훨씬 많은 상황, 즉 경기가 침체된 상태이다. 임금상승 압력이 낮고, 물가상승 압력도 낮다.

미국의 베버리지커브는 노동통계청이 홈페이지에 올려주고 있다.[43] 노동통계청 자료대로 2020년 12월부터 2025년 1월까지 구인율과 실업률을 그려보면 아래와 같다. 앞서 설명한대로 우하향하며, 오른쪽으로 갈수록 완만하다. 실제 자료를 이용해서 그리면, 매끄러운 곡선이 아니고 약간 울퉁불퉁한 형태이다.

코로나19로 통행제한 조치가 시행되면서 2020년 3월부터 4월 사이 실업률이 급등했다. 통행제한 조치가 해제되고 경제활동이 정상화되기 시작하면서 2020년 5월부터 기업의 구인율이 점차 높아지고 실업률은 빠르게 낮아졌다. 구인율이 2022년 3월 최고 수준에 달했고 실업률은 3% 후반으로 낮아졌다.

2022년 4월부터 구인율이 떨어지기 시작했지만, 상당 기간 실업률이 많이 올라가지 않았다. 2024년 8월은 금방이라도 베버리지커브가 오른쪽으로 완만하게 내려갈 것 같은 변곡점에 위치해 있었다.

그런데, 2024년 하반기 내내 구인율은 4% 중반, 실업률은 4% 내외를 유지했다. 2025년 4월에도 비슷한 수준이다. 구인율이 2024년 8월보다 아주 약간 낮아졌지만 실업률은 거의 같다. 1년 가까이 노동시장 여건에 큰 변화가 없고 커브가 구부러지기 시작하는 부분에 위치해 있다. 지나고 보니 1년 동안 비슷한 위치에 머물러 있는 것이 보인다. 2024년 9월 연준은 완만하게 오른쪽 방향으로 내려갈 것을 일찍부터 우려한 것이다. 하지만, 연준이 금리를 내렸기 때문에 오른쪽으로

---

42) Hyperbolic이라고 한다. 우하향 하는 직선이 아니고, 처음에 가파르게 내려가고, 가운데 변곡 구간이 있고 나중에 완만해지는 곡선형태이다.

43) https://www.bls.gov/charts/job-openings-and-labor-turnover/job-openings-unemployment-beveridge-curve.htm

완만하게 내려가지 않은 것일 수도 있다. 아마도 시간이 더 지나야 어느 쪽 해석이 맞는지 보다 정확하게 알 수 있을 것 같다.

그림 17 베버리지커브: 구인율과 실업률

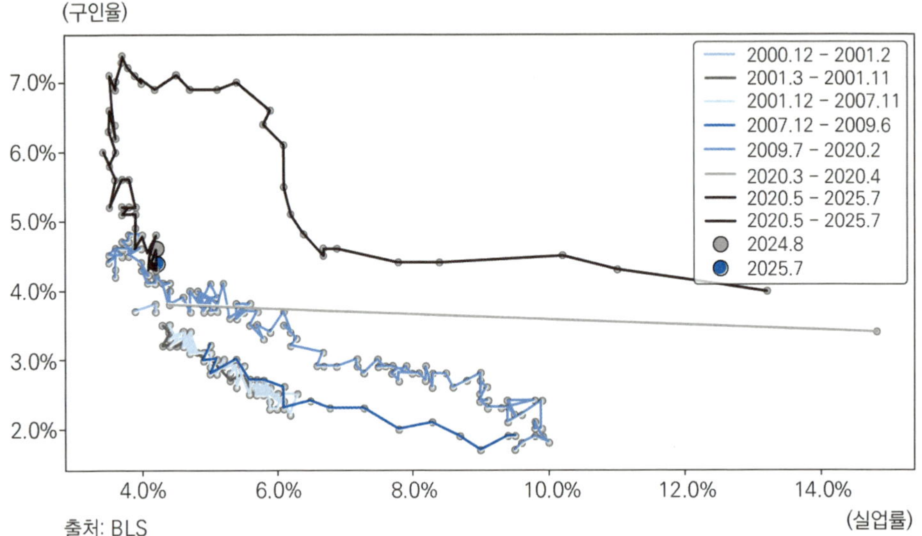

출처: BLS

과거부터 있던 개념이고, 통계이고, 노동통계청이 공개하고 있는 내용이다. 연준이 새로 만든 개념이 아니다. 그렇지만, 연준의장이 이렇게 길고 자세하게 언급한 사례가 드물었다.

소비자물가상승률이 중요한 이유

"물가상승률이 이런데 금리를 과연 낮출까요?"

"예고를 했으니 낮추긴 할 것 같은데, 기대만큼 큰 인하는 없을 것 같아요."

비농업취업자수가 발표된 다음 주 수요일, 즉, 2024년 9월 11일 오전 8시 30분에 노동통계청이 소비자물가상승률을 발표했다. 8월의 소비자물가상승률이 전월 대비 0.2%, 지난해 같은 달 대비 2.5% 상승으로 나왔다. 모두 금융시장의 전

그림 18 소비자물가와 근원물가

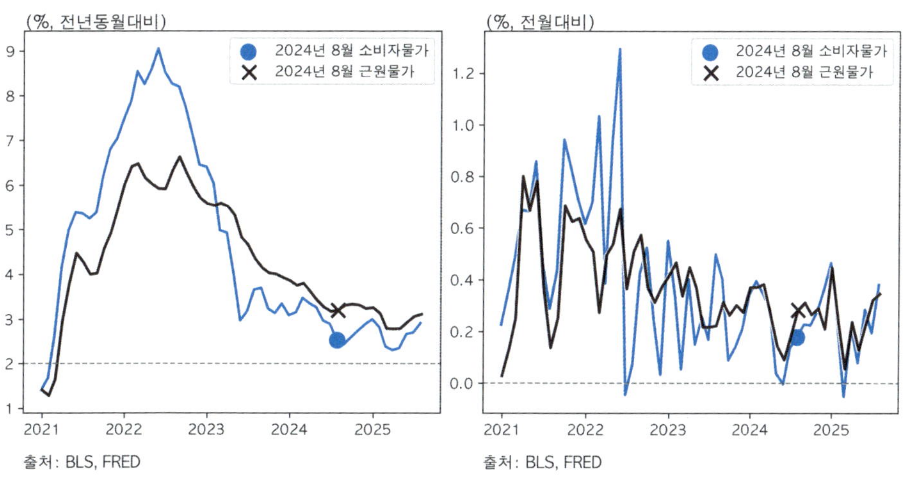

출처: BLS, FRED

출처: BLS, FRED

망과 비슷했다. 소비자물가지수에서 에너지와 식품을 제외한 근원물가상승률은 금융시장 전망보다 조금 높게 나왔다. 지난달 대비로 0.3%, 지난해 같은 달 대비로 3.2%였다.

월가는 실망했다. 연준의 물가목표 2%와 아직 차이가 크고 하락하는 속도도 답답했다. 2025년 중반시점에서 돌이켜보면 2024년 8월의 소비자물가 상승률이 직전 최고 수준보다 많이 낮아진 것으로 보이지만 당시엔 물가안정 속도가 너무 느려 불안했다. 5일 전에 발표된 비농업취업자수도 예상보다 많았는데 전년동월대비 물가상승률 수치 자체도 아직 목표수준인 2%보다 높았다. 전월 대비 상승률도 진정되는 모습이 보이지 않았다. 특히 서비스가격의 하락이 매우 완만했다. 8월 근원물가지수 상승률이 금융시장의 전망보다 높게 나온 것도 서비스가격이, 그 중에서도 주거비가 기대 이상으로 상승했기 때문이다.[44] 2024년 내내 매월 소비자물가지수 통계가 발표될 때마다, 주거비가 발목을 잡는 경우가 많았다.

따라서, 물가안정을 목표로 하는 연준이 섣불리 big cut을 했다가 물가를 다시 자극할지도 모르는 위험한 선택을 할 것으로 기대하기 어려웠고 정책금리 0.5%p 인하에 대한 기대확률이 크게 낮아졌다. 30%대에서 10%대로 곤두박질쳤다. 시장금리도 약간 올라갔다.[45] 9월에 정책금리가 0.5%p 내려갈 것으로 전망하던 몇몇 금융기관이 2.5%p 인하로 돌아섰다. 0.5%p 인하 전망을 유지하는 곳이 소수가 되었다. 이렇듯 일주일 전까지도 9월에 big cut이 있을 것이라는 기대가 매우 낮았다. 물가도 고용도 큰 폭의 금리 인하를 시사하지 않는 것처럼 보였다. 물가와 고용이 조금씩 하향 안정화되는 추세를 보였지만 속도가 느리고, 예상보다 높은 숫자가 나오면서 시장의 금리 인하에 대한 기대가 약화되었다.

소비자물가가 발표되는 날 전후 물가지표 두 개가 추가로 발표된다. 수입물가와 생산자물가이다. 소비자물가지수가 도시지역 일반 소비자가 지불하는 생활비 변화를 측정한다면 수입물가지수는 미국이 전세계로부터 수입하는 물품의 평균적인 가격 추이를, 생산자물가는 기업의 판매가격 추이를[46] 보여준다. 모두 노

---

44) 2024년 8월 전월대비 물가상승률: 소비자물가 0.2%, 근원소비자물가 0.3%, 서비스 0.4%, 주거비 0.5%.

45) 10년물 국채 수익률이 전날 3.64%에서 3.65%로 1bp 상승했다.

동통계청이 매월 집계하여 발표한다. 월가는 수입물가나 생산자물가보다 소비자물가지수 변화에 더 주목한다. 연준의 물가안정 목표와 가장 관계가 높은 지표이기 때문이다.

그림 19 수입물가와 생산자물가

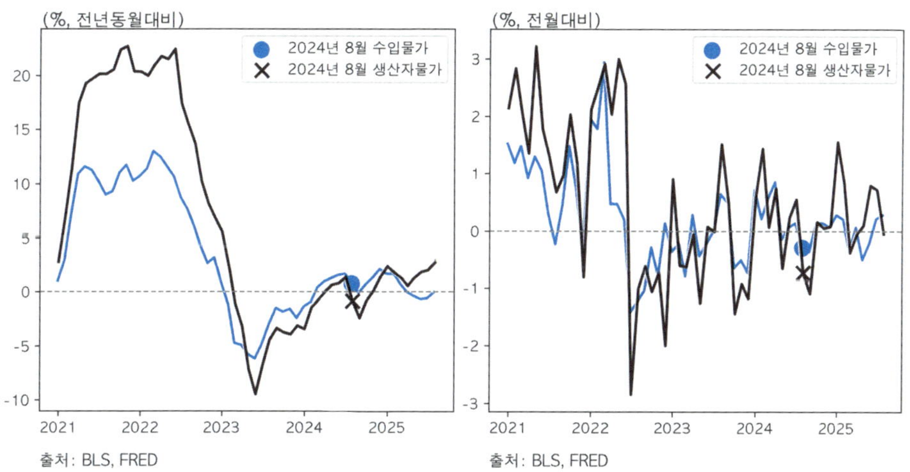

소비자물가 상승률이 발표된 다음날인 2024년 9월 12일에 8월중 생산자물가 상승률이 발표되었다. 전월대비 상승률이 금융시장의 전망보다 높게 나왔고 시장은 전날 소비자물가 상승률이 발표되었을 때의 실망감을 다시 확인했다.

9월 13일에 수입물가 상승률이 나왔다. 시장의 기대보다 낮게 나왔고 수입물가가 전월보다 하락한 것으로 나왔다. 소비자물가, 생산자물가에 실망한 월가가 반길 만한 발표였다. 그러나, 정작 월가는 이 통계를 별로 주목하지 않았다.[47] 갑

46) 노동통계청의 공식 표현에 따르면 미국 소비자물가지수는 도시 지역에 거주하는 가계(household)가 소비하는 재화와 서비스의 평균적인 가격변화를 보여준다. 생산자물가지수는 재화와 서비스를 생산하는 미국의 기업이 받는 판매가격의 평균적 변화를 보여준다. 생산자물가지수는 소매가격, 도매가격, 수송비, 창고료 등을 포함한다. 다시 말해 기업이 소비자에게 판매하는 가격과 기업이 다른 기업에 판매하는 재화와 서비스 가격을 포함한다.

47) 수입물가지수 발표가 시장의 기대가 급변하게 된 도화선이 됐는지, 아니면 월스트리트저널 기사에만 시장이 주목하고 수입물가지수는 무시한 것인지 정확한 구분은 힘들다. 다

자기 모든 시선이 9월 12일 오후에 나온 월스트리트 저널 신문기사에 몰렸다. 이 기사가 월가 분위기를 180도 돌려놨다. 그날부터 일주일 동안 월가는 경제지표를 무시하고, 월스트리트 저널 기자 한 사람만 바라봤다. 의장은 말을 어렵게 하고 기자는 더 쉬운 표현을 쓴다. 통계가 아리송하게 보일 때도 있다.

만, 상대적으로 신문기사가 더 화제가 된 것은 사실이다.

신문 기자 한 명이 월가를 들었다 놨다

"한 기자의 기사에 시장의 정책금리 인하기대가 크게 변하는 일이 있었는데, 연준은 이러한 현상에 대해 어떻게 평가하는지 궁금합니다."

"정책금리 인하 전에 나오는 정보에 따라 시장의 정책금리에 대한 기대가 변하는 것은 늘 있는 일이고 특별한 사건은 아닙니다."

2024년 9월 12일 오후 월스트리트 저널에 실린 닉 티미라오스(Nick Timiraos) 기자의 기사[48](Timiraos, The Fed's Rate Cut Dilemma: Starts Big or Small?, 2024)가 정책금리에 대한 시장의 기대를 완전이 바꿔 놓았다. 이 기사가 나간 다음날, 9월 정책금리 0.5%p 인하확률이 10% 대에서 40% 수준으로 급등했다. 기사 제목이 "연준의 정책금리 인하 딜레마: 크게 인하하기 시작할까 아니면 작게 인하할까" 였다. 제목만 보면 '연준이 노동시장의 추가적 악화를 예방하기 위해 금리를 크게 내리면 인플레이션을 다시 자극할 수 있고, 반대로 인플레이션을 우려해 금리를 작게 조정하면 노동시장 냉각을 선제적으로 예방하지 못할 수 있어서, 두 방안 사이에서 고민하고 있다', 정도로 해석된다. 그러나 월가는 이 기사를 '연준이 big cut에 더 무게를 두고 있다'는 말로 해석하기 시작했다. 이유는 크게 세 가지였다.

---

48) https://www.wsj.com/news/author/nick－timiraos
월스트리트저널에서 닉 티미라오스 기자의 기사만 모아 놓은 곳이다.

전날까지 금융시장은 연준이 big cut 확률을 낮게 보고 있었다. 기대확률이 10% 정도였다. big cut이 연준의 선택지에 올라오지 않았다고 본 사람이 90%였다고 봐도 된다. 그런데 기사 제목은 '연준이 big cut과 small cut을 모두 선택지에 올려놓고 고민하고 있다'로 읽힌다. 당연히 귀가 솔깃한 제목이었다. 게다가 big cut을 앞에, small cut을 뒤에 열거했다.

기사 본문에 big cut을 지지하는 전직 연준 인사들의 발언을 많이 인용했다. 2018년 7월부터 2024년 2월까지 제롬 파월 의장의 특별 고문이었던 존 파우스트(John Faust) 교수[49]는 개인 의견임을 전제로 9월 18일, 50bp 인하를 선호한다고 했다. 25bp 인하로 시작해서, 연말까지 시장의 기대보다 작게 인하할 수도 있는 가능성을 남겨두면 금융상황을 악화시키고 경기침체까지 올 수 있다고 했다. 당시 금융시장은 2024년말까지 정책금리가 1%p, 즉 100bp 내려갈 것으로 기대하는 쪽이 많았다. 9월, 11월, 12월 3번의 정책금리결정회의가 있는데, 일반적으로 연준이 25bp씩 정책금리를 조정해왔으니 세 번 인하하면 75bp만 인하하게 된다. 연말까지 100bp 인하할 것이라면서, 25bp 인하로 시작하면 설명이 길어질 것이라고 했다. 리스크가 인플레이션에서 노동시장의 악화로 옮겨 갔다고 하면서, 50bp 인하를 선호한다고 했다.

2009년부터 2018년까지 뉴욕 연준총재를 역임한 윌리암 더들리 총재도 같은 의견이라고 전했다. 그는 연준이 정책금리를 중립적 수준까지 낮추고자 한다면 빠른 속도로 내려야 한다고 말했다. 2011년부터 2023년까지 켄자스 시티 연준총재를 지낸 에스더 죠지, 2006년부터 2010년까지 연방준비제도 부의장을 지낸 도널드 콘의 50bp 인하 지지발언도 전했다.

닉 티미라오스 기자가 연준의 비공식 의사소통 창구라는 소문도 큰 역할을 했다. 보도에 따르면 연준이 귓속말로 이야기하는 사람(Fed whisperer)라는 수식어가 그를 따라다녔다. 통화정책 결정회의 일주일 전부터 연준의 언론접촉이 금지되어 있다. 금융시장이 연준의 의도와 달리, 50bp 정책금리 인하 확률을 낮게 보고 있어도 현직에 있는 연준 인사가 아니라고 힌트를 줄 수 없는 상황이어서,

---

49) 2024년 6월부터 존스 홉킨스 대학교, 금융경제학 센터(Center for Financial Economics) 교수로 있다.

전직 연준 고위급의 말을 빌려서 넌지시 암시를 줬다는 말이 나왔다. 사실로 확인된 것은 없었고 믿거나 말거나 식의 소문이었다. 또한, 닉 기자가 전에도 정책금리 방향을 맞추었던 적이 있다는 이야기도 많았다.

9월 16일 윌리엄 더들리 전임 뉴욕 연준총재가 다시 블룸버그(Bloomberg) 사설을 통해 9월 50bp 인하를 지지한다고 밝혔다(Dudley, 2024). 닉 기자의 기사에 나온 사람이 직접 전면에 나서서 기사를 확인해 준 모양새가 됐다. 정책금리 50bp 인하에 대한 기대확률이 70% 수준까지 올라갔다.

통화정책결정회의 하루 전에 닉 기자가 다시 기사를 썼다(Timiraos, Fed Prepares to Lower Rates, With Size of First Cut in Doubt, 2024). 전직 연준 인사들의 금리 인하폭에 대한 견해를 전했는데 25bp 인하 의견보다 50bp 인하 의견에 더 많은 지면을 할당했다.

통화정책 발표날 닉 기자의 신뢰도가 하늘 높이 올라갔다. 연준이 진짜로 금리를 50bp 인하했다. 연준은 이후에도 2차례 연속해서 정책금리를 낮추었다. 9월 이후 월가가 닉 기자에게 의존할 필요가 없었다. 연준이 향후 정책금리 방향에 대해 어느 정도 신호를 주었고, 정책금리 기대도 월가 신호대로 움직였고, 실제 정책금리가 그에 맞게 변경되었기 때문이다.

2024년 10월말 뉴욕 연준에서 중앙은행세미나(Central Banking Seminar)가 있었다. 뉴욕 연준이 매년 10월 전세계 중앙은행 직원들을 대상으로 하는 중앙은행 업무전반에 대한 세미나이다. 세미나 마지막 날, 닉 기자가 패널 토론자로 나왔다. 9월 12일 기사에 얽힌 이야기는 말해주지 않았다. 언론관점에서 본 중앙은행의 커뮤니케이션에 대한 본인 의견만 원론적으로 말했다. 세미나 참가자들은 뉴욕 연준이 그를 중앙은행 세미나에 토론자로 초청한 사실 자체를 인상깊게 보았다. 월가가 그의 기사에 주목하고 있다는 점을 뉴욕 연준이 인정한 것이고, 그의 기사를 연준도 주목하고 있다고 말해준 셈이 됐다.

2024년 11월 21일 뉴욕 연준 고위인사와 점심을 같이할 기회가 있었다. 뉴욕에 사무소를 두고 있는 외국중앙은행 사무소장들과 함께하는 연례 오찬행사다. 나는 월스트리트 저널의 닉 기자의 기사가 시장의 기대에 미친 영향이 컸던 사실에 대해 어떻게 생각하는지 물었다. 그 분은 평이하고 원론적인 답변을 했다. 답변을 통해 어떤 추가적인 정보도 주지 않았다.[50] 닉 기자는 연준의장의 기자회견장에서 맨 앞자리에 앉는다.

50) 문자 혹은 음성 녹음으로 기록을 남겨놓은 것이 없어서 정확한 문장으로 그 분의 말을 옮길 수 없었다. 이번 에피소드 도입부의 대화는 기억을 토대로 그때 그 분의 발언 취지를 살려서 표현한 것이다.

최근 가장 주목받은 통화정책결정회의(FOMC)

"연준이 50bp 인하한 것 맞추신 분 있나요?"

"저는 예상했습니다."

2024년 9월 18일 연준이 정책금리를 5.25~5.5%에서 4.75~5.0%로 50bp 인하했다. 2023년 7월부터 유지된 5.5%의 금리가 1년 2개월만에 내려갔다. 직전 최고 정책금리는 2006년 6월 5.25%, 2000년 5월 6.5%였다. 20여 년이래 최고의 고금리시대가 막을 내리기 시작한 날이라 큰 화제가 되었다[51](한국은행 뉴욕사무소, 2024). 그리고 다른 다양한 화제 거리가 나왔다.

먼저, 인하 폭 맞춘 사람 찾기 놀이가 시작됐다. 다음날부터 몇일 간 뉴욕에서 사람들을 만날 때마다 '맞추셨어요?'가 인사말이 됐다. 9월 19일 한국 언론사 뉴욕특파원 3명과 점심을 같이 했다. 특파원 2명은 맞췄다고 했고, 나와 다른 한 분은 25bp 인하를 예상했는데 틀렸다고 했다. 옵션상품을 토대로 계산한 50bp 인하 기대확률이 70% 정도였지만, 실제로 맞췄다고 하는 사람이 70% 정도 됐다고 보긴 어려웠다. 월가에 돌던 소문은 50bp 인하를 맞춘 사람이 반, 25bp 인하를 예상해서 틀린 사람이 반이라고 했다. 대체로 채권시장 딜러들은 맞췄고, 경제분석 담당자들은 틀렸다는 말이 돌았다. 딜러들은 옵션가격에 기반한 금리 인하

51) 2024년 9월 FOMC 회의결과에 대한 보다 기술적이고 자세한 내용은 한국은행 뉴욕사무소가 정리한 자료에 잘 정리되어 있다.

기대확률을 추종하는 사람이 많았고, 경제분석 담당자들은 천천히 내려가는 소비자물가, 어느 정도 유지되고 있는 고용 수준에 비추어 금리를 한 번에 크게 내릴 상황은 아니라고 봤다. 이때부터 옵션상품으로 계산한 금리 인하 기대확률이 잘 맞는다는 믿음이 더 깊어졌다. 그리고, 연준의 커뮤니케이션이 그다지 효과적이지 않았다는 인식도 많아졌다. 만약 8월 잭슨 홀 심포지엄에서 파월 연준의장이 개회사를 이용해 big cut 신호를 준 것이라면, 월가가 50bp 인하를 의심 반, 기대 반으로 보지 않고 100% 가까운 확률로 기대했을 것이다.

통화정책 표결 결과가 만장일치가 아니어서, 이것 자체로 화제가 되었다. 미셸 보우만(Michelle Bowman) 이사[52)]가 유일하게 50bp 인하에 반대하며 25bp인하를 주장했다. 금리 결정에 소수 의견이 있었다는 것이 알려지자, 월가는 이날의 금리 인하를 매파적 금리 인하라고 평가했다. 다음 달에도 50bp 인하가 있을 것 같지는 않고, 인하 속도가 앞으로 완만할 것 같다는 의미로 평가했다.

정책금리 전망에 대한 회의참가자의 점도표(dot plot)도 화제가 되었다. 점도표는 각 연도의 연말에 정책금리가 어느 수준에 있을지 회의 참가자가 전망한 것을 그림으로 그린 것이다. 예를 들어 그림 20을 보면 2024년말에 정책금리가 4.25%에서 4.5% 사이에 해당하는 점이 9개 있다. 이는 2024년말 정책금리가 그 수준에 있을 것으로 예상한 회의 참가자가 9명이라는 의미이다. 다시 말하면, 연말까지 이날 새로 정한 4.75%~5.0%보다 금리가 약 0.5% 낮아질 것으로 예상하는 사람이 9명이라는 의미가 된다.

2024년 9월 점도표는 정책금리 전망경로에 대해 회의참가자들의 의견이 반반으로 나뉜 것을 선명하게 보여줬다. 회의에 참가한 19명[53)] 가운데 9명이 연말

---

52) 2018년 11월에 연준이사로 임명되었고, 2020년 1월 다시 임명되었다. 2034년 1월이 임기만료이다.

53) 연준의 통화정책결정회의 참가자는 총 19명이다. 이 가운데 통화정책결정위원회 즉, FOMC 위원은 12명이다. 이사 7명, 뉴욕 연준총재, 지역 연준총재 4명으로 구성된다. 이 12명에게 금리결정 투표권이 있다. 나머지 7명은 지역 연준총재이며 투표권이 없지만 회의에 참가해서 금리전망, 경제전망에 대한 의견을 낸다. 12명의 지역 연준총재 가운데 뉴욕 연준총재를 제외한 11의 지역 연준총재를 4개의 그룹으로 나눈다. 각 그룹에서 1명씩 1년 단위로 돌아가며 투표권을 갖는다. 2024년 9월 회의에서는 리치몬드, 아틀란타, 샌프란시

까지 정책금리가 4.5% 이상이 될 것으로 전망했다.[54] 연말까지 4.25~4.5%로 될 것으로 전망한 사람이 9명, 4.25% 이하가 될 것으로 전망한 사람이 1명 나왔다. 4.5%를 기준으로 그 이상이 될 것으로 전망한 참가자와 그 이하가 될 것으로 전망한 참가자가 거의 반반으로 나뉜 것이다. 분열된 회의라는 것 자체에도 시장은 의미를 부여했다. 의견이 팽팽하게 갈리니까 앞으로 이번처럼 한 번에 큰 폭으로 인하하기 어렵고, 인하하더라도 완만하게 할 것이라고 예상했다.

분열된 모습을 보고 추가적인 해석이 나왔다. 일부 시장참가자들은 연준이 50bp 인하를 결정하기까지 정말 많은 논의가 필요했고, 회의가 쉽지 않았을 것으로 보았다. 연말까지 75bp 이하로 인하될 것으로 전망한 참석자가 9명이나 된 점, 그 가운데 2명은 이번 인하를 끝으로 연말까지 더 이상 추가 인하가 없을 것으로 보았다는 점을 강조하며 무언의 반대자가 훨씬 더 많았을지도 모른다는 의견도 있었다.

그림 20 Dot Plot(2024.9.18)

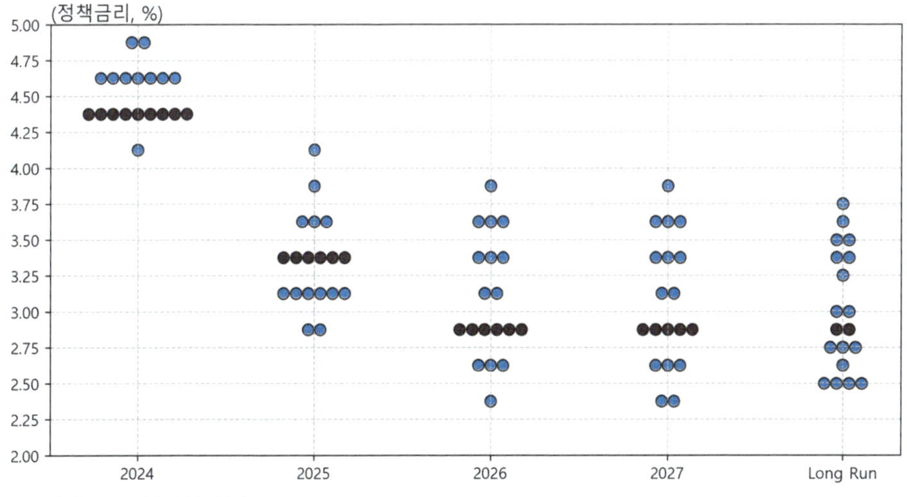

출처: FRB, 검은 점은 중앙값

스코, 클리블랜드 연준총재가 투표권이 있었다. 뉴욕 연준총재는 모든 회의에서 투표권이 있다.

54) 정책금리 범위 상단기준으로 5% 2명, 4.75% 7명이다.

한편 9월 6일 크리스토퍼 월러(Christopher Waller) 이사가 했던 발언이 나중에 갑자기 관심을 받게 되었다. 그는 '위험의 균형이 인플레이션에서 고용으로 이동했다고 생각한다.', '연준은 더 이상 인내심이 필요하지 않으며 행동이 필요하다.', '금리 인하폭과 속도에 열린 마음(open-minded)을 갖고 있으며, 필요하다면 big cut(front-loading)을 지지할 것'이라고 말했었다(Waller, The Time Has Come, 2024). 그때까지 월가는 9월 18일 25bp 인하를 전망하고 있었는데, 월러 이사의 말에 경청하는 사람이 많지 않았다. 이렇게 분명하게 힌트를 줬는데도.

유일하게 50bp 인하를 반대한 보우만 이사에 대해 특별히 다른 평가나 해석을 하는 경우는 거의 없었다. 그가 한 달 전인 8월 20일 연설(Bowman, 2024)에서 이미 금리 인하에 신중한 입장을 가지고 있다고 밝혔기 때문이다. '인플레이션이 다시 올라갈 위험, 노동시장에 내재한 불확실성을 고려할 때 앞으로 나오는 통계를 더 면밀히 볼 것'이라고 했고, '통계 집계의 어려움, 통계 수정의 빈도와 정도 등을 고려할 때 경제상황에 대한 평가와 전망이 어려워졌다.'고 했다.

9월 회의 직후에는 보우만 이사가 공화당과 연관이 깊다는 점이 뉴스가 안됐다. 트럼프 당선이 확정되고 그 부분이 점차 부각됐다. 보우만 이사는 트럼프가 2025년 1월 생애 두 번째 대통령이 되고 난 후, 갑자기 연준의 감독 부의장으로 지명되었고 실제로 임명까지 됐다. 이때부터 보우만 이사의 공화당과 연결 고리가 주목을 받기 시작했다. 보우만 이사는 트럼프가 처음으로 대통령이 됐던 다음 해인 2018년에 연준이사가 됐다. 공화당의 조지 W. 부시 대통령 때인 2002년 미국 연방재난관리청(FEMA)의 의정연락국 국장, 2003년 국토안보부 장관보(Deputy Assistant Secretary)로 임명된 경력이 있다. 보우만 이사는 감독 부의장 지명 이후 상원 인사청문회에서 은행 감독과 규제에 대한 완화의지를 밝혔다. 전임 감독 부의장인 마이클 바(Michael Barr) 위원은 은행 감독과 규제에 있어 좀더 강경한 입장이었다. 바 위원은 민주당의 바이든 대통령 때인 2022년 연준이사가 되었고 동시에 감독 부의장이 되었다. 공화당의 트럼프 대통령이 당선된 직후, 바 위원은 연준 부의장에서 자진 사퇴했다. 트럼프 대통령이 바 위원을 연준 감독 부의장에서 물러나게 만들 것이라고 이미 공개적으로 말한 바 있었다. 바 위원은 2026년 1월까지 공식 임기보다 1년 먼저 부의장 직을 내려놓게 됐다. 연준이사(Board of

Governors) 직은 그대로 유지했다.

트럼프 당시 공화당 대통령 후보는 9월 big cut에 정치적 동기가 있을지 모른다고 해서 화제가 됐다(Bloomberg, 2024). 50bp 인하는 '매우 이례적인 숫자'라고 했고, '경제가 매우 좋지 않기 때문이거나, 연준이 정치를 하고 있는 것'이라고 평가했다. 풀어 보면, 연준이 큰 폭으로 정책금리를 내린 것이, 결국 민주당 대통령이 경제 운영을 잘 못하고 있다는 반증이라는 말이고, 민주당에 유리하게, 선거 전에 금리를 내렸다는 의미이다. 폭스 뉴스(Fox News)의 에드워드 로렌스(Edward Lawrence) 기자가 파월 의장에게 같은 취지의 질문을 했다. '대통령 선거 전에 큰 폭으로 정책금리를 내리는 것은 정치적 동기 때문이라는 비판에 대해 어떻게 생각하는지' 질문했다. 파월 의장은 이에 대해 '연준의 일은 미국인을 위해 미국경제를 지원하는 것이며, 다른 어떤 것도 없디며' 정치적 의도가 없음을 분명히 했다(Federal Reserve Board, 2024). 폭스 뉴스는 공화당 지지성향이 강한 미국의 대표적인 언론매체로 평가된다. 그 후에도 연준의 정책을 정치적으로 평가하려는 말이 나올 때마다, 연준은 중립적 위치에서 통화정책을 수행하고 있음을 강하고 분명한 어조로 밝혔다.

이렇게 어려운 의견 수렴과정을 거쳐 연준이 50bp라는 큰 폭의 금리 인하를 결정한 배경 논리도 주목을 받았다. 파월 의장은 기자회견에서 큰 폭 인하의 배경을 노동시장의 견고함을 유지하기 위한 것이고, 금리 인하 시점을 놓치지 않기 위함이라 했다. 인플레이션이 둔화되고 있다는 확신이 강화된 것도 배경으로 언급했다. 잭슨 홀 심포지엄 개회사에서 언급한 대로 기업의 구인 건수가 줄면서 실업도 크게 증가하기 시작하는, 변곡점에 가까워진 것도 말했다. 연준이 발표한 경제전망요약(Summary of Economic Projections: SEP)에서도 big cut의 이유를 확인할 수 있었다. 경제성장 전망은 소폭으로 낮추었지만, 실업률 전망은 비교적 큰 폭으로 높였다.

마지막으로 월가는 연준이 전망하는 정책금리 수준에 주목했다. 앞서 말한대로 점도표의 중간 값을 보면, 통화정책회의 참가자들은 2024년 12월까지 정책금리가 추가로 50bp 인하될 것으로 전망했다. 11월, 12월 정기회의가 남아있으니, 각각 25bp씩 인하할 가능성이 높다는 의미로 해석됐다. 파월 의장도 9월 50bp

인하가 새로운 금리 인하 속도라고 이해하면 안된다고 강조했다.

종합하면, 2024년 9월 FOMC 회의는 20여 년래 최고 수준이었던 고금리에서 벗어나는 회의여서 아주 많은 관심을 받은 회의가 됐다. 금리 인하폭, 회의 참가 위원들의 의견일치 여부(혹은 소수의견이 있었는지 여부), 금리 인하 배경, 금리 전망 경로(dot plot), 경제전망요약(SEP)에 금융시장이 지대한 관심을 보였다. 중요한 기관이 움직이면 빅 뉴스가 된다.

연준이 발표하는 금리전망

"월가가 금리전망 경로에만 매날리는 깃 같습니다. 이것 때문에 금리변동성이 커지는 경우도 있습니다. 혹시 연준은 금리전망 경로 발표 자체를 없애거나 형식을 바꿀 계획이 없는지요?"

"상당히 오래된 관행이고 통화정책체계를 바꾸는 것이 쉬운 일이 아닙니다."

2023년 하반기에 12개 지역 연준 가운데 1곳으로부터 초청을 받아 방문할 기회가 있었고, 그 곳 총재에게 금리전망 경로 발표 관행에 대해 연준이 재고할 의향이 있는지 물었다. 그의 답변은 아직은 그럴 계획이 없다는 것이었다. 나는 답변할 준비가 되어 있지 않다는 의미로 받아들였다. 미리 질문이 전달된 것이 아니기 때문에 깊게 생각하고 답변한 것처럼 들리지 않았기 때문이다.

점도표(dot plot)는 3월, 6월, 9월, 12월 발표되는 경제전망요약(SEP)에 포함되며, 월가가 가장 먼저 펼쳐보는 부분이다. 모든 사람이 농담 반, 진담 반으로 연준 발표자료 중에 점도표만 본다고 할 정도다. 점도표(dot plot)는 연준의 약속이나 계획이 아니다. 기자회견에서 파월 의장이 늘 강조하는 내용이다. 금리전망 경로대로 다음 회의에서 정책금리를 변경하는지 여부에 대해 기자회견 때 질문하는 사람이 꼭 있다. 기자가 정확히 그런 표현을 쓰지 않을 때도 있지만, 질문의 취지는 늘 같고, 파월 의장의 답변도 언제나 같다. 아무리 아니라고 반복해서 말해도, 일반인들과 기자들은 점도표를 연준의 계획으로 인식하는 것처럼 보인다.

예상과 다른 점도표가 나올 때 금융시장이 민감하게 반응하는 것 자체가 점도표를 계획으로 이해하는 사람이 많다는 반증이라고 생각한다. 점도표에 대한 연준의 공식 설명이 어렵고, 애매한 부분이 있기 때문에 오해를 완전히 풀기 쉽지 않은 점도 있다.

연준의 공식 자료, 즉 경제전망요약(SEP)에 따르면 점도표는 'FOMC 참가자가 가장 적절하다고(appropriate) 판단하는(judgments) 정책금리 목표범위의 중간값'이다. '적절한 금리'가 무언인가도 정의하고 있는데, '회의 참가자 각자 생각하는, 연준의 목표 즉, 완전고용과 물가안정을 달성할 가능성이 높은 금리'라고 한다. 회의 참가자 개인의 판단을 그대로 적어 놓은 것이지 통화정책을 수행하는 기관인 연준의 계획은 아니라는 말이고, 경제 여건이 바뀌면 판단도 바뀔 수 있다는 의미도 내포한다.

FOMC 회의 참가자 19명이 1개씩 점을 찍으며, 실제로 점도표에 연도별로 19개의 점이 있다. 2024년 9월 점도표를 보면 2024년, 2025년, 2026년, 2027년, 그리고 그 이후의 장기(Long Run), 이렇게 총 5개 연도마다 19개의 점이 있다. 해당 연도의 12월 기준으로 회의 참가자 각자가 생각하는 최적의 정책금리 수준을 의미한다. 예외도 있지만, 월가가 가장 주목하는 것은 해당년도에 대한 경제전망과 점도표이다. 먼 훗날보다 당장 생길 일에 먼저 눈길을 준다. 점도표에 나타난 중간 값을 먼저 보고, 점들이 모여 있는지, 퍼져 있는지 분포형태도 본다.

공식 발표자료를 보면, 어떤 점이 누구의 점인지, 19개 중에 의결권이 있는 12명의 점은 어느 것인지, 의결권이 없는 7명의 점은 어느 것인지 전혀 표시가 없다. 언론에서 종종 점도표의 상단에 있는 점은 누구의 점이고, 하단에 있는 것은 누구의 점이라는 추측이 발표되기도 하는데 진실은 누구도 알 수 없다. 언론은 연준이사, 지역 연준총재의 과거 연설과 발표자료를 보고 그들의 정책 성향을 추측한다. 따라서 시간에 따라 달라지고, 언론에 따라 의견도 다르다. 인플레이션 안정보다 완전고용과 노동시장의 안정을 선호하면 비둘기 성향으로 분류되고, 그들은 점도표 하단에 위치한다고 평가된다. 매파는 그 반대로 보면 된다.

연준이 점도표를 사용하기 시작한 것은 2012년 1월부터이다. 글로벌 금융위기로 2008년 12월부터 3년 넘게 정책금리를 제로금리로 유지하고 있었다. 이제

금융상황과 실물경제가 점차 정상화된다면 점진적으로 제로금리에서 벗어나, 정책금리 인상으로 방향 전환이 필요한 시기가 다가오고 있었다. 당시 버냉키 연준 의장은 금융시장이 이러한 연준의 의도를 이해하고 정책의 변화에 점차 적응해 나가길 기대했다. 연준의 공식 표현을 빌리자면, 통화정책의 투명성을 높이기 위해 점도표가 도입된 것이다. 파월 의장이 점도표가 계획이 아니라고 했음에도 불구하고, 도입 당시부터 연준은 점도표의 선제적 안내(forward guidance) 역할을 고려했다.

당초 도입 의도대로 또는 의도보다 과도하게, 월가는 분기마다 발표되는 점도표에 매우 관심이 높고 반응도 즉각적이다. 연준의 FOMC 회의 결과는 당일 오후 2시에 나오는데, 몇 백분의 1초의 오차도 없이 발표 내용을 즉각 전달하는 것이 언론사의 경쟁력이 될 정도다. 점도표에 나오는 금리전망 수준도 중요하지만, 점도표 분포와 분포의 변화가 월가의 예상에 어느 정도 부합하는 지를 중요하게 평가하는 경우가 많다. 시장이 예상한 것과 큰 차이가 없을 때 월가는 안도한다. 2025년 3월 점도표를 본 월가가 그랬다. 월가가 예상한 대로 정책금리를 동결하였고 2025년 연말까지 50bp 인하하는 것도 예상대로였다. 또한 2025년말 정책금리 수준에 대한 전망치도 2024년 12월 회의 때 나온 수준과 동일했다. 트럼프 대통령의 관세 인상으로 인플레이션 상승 전망이 확산되고 있던 시기라 정책금리의 인하 기조를 유지할 것이고 연내 인하폭도 줄이지 않을 것이라는 연준의 전망이 비둘기적이라는 평가를 받았다. 발표 당일 10년물 미국 국채 수익률은 살짝 하락했다.

반대로 시장이 예상한 것보다 금리 전망에 대한 점도표의 분포가 매파적으로 나오면 시장이 긴장한다. 2023년 9월의 점도표에 대한 반응이 그랬다. 2023년 6월 5.5% 수준으로 정책금리가 올라가고 7월에는 유지되었는데, 언제까지 유지될지가 시장의 관심이었다. 이날 시장의 예상과 달리 점도표의 분포가 위로 올라가면서 시장금리도 상승하였다. 이후 월가는 '고금리 장기화(higher for longer)'라는 용어를 자주 사용하게 된다. 앞서 말한대로 2024년 9월 50bp 인하 전까지 1년 넘게 5.5%였다.

월가 기대와 달리 점도표가 나올 때도 많고, 월가의 예상대로 나와도 희비가 엇갈리고, 점도표가 바뀌면 단기금리 변동성이 커지다 보니, 점도표 자체를 비판하는 경우가 있다. 금리 변동성을 키운다. 전망(projection)이라고 하지만 잘 맞지 않는다. 그래서 혼란만 가중시킨다는 논리다(Forbes, 2025). 연준은 점도표가 계획이 아니라고 하지만 시장이 그렇게 믿고 있으니 이런 비판이 나온다. 앞으로 점도표가 어떻게 바뀔지에 대한 연준의 공식 발표는 없다. 2025년 연준이 통화정책체계를 점검할 계획인데 금리전망 경로가 점검 대상이 된다는 소문은 없다. 관행이 오래 지속될수록 바꾸기 어려워진다.

2024년 대통령선거와 연준

"트럼프가 대통령이 되면 연준의장을 해고하거나, 연준이사로 강등할 수 있나요?"

"그런 사례는 없어요. 미국 법에 따라 가능한지 확실하지 않지만, 불가능하다는 의견이 많아요. 어떤 인물을 현재 직위에서 물러나게 할 의향이 있다면, 스스로 사퇴하도록 하는 것이 미국 방식이지 해고하는 경우는 잘 없는 것으로 압니다."

2024년 11월 20일 미국 대통령 선거가 있었다. 2023년 하반기부터 미국 전체가 대통령 선거 분위기에 휩싸였다. 연준도 자신도 모르는 사이에 정치적 화제의 중심이 되었다. 화제의 불씨는 공화당 대통령 후보인 트럼프가 당겼다. 그는 2018년 12월 연준의장을 해임할 것이라는 말을 한 전력이 있다. 47대 대통령 후보가 된 2024년 8월, 대통령은 최소한 금리정책에 대해 발언할 수 있어야 한다, 사업가로서 돈을 많이 벌어봤기 때문에 연준이사나 의장보다 돈에 대해 본능적으로 더 잘 안다고 했다. 연준의 통화정책을 대통령 선거 이슈로 만들었다.

그 발언이 있고나서 얼마 후, 평소 알고 지내던 언론사의 뉴욕 특파원 한 분이 문의해 왔다. 대통령이 연준의장을 해임할 수 있는지. 나의 의견을 말씀드렸다. 대통령이 연준의장을 해고하기는 어렵다. 정말로 바꾸고자 한다면 스스로 물러나게 할 수 있겠지만, 정치적으로 부담이 될 것이라고 말씀드렸다. 연준법에 따르면 정당한 사유가 있을 때 해임이 가능하지만 의견이 다른 것을 정당한 사유로 보기 어렵다.[55] 대통령과 의견이 다르다고 연방기관의 수장을 해임할 수 없다는 판례가 있다. 루즈벨트 대통령은 뉴딜 정책에 대해 비판적이던 윌리엄 험프리(William E. Humphrey) 연방거래위원회(FTC) 의장을 좋아하지 않았다. 마침내 독립된 감독기관의 의장인 그를 "무능, 직무유기, 직권남용"을 이유로 해임했다. 험프리 의장 사후에 그의 유산관리인이 대법원에 해고 무효소송을 냈다. 유산관리인이 연방기관의 독립 수호라는 역사적 사명을 띠고 해고 무효소송을 낸 것인지는 잘 모르겠다. 표면적인 소송 이유는 험프리 의장이 해고 후 사망시점까지 받지 못한 급여를 받는 것이었다. 의장은 해고되고 5개월이 지나 사망했다. 1935년 미국 대법원은 아무리 대통령이라도 독립기관의 수장을 법률에 근거하지 않고 임의로 해임할 수 없다고 판결했다.

2024년 9월 트럼프 후보는 연준이 금리를 한 번에 0.5%p 나 큰 폭으로 인하한 것이 정치적 동기 때문이라고 비판했다. 2024년 11월 7일 FOMC 기자회견에서 폴리티코(Politico.com)의 빅토리아 구이다(Victoria Guida) 기자가 파월 의장에게 대통령 당선자가 사임하라고 한다면 사임할 것인지 물었다. 의장은 단호하게 한마디로 'No.'라고 했다. 법적으로 사임 권고를 받아들일 필요가 없다는 것인지 채자 물었고, 다시 단호하게 그렇다고 했다. 11월 20일 대통령 선거일 13일 전이었다. 의장이 기자회견장에서 부연설명도 없이 딱 한 단어로 잘라서 대답하는 것을 처음 들었다.

11월 20일 트럼프가 미국 47대 대통령에 당선되었다. 2017년부터 2020년까지 제45대 대통령을 지내고 두 번째로 대통령이 되었다. 트럼프는 12월 8일 미국 NBC 방송과 인터뷰에서 파월 의장을 다른 사람으로 대체할 의향이 없다고 했다. 당선이 되었으니, 정책금리가 낮아진 것이 본인에게 불리하지 않다고 본 듯하다. 파월 의장의 임기는 2026년 5월말까지이다. 당선 후 트럼프는 의장 해임, 신임 의장후보 조기발표에 대해 수시로 언급했다. 그 때마다 금융시장이 반응했다.

2025년 4월을 예로 들어보자. 47대 대통령이 되고 3개월 지나, 트럼프가 파월 연준의장을 해임할 수도 있다고 했다. 연준이 충분히 빠른 속도로 금리를 인하

55) 연방준비제도법에 따르면 연준이사의 임기는 14년이고 정당한 사유(for cause)가 없다면 임기가 보장된다. 연준의장도 연준이사 가운데 한 명이다.

하고 있지 않기 때문이라는 이유를 달았다. 2025년 4월 21일 본인의 소셜 미디어에 파월을 미스터 투레이트(Mr. Too Late)라고 비하했고, 금리 인하 속도가 느려서 경기가 하강할 수 있다고 했다. 4월 19일 캐빈 하셋(Kevin Hassett) 국가경제위원회 위원장이 백악관이 파월 의장 해임 방안을 검토중이라고 확인했다. 파월 의장은 연준의 독립은 법에 의해 정해져 있으며, 정당한 사유 없이 해임되지 않는다는 말로 대응했다. 연준인사의 거취와 통화정책에 대한 백악관의 개입이 보도되는 순간 미국 국채 수익률이 상승하고 주가가 하락했다.

연준이사(Governors)를 교체해서 백악관이 통화정책에 영향력을 행사하려 한다는 설도 공공연하게 돌았다. 월가의 반응은 담담했다. 실현 가능성이 낮아 보이고, 연준의 정책금리 결정과정에 대한 이해가 부족해서 나온 설이라는 평가가 많았다. 언론은 달랐다. 지대한 관심을 보였다. 2026년 1월 임기인 쿠글러 이사가 2025년 8월 8일 임기가 되기 전에 사임했다. 그리고 후임으로 트럼프 대통령은 스티브 미란(Steve Miran) 백악관 국가경제자문위원회 위원장을 지명했다.[56] 이제 친 트럼프 성향의 이사가 3명이 되었다. 트럼프 1기 때 임명한 보우만 이사, 월러 이사, 그리고 미란 이사이다. 파월 의장[57]은 2024년 9월 FOMC 회의 기자회견에서 의장 임기를 채우겠다는 의지를 분명히 했다. 의장의 임기가 끝나도 2028년 1월말까지 연준이사로 남을 수 있다. 파월 의장과 트럼프의 관계가 소원하다고 할 때, 추가로 1명의 이사를 친 트럼프 인사로 바꾸면, 7명의 이사 가운데 친 트

56) 스티브 미란이 이사로 임명되면 아드리아나 쿠글러 이사의 원래 임기인 2026년 1월까지 이사가 된다.

57) 민주당의 오바마 대통령이 2011년 12월 파월을 연준이사로 지명했다. 파월을 연준의장으로 지명한 것은 공화당의 트럼프 대통령이며 2017년 11월의 일이다. 그를 연준의장으로 다시 지명한 것은 민주당의 바이든 대통령이며 2021년 11월의 일이다. 위키피디아에 따르면 파월의 등록 정당은 공화당이다. 구체적으로는 파월이 유권자 등록서에 공화당을 정당으로 선택했다는 의미이며, 정당별 대통령후보 예비선거(primary)에서 공화당후보 예비선거에 참석할 자격을 얻었다는 의미이다. 파월은 Washington D.C.에서 출생했고 현재는 Maryland주에 거주 중이다. 두 곳 모두 폐쇄형 예비선거(closed primary) 제도를 시행하고 있기 때문에 파월은 민주당 대통령후보 예비선거에 참석해 투표할 수 없고 공화당 대통령후보 예비선거에 참석해 투표할 수 있다. 그가 어느 주에 유권자 등록을 했는지는 공개되어 있지 않다.

럼프 이사가 4명이 된다.

4명으로 FOMC 회의 결과를 원하는 방향으로 이끌기는 쉬운 일이 아니다. 이틀에 걸쳐 회의가 진행되는데 4명이 의견일치를 이룰지, 정치적 동기를 고려할지 알 수 없다. 다른 이사들의 임기는 많이 남아있다. 그리고 2년 간격으로 위원들의 임기가 도래하기에 한 번에 여러 명이 바뀌지 않는다. 위원들 간 충분한 토의를 거쳐 통화정책을 결정하므로 토론과정에서 논리가 분명하고 설득력이 없다면 결과를 주도하기 어렵다. 통화정책 의결은 연준이사 7명과 의결권이 있는 지역 연준총재 5명이 한다. 토론에는 연준이사 7명, 모든 지역 연준총재 12명, 합계 19명이 함께하기 때문에 4명은 토론할 때 상대적으로 더 작은 소수가 된다.

- 제롬 파월(Jerome H. Powell) 2026년 5월(의장), 2028년 1월(이사)
- 스티브 미란(Steve Miran) 2026년 1월
- 크리스토퍼 월러(Christopher J. Waller) 2030년 1월
- 마이클 바(Michael S. Barr) 2032년 1월
- 미셸 보우만(Michelle W. Bowman) 2034년 1월
- 필립 제퍼슨(Philip N. Jefferson) 2036년 1월
- 리사 쿡(Lisa D. Cook) 2038년 1월

관행대로 하면 대통령은 지역 연준총재 임명에 영향력을 행사하기 어렵다. 지역 연준총재는 해당 지역 연준이사회(Board of Directors)의 추천, 그 후에 D.C.에 있는 연준이사회(Board of Governors)의 동의를(approval) 받는다. 동의 절차가 끝나면 지역 연준이사회가 임명한다.

먼저 지역 연준이사회가 총재 인선위원회(committee)를 구성한다. 인선위원회의 절반은 지역 연준이 임명한 지역 연준이사(Class B)들이 나머지 절반은 워싱턴 D.C.의 연준이사회가 임명한 지역 연준이사(Class C)들이다. 인선위원회는 복수의 총재 후보자를 워싱턴 D.C.의 연준이사회에 올린다. 연준이사회가 승인한 후보 가운데 지역 연준 인선위원회가 총재 후보 1인을 지명한다.

관행은 없지만, 연방준비제도 이사회의 과반수를 친 트럼프 성향의 이사로

구성하면 대통령이 지역 연준총재 임명에도 관여할 수 있다.[58] 이렇게 되면 이론상으로는 통화정책 결정권이 있는 12명의 FOMC위원의 과반수를 친 트럼프 성향의 인사로 구성할 수 있는 것이다.

트럼프가 독립연방기관 임원을 해임하는 일이 실제로 있었다. 2025년 3월 7일 지역 연방판사(US District Judge)가 전국노동관계위원회(NLRB) 위원과 공무원 보호위원회(MSPB) 위원 해고가 위법하다는 판결을 내렸지만 5월 대법원이 이를 뒤집고 해고를 인정했다. 3월 18일에도 연방거래위원회(FTC) 위원 2명이 해고되었다. 3월 7일 지역 연방판사 판결에 대해 월가가 제법 주목했다. 트럼프 대통령이 독립된 연방기관의 위원을 해고한 것 자체도 화제였고 지역 연방법원이 제동을 건 것도 뉴스가 됐다. 연준이사도 독립된 연방기관의 이사이기에 미디어는 곧바로 연준의장에 대해 언급했다. 파월 연준의장은 독립된 연방기구 의원을 해고한 사례가 연준에 적용될 가능성은 없다고 했고, 연준은 독립적으로 통화정책을 결정한다고 강조했다. 그럼에도 불구하고 그는 앞선 사례를 주의해서 보고 있다며 우려를 표명했다.

언론이 크게 주목하지 않았지만, 트럼프가 취임 한달 만인 2025년 2월 연준[59]에 행정명령을 내렸다(White House, 2025). 연준이 시행하는 규제의 내용을 제출하라고 했고, 연준의 전략 목표와 계획을 백악관과 협의해야 한다고 했다. 예

58) 2025년 8월말, 트럼프 대통령이 바이든 대통령 때 임명된 리사 쿡 이사를 해임한다고 발표했다. 쿡 이사가 해임 무효 소송을 제기하여 법원의 최종 결정이 남아있다. 쿡 이사 해임이 법정에서 확정되고 친 트럼프 성향의 이사가 임명되면, 친 트럼프 성향의 이사가 이사회의 과반이 넘는 4명이 된다. 언론은 통화정책 의결권이 있는 지역 연준총재의 인선에도 대통령이 관여하려는 시대가 되었다고 평가했다. 지역 연준총재후보 승인은 7명의 연준이사들이 결정한다. FOMC에서 통화정책에 대한 투표권이 있는 지역 연준총재들은 지역 연준총재후보 승인에 투표권이 없다. 총재의 임기는 5년이며, 연준이사회의 승인을 받으면 연임이 가능하다. 지역 연준총재 임명 절차는 연방준비제도 홈페이지에 자세히 설명되어 있다.
https://www.federalreserve.gov/faqs/how-is-a-federal-reserve-bank-president-selected.htm

59) 연방준비제도 이외에 연방거래위원회(Federal Trade Commission: FTC), 연방통신위원회(Federal Communications Commission: FCC), 증권거래위원회(Securities and Exchange Commission: SEC)가 대상이다.

산관리국(Office of Management and Budget)에 연준 이사회의 예산을 볼 수 있는 권한을 부여했으며, 백악관이 연준의 업무성과 기준을 설정할 것이라고 했다. 다만, 통화정책에 관한 것은 제외한다고 단서를 달았다. 대체로 연준의 감독기능에 초점을 두고 있는 내용이었지만, 논란이 될 수도 있다. 2023년 연준의 연차보고서에 따르면 2024년 연준 이사회(Board of Governors)의 총경비예산(Total Operating Expense Budget)은 10억 4천 4백만 달러이며, 이 가운데 감독 및 규제관련 예산은 4억 3천 7백만 달러로 41.9%를 차지한다. 연준 이사회의 예산만이 행정명령 대상이고 지역 연준의 예산과 화폐발행비용은 대상이 아니다.

월가의 많은 분석가들은 연준이 정치적 논란에 휘말리지 않기 위해 노력할 것이라고 전제하고, 정책금리를 전망한다. 해마다 연말이 되면 월가의 많은 금융기관이 다음해 연준의 정책금리에 대해 전망하고 보고서를 내는데, 2023년 12월에도 2024년 연준의 정책금리 전망에 대한 보고서가 쏟아졌다. 2023년 12월 FOMC에서 연준은 2024년에 금리 인하를 시작할 것이라고 점도표를 통해 예고하였다. 인하로 방향은 정해졌고, 인하폭과 시기에 대해 월가의 분석가들이 각자의 의견을 발표했다. 일부 분석가는 연준이 정치적이라는 오해를 피하기 위해 선거일자보다 한참 먼저 인하를 시작하리라 전망했다. 2024년 11월 20일 선거에 임박해서 금리를 인하하면 연준이 정치적 동기를 가지고 있다고 오해받을 수 있으니 이를 피하려 할 것이라는 논리였다. 그래서 연초 일부 분석가들은, 선거가 있는 하반기를 피해, 2024년 상반기부터 인하를 시작할 것이라고 했다. 그러나, 2024년 8월까지 연준은 정책금리를 움직이지 않았다. 8월이 되자 정치적 오해를 피하기 위해 9월 또는 12월에 0.5%p를 인하할 것이라는 의견이 나왔다. 11월 7일이 정책금리를 결정하는 날이고 11월 20일이 선거이므로, 선거 직전에 big cut을 단행할 수는 없을 것이라고 했다. 실제로 연준은 2024년 9월 50bp 내렸고, 11월 25bp, 12월 25bp, 이렇게 인하했다.

선거가 끝나고 나서, 2024년 정책금리 결정 때 연준이 정치적으로 정책금리를 결정했다고 사후적으로 해석하는 이들도 있었다. 특히 선거 전인 9월에 금리를 50bp 인하한 것이 결과적으로 당시 대통령의 소속 정당인 민주당 후보에 유리한 결정이라는 것이다.

종합하면, 2023년 하반기부터 2024년까지 월가는 미국 대선에 매우 관심이 많았다. 연준이 대선과 독립적으로 정책금리를 결정했다는 것이 월가의 보편적 평가이다. 월가는 정치인의 발언에 흔들리지 않고 연준을 믿었다. 시장금리가 대통령 후보 또는 당선자의 말에 반응해서 움직인 것은, 대통령의 통화정책에 대한 영향력 때문이 아니라, 그의 경제정책이 경제에 미칠 영향에 대한 시장의 기대와 전망 때문이었다. 트럼프가 파월 의장의 해고 의도를 강하게 시사할 때 장기금리가 상승하면서 오히려 저금리를 선호하는 그의 의도와 반대로 움직였다. 그럼에도 불구하고, 트럼프는 지속적으로 통화정책에 영향력을 미치기 위해 시도했다. 2025년 트럼프가 자기 사람으로 연준 이사를 교체하면서 시장의 믿음이 흔들리는 듯하다.

대통령과 연준의 악연

"대통령이 연준의장을 해고한 사례는 없다고 했는데, 대통령이 연준에 압력을 행사한 사례는 없나요? 어떤 방식으로 했지요?"

"대통령이 연준이사들을 백악관으로 불러서 설득하려 한 적이 있고, 의장 임기가 끝나고 재신임을 하지 않은 때도 있었고, 의장이 스스로 사임한 경우도 있고, 대통령이 수시로 의장에게 전화한 적도 있습니다."

과거에도 대통령이 연준 통화정책에 영향력을 미치려고 한 사례가 있다. 그 가운데 1940년대 말 트루먼 대통령과 1970년대 초 닉슨 대통령의 일화가 많이 알려져 있다.[60]

1948년 트루먼 대통령은 임기를 마친 마리너 에클스(Marriner Eccles) 연준의장을 재임명하지 않았다. 1934년 루즈벨트 대통령에 의해 의장에 임명된 에클스는 경기회복을 위한 정부의 적극적 역할을 지지하는 사람이었다. 그러나 제2차 세계대전이 끝나고 인플레이션이 올라가자 물가안정을 위해 긴축적인 정책을 해야 한다는 쪽으로 선회했다. 1945년 루즈벨트 대통령이 뇌출혈로 갑작스레 사망하고 부통령이던 트루먼이 대통령직을 승계했다. 트루먼 대통령은 전쟁이 끝난

60) 트루먼 대통령과 연준의 일화는 리치몬드 연준에서 발간한 자료에 나온 내용을 요약한 것이다. Robert L. Hetzel and Ralph F. Leach, "The Treasury–Fed Accord: A New Narrative Account", Economic Quarterly, Winter 2001, Federal Reserve Bank of Richmond

후에도 저금리 정책을 유지하고자 했고, 금리 인상을 주장하는 에클스 의장과 충돌했다. 의장으로 재임명되지 않았지만 에클스는 연준을 떠나지 않았다. 연준이사로 1951년까지 임기를 다할 때까지 남아서 계속 목소리를 냈다.

트루먼 대통령은 필라델피아 연준의장으로 있던 토머스 맥케이브(Thomas McCabe)를 에클스의 뒤를 이을 미국 전체 연준시스템의 의장으로 임명했다. 트루먼은 저금리 정책을 유지하라고 맥케이브 의장을 압박했다. 의장의 집으로 전화를 걸어 "국채금리 고정정책을 굳건하게 유지하라"고 말했다. 맥케이브 의장은 "보험회사가 가지고 있는 장기국채를 왜 연준이(낮은 금리로) 사줘야 하는지 모르겠다"며 반대했다. 트루먼 대통령은 "미국 국채가격이 떨어지면(국채금리가 오르면), 그것이 바로 스탈린이 원하는 것이다."라고 의장에게 편지도 썼다. 당시 한국전쟁이 한창이던 때였다.

1951년 1월말 트루먼 대통령은 통화정책결정회의(FOMC) 위원 전체를 백악관으로 불렀다. 연준이 정부의 금리 정책에 반발하며 장기국채 매입가격을 정부가 정한 것보다 살짝 낮게(금리를 올려서) 고시한 것이 발단이 되었다. 트루먼 대통령은 "여러 방면에서 공산주의자와 대적해야 할 때"라며 연준 위원들을 압박했다. 연준 위원들은 돌아와서, 백악관에서 대통령과 나눈 대화를 비망록으로 남겼다. 연준 위원들이 대통령의 요구에 응하지 않았는데도, 다음날 백악관은 "위기가 지속되는 한 연준이 국채가격 유지를 위해 대통령을 지지하기로 약속했다"고 성명을 발표했다.

백악관 성명이 나가고 뉴욕 타임즈와 워싱턴 포스트가 에클스 위원에게 전화를 했고, 에클스는 백악관의 성명이 사실과 다르다고 전했다. 연준이 백악관 회동에서 약속한 것이 없다고 했고 그대로 익명으로 신문에 보도되었다.

뉴욕 타임즈와 워싱턴 포스트 보도가 나가고 트루먼 대통령이 다시 토머스 맥케이브(Thomas McCabe) 연준의장에게 편지를 썼다. 대통령은 "(백악관 회동에서) 금리를 현재 수준에서 고정시켜서 국채시장을 안정시키겠다는 당신의 확답을 받았다."고 썼다. 스나이더 재무부 장관은 트루먼 대통령의 편지를 언론에 보냈다. 뉴욕 타임즈 기자가 에클스 위원에게 전화를 걸어 대통령의 편지를 가지고 있다고 알렸다. 에클스와 트루먼 대통령, 연준과 연방정부가 진실 싸움을 하는 모양새가 되었다. 에클스는 누구와 상의도 없이 트루먼 대통령과 연준 위원들의 백악관 회동 비망록(memorandum)을 언론에 보냈고 신문들은 그 내용을 대서특필했다. 연준은 긴장 완화를 위해 나섰다. 대통령과 재무부에 협의를 제안했고, 연준의 통화정책과 정부의 재정정책을 독립적으로 운영하기로 하는 1951년 3월 재무부 연준 협정을 통해 사건이 마무리됐다.

그림 21 제2차 세계대전 전후 국채 수익률, 소비자물가 상승률

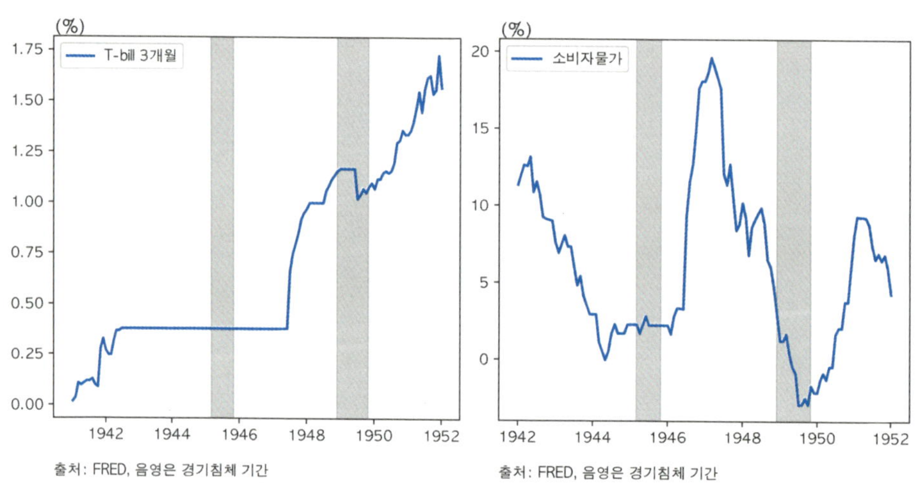

출처: FRED, 음영은 경기침체 기간

출처: FRED, 음영은 경기침체 기간

맥케이브 의장은 1951년 재무부 연준 협정 직후 사임했다. 형식은 사임이지만 어쩔 수 없는 상황에서 물러나야 했다. 스나이더 재무장관이 트루먼 대통령에게 더 이상 맥케이브 의장과 함께 할 수 없다고 편지를 보냈다. 의장은 연준이 인정할 수 있는 사람을 후임으로 임명하는 조건으로 사임했다. 트루먼 대통령은 재무부 연준 협정을 협의했던 윌리엄 마틴 재무부 차관을 연준의장으로 임명했다. 마틴 의장은 1970년까지 연준의장을 지냈다. 트루먼 대통령은 여론이 좋지 않아 재선에 도전하지 않았다. 1952년 1월 아이젠하워 대통령이 당선됐다. 트루먼의 예상과 달리 마틴 의장은 재무부 연준 협정을 잘 지켜냈고 아이젠하워 대통령도 연준의 독립을 존중했다.

민주당의 린든 존슨(Lyndon B. Johnson) 대통령 다음으로 1969년 공화당의 리차드 닉슨(Richard Nixon) 대통령이 당선되었다. 닉슨 대통령은 문자로 기록하는 대통령 기록(minute)을 좋아하지 않아서 음성 녹음으로 바꿔버렸다. 이 기록들이 공개되면서 대통령의 연준에 대한 압력행사 사실이 세상에 알려졌다.[61] 윌리엄 마틴(William McChesney Martin) 연준의장은 닉슨 대통령 취임 이후에도 긴축적 통화정책 기조를 유지했다. 인플레이션이 6%를 넘던 때였다. 그러나 긴축적 통화정책의 여파로 경기침체가 나타났다. 닉슨 대통령은 1970년 임기를 마친 마틴 의장 후임으로 자신의 친구이자, 열성 공화당원인 아서 번즈(Arther Burns)를 연준의장으로 임명했다.

취임 후 1년이 지난 1971년 2월 번즈 의장은 닉슨 대통령에게 전화했다. 이대로 통화량 증가를 지속하면 인플레이션이 더 높아질 것이라고 경고했다. 재무부 장관 존 코널리(John Connally)는 이자율을 더 낮추어야 한다고 주장했고, 번즈 의장은 그럼면 문제가 더 악화된다며 반대했다. 예상과 달리 번즈 의장의 반대 의견이 강하게 나오자 닉슨 대통령과 코널리 재무장관은 번즈 의장에게 임기 4년 후 재임명하지 않을 수 있다는 암시를 주며 압박했다. 1971년 7월 닉슨 대통령은 번즈 의장에게 노골적으로 이미 후임자를 정했다며 압박했다. “코널리 장관에서 통화량을 쉽게 늘릴 수 있는 후보자를 찾아보라고 말했네.”라고 번즈 의장에게 전화했다. 닉슨은 집요했다. 연준 위원을 더 늘릴 수 있다는 말을 언론에 흘리기도 했다. 연준 위원을 7명에서 더 늘리면 의장의 영향력이 줄어 들것이 뻔했다. 닉슨 대통령은 실업률이 높아지면 재선에 불리하기에 완화적 통화정책을 고집했다.

번즈 의장은 통화를 더 완화적으로 운용하면 국제금융시스템이 교란될 수 있다며 주저했다. 당시 달러의 가치는 금 가격에 고정되어 있었다. 달러의 양이 늘어나면 달러 가치가 상대적으로 하락할 수 있다는 경고의 말이었다. 결국 1971년 8월 닉슨 대통령은 달러와 금의 가치고정을 폐지한다는 선언을 발표해야 했다.

61) 닉슨 대통령의 일화는 경제학 학술지에 발간된 내용을 인용하고 요약했다. J. L. Butkiewicz, “The Political Business Cycle: New Evidence from the Nixon Tapes,” Journal of Money, Credit and Banking, 2012.

그림 22 M2 증가율, 연방기금금리, 소비자물가 상승률

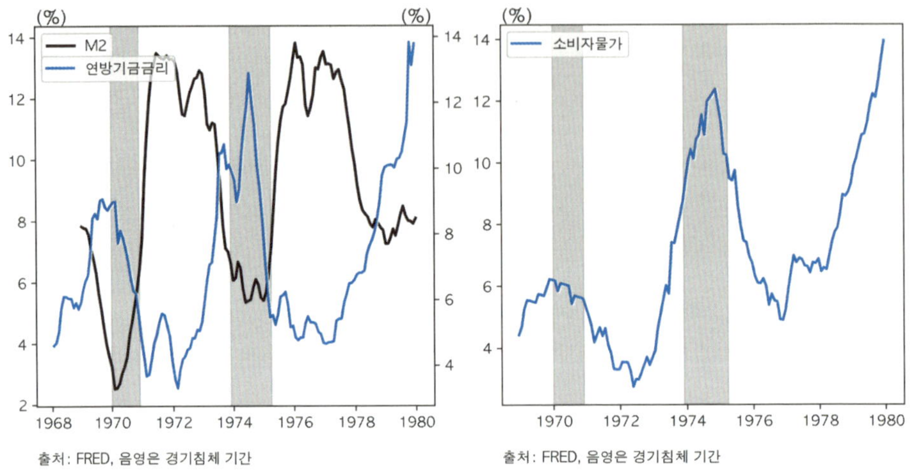

1971년 12월 번즈 의장이 드디어 닉슨 대통령과 재무장관의 압력에 굴복하고 통화량을 더 늘리기로 동의했다. 닉슨 대통령이 공석으로 남아있던 연준 위원에 재무장관이 추천한 인물을 임명한 직후였다. 번즈 의장이 받아낸 것은 앞으로 연준 위원을 임명할 때 의장의 의견을 충분히 반영하겠다는 구두 약속이었다. 닉슨 대통령은 1972년 재선에 성공했다. 전체 득표율에서 23% 앞선 압도적 승리였다. 그러나 1974년 8월 워터게이트 사건으로 임기 중도에 사임했다. 번즈 의장은 한번 연임해서 1978년 1월까지 연준의장이 되었다. 1978년 1월 소비자물가 상승률은 6.8% 였다. 1979년 연평균 소비자물가 상승률이 11.2%까지 올랐다.

연준은 대통령의 압박을 이겨내고 재정정책과 통화정책의 독립적 운영이라는 관행을 얻어냈다. 반면 연준이 대통령의 압박을 견디지 못하고 통화량을 늘리는데 동의한 사례가 있었다. 지금은 일단 1940년대 말과 비슷한 형국이다. 트럼프 대통령의 공개적 압박에도 파월 의장은 단호하게 연준독립을 말하고 있고 정치상황이 아닌 경제상황에 따라 정책금리를 결정하고 있다. 트럼프가 이사 1명을 자기 사람으로 바꿨다. 친 트럼프 성향 이사가 더 늘어날지, 2026년 5월말 연준의장 임기를 마치고 계속 연준의 이사로 2028년 1월말까지 남을지, 연준의장 임기 종료와 함께 연준이사직에서 사임할지 두고 볼 일이다.

월가의 대통령 후보 지지성향

"월가는 어느 후보를 지지하나요?"

"월가는 민주당 지지성향이 높다고 하시는 분이 많은데, 하나로 묶어서 말하긴 어렵다고 봅니다. 좀더 구체적으로 세분해서 봐야 합니다."

월가는 어느 후보를 지지하느냐는 질문을 자주 받았는데, 나는 월가가 누구 편이라고 한마디로 평가하기 어렵다고 생각한다. 전통적으로 그리고 평균적으로 뉴욕주와 뉴욕시 주민의 민주당 지지성향이 높은 것은 맞는데 개인별 · 지역별, 그리고 구체적 사안별로 매우 다르다. 일부 유명한 금융회사 대표가 공개적으로 지지후보를 공개했다. 시타델의 켄 그리핀(Kenneth Cordele Griffin) CEO는 트럼프에 대한 지지자로 널리 알려져 있다. 중도 또는 민주당 지지자라고 알려져 있던 퍼싱스퀘어 캐피털 매니지먼트의 빌 액크먼(Bill Ackman) CEO는 2024년 10월 CNBC 방송과 인터뷰에서 트럼프를 지지한다고 입장을 바꿨다. 민주당의 카멀라 해리스(Kamala Harris) 후보를 공개적으로 지지한 대표적인 금융기관 대표는 투자은행인 에버코어의 로저 알트만(Roger Altman) CEO이다. JP모건체이스의 제이미 다이몬(Jamie Dimon) 회장의 성향은 명확하지 않다. 트럼프가 선거기간중 소셜미디어에 그가 본인을 지지한다고 썼는데, JP모건 측이 부인했다. 월가는 트럼프가 당선될 경우 그가 재무부 장관 후보로 유력하다고 평가하기도 했다. 트럼프 1기 때인 2019년 제이미 회장이 "마음은 민주당인데, 머리는 일종의 공화당이다"라고 했다. 헤지펀드 브리지워터 창립자인 레이 달리오(Ray Dalio)도 중도 성향으로 알려진 인물이다. 2024년 9월 레이는 "대통령 후보 가운데 어느 누구도 미국이 필요로 하는 인물이 아니다."라고 말했다. 2024년초 월가의 한 금융회사가 주최하는 대선전망 세미나에 참가했는데, 발표자와 진행자 모두 민주당 후보가 당선될 것으로 전망했다.

민주당의 해리스 후보와 공화당의 트럼프 후보 가운데 누가 월가로부터 더 많은 대통령 선거 후원금을 받았는지 구체적 통계가 없다. 다만, 월가가 전통적으로 매우 중요한 대통령 선거자금 모금지이라는 것에 이론의 여지는 없다. 두 후보 모두 뉴욕에서 모금 행사를 개최했고, 그 때마다 교통 통제로 뉴욕의 교통이 더 마비되었다.

뉴욕주의 47대 대통령 선거 득표율만 보면 뉴욕에서 해리스 후보의 득표율이 더 높다. 뉴욕주 전체, 맨해튼, 그리고 월가가 있는 제1선거구에서 예외 없이 해리스 후보의 득표율이 더 높게 나왔다. 주의할 것은 월가라고 할 때 지리적으로 맨하튼의 월스트리트 주변에 한정하는 것이 아니고, 미국 동부의 금융시장 또는 미국 금융산업을 통틀어 언급하는 것이 일반적이다. 뉴저지와 코네티컷에 본사를 둔 금융회사도 다수 있다.

지역	해리스 득표율	트럼프 득표율
• 뉴욕주	55.91%	43.31%
• 뉴욕시	68.10%	30.01%
• 맨해튼	80.80%	17.24%
• 제1선거구	75.5%	22.3%

(Wikipedia.com, 2025)

월가의 대중매체 가운데 민주당 지지성향이 높은 매체가 더 많다. 대중매체의 성향 평가 정보를 제공하는 allsides.com, mediabiasfactcheck.com 기준으로 블룸버그, CNBC는 민주당 지지성향이 조금 더 높다고 평가된다. 월스트리트 저널(Wall Street Journal: WSJ)은 중도, 혹은 공화당 지지성향이 약간 높은 정도로 알려져 있다.[62)]

	allsides.com	mediabiasfactcheck.com
• Bloomberg	lean left	left – center, least – biased 중간
• CNBC	center lean left	left – center
• WSJ	center	right – center, right 중간
• MarketWatch	center	right – center
• Barron's	center	right – center
• FOX news	right	right
• New York Times	left	left – center
• MSNBC	left	left
• CNN Digital Media	lean left	left – center
• ABC News	lean left	left – center
• NBC News	lean left	left – center
• CBS News	lean left	left – center
• PBS News Hour	lean left	left – center, least biased 중간

62) allsides.com의 미디어 평가는 left, lean left, center, lean right, right 순서로 되어 있다. 구체적으로 –6.0점부터 6.0점까지 사이의 수로 표현한다. mediabiasandfactcheck.com의 평가는 extreme left, left, left – center, least biased, right – center, right, extreme right 순서로 되어 있다. 구체적으로 화살표 위의 위치로 표시한다. 평가시점에 따라 결과가 달라질 수 있다. 2025년 4월말에 조사했을 때 해당 웹사이트에 표시된 것을 기준으로 본문에 표시했다. CNBC의 본사는 뉴저지 주 엥글우드 클리프스 시에 있다. 맨하튼에서 허드슨강 바로 건너편이다. PBS News의 경우 Washington D.C에서 제작되며 스튜디오가 뉴욕 시와 버지니아 주 알링턴 카운티에 있다. 본문에 표시된 다른 매체의 본사는 모두 뉴욕 시에 있다. MarketWatch는 금융정보, 비즈니스 뉴스, 분석, 주식시장 데이터 등을 다루는 웹사이트이다. Barron's는 미국의 재정, 경제 관련 기사를 다루는 주간지이다. WSJ(Wall Street Journal), MarketWatch, Barron's 모두 Dow Jones and Company의 자회사이다.

트럼프는 월가를 혹은 뉴욕을 어떻게 평가할까? 한 마디로 정의하기 쉽지 않다. 뉴욕은 트럼프의 고향이고 그의 많은 부동산이 뉴욕에 있다. 1946년 뉴욕 퀸즈에서 태어났고, 뉴욕에서 고등학교를 마쳤으며, 뉴욕에서 군사학교도 다녔다. 트럼프가 설립한 지주회사인 The Trump Organization이 맨하튼 5번가, 트럼프 타워에 있다. 트럼프는 뉴욕을 기반으로 성장한 사람이다. 그러나 뉴욕에서 여러 혐의로 기소되었고, 형사 유죄판결도 받았다. 그는 이를 '마녀 사냥', '선거개입'으로 표현하며 뉴욕에 대해 반감을 표출한 바 있다.

정리하면, 공개적으로 트럼프를 지지한 월가CEO가 있었지만, 직원들 또는 뉴욕 주민은 평균적으로 민주당 지지성향이 강하다. 뉴욕의 대중매체 중에도 민주당 지지성향이 높은 곳도 있고, 공화당 지지성향이 약간 더 높은 곳도 있다. 월가에서 어느 쪽에 더 후원금을 많이 주었는지 공식 통계로 확인할 수는 없지만, 양당 모두 중요하게 생각하는 곳이다. 주식시장만 본다면, 결과적으로 월가는 트럼프 당선에 환호했다. 2024년 11월 20부터 2025년 1월 중순까지 주가는 계속해서 올랐고, 미국 예외주의가 지속될 것이라는 장미빛 전망이 나왔다.

미국만 홀로 잘 되는 현상

"2025년 미국 주식시장에서 가장 큰 위험요인은 무엇인가요?"

"가장 큰 리스크 요인은 채권금리 상승이라고 생각합니다. 10년만기 국채 수익률이 4.7~4.8%를 넘어서면 금융시장 전반으로 변동성이 커질 것으로 보고 있습니다."

2024년 11월 20일 미국 대선이 끝나고 2025년 1월 20일 트럼프가 47대 대통령에 취임할 때까지 연준 통화정책은 월가의 관심에서 조금 벗어나 있었다. 2024년 9월 연준이 정책금리 경로를 인하로 방향을 틀면서 50bp를 내렸고, 예상대로 11월, 12월에도 각각 25bp를 인하했다. 대선이 끝나고 연준을 정치적으로 공격하는 일도 당분간 없었다. 대신 월가의 관심은 미국의 경제성장 지속 여부, 주식시장 강세 지속 여부에 모아졌다.

미국경제는 코로나19의 타격에서 벗어나 다른 주요 선진국보다 빠른 회복세를 보였다. 미국만 경제가 잘 나간다는 의미로 미국 예외주의(American Exceptionalism)라는 용어가 유행처럼 번졌다. 미국의 주가지수도 성장세를 이어갔는데, 2024년 11월 S&P500지수가 최초로 6,000을 돌파했다. 구글 트렌드에도 확인이 된다. 2024년 S&P500지수가 상승하면서 구글에서 '미국 예외주의' 검색도 증가했다.

해가 바뀌어도 장미빛 전망은 지속되었다. 2025년 1월 만난 월가 증권사의 분석가는 2025년중 미국 증시의 호황을 예측했다. 경기 침체만 없다면 미국 주식시장은 과거 평균보다 무려 10% 이상 상승할 것이라고 했다. 주식 호황을 예측하는 논리가 바로 미국 예외주의를 주장하는 배경이었다. AI 혁신으로 생산성이 향상되고 제조 원가가 하락하면서 기업의 마진이 확대될 것이라고 했다.[63] 다음으로 트럼프 행정부의 경제정책이 경제성장과 기업이윤 확대에 큰 도움이 될 것이라는 것이었다. 공화당정부의 규제 완화와 세금감면, 은행에 대한 자기자본비율 감독 완화 등이 호재가 될 것으로 예상했다.

그림 23 미국 예외주의에 대한 구글 트렌드와 S&P500

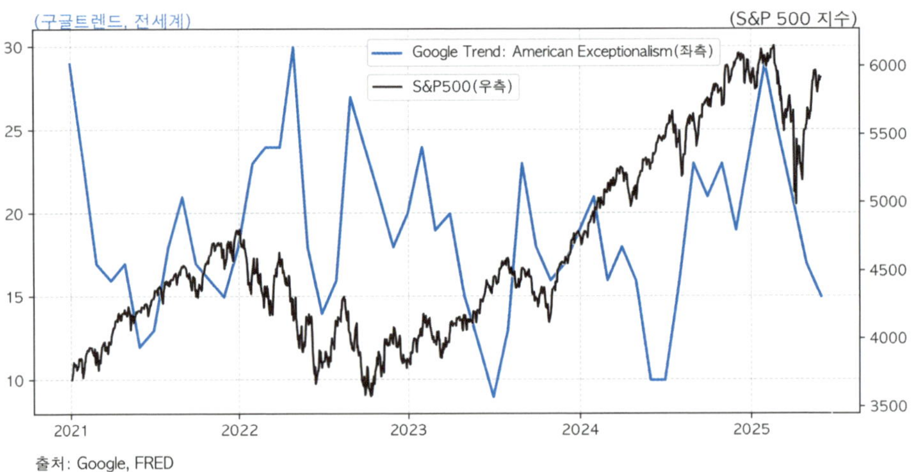

출처: Google, FRED

1월 28일 중국의 인공지능 DeepSeek 출현 뉴스가 미국 주식시장에 일시적으로 악재로 작용했다. 미국의 기업보다 크게 낮은 비용으로 AI의 성과를 냈다고 하여 미국 테크기업 주가가 일시적으로 크게 하락했다. 일부에서는 AI 혁신을 바탕으로 한 미국 예외주의가 중국의 DeepSeek 출현으로 예상보다 일찍 끝나는 것이 아닐지 촉각을 세웠지만, DeepSeek 충격은 생각보다 오래 가지 않았다. 중국

63) 미국 예외주의의 원인과 전망에 대한 보다 자세하고 기술적이며, 중장기적 시각에서 기술한 자료는 한국은행 보고서를 참고하면 된다. 한국은행 보고서는 안정적인 인구구조, 이민인구 유입, AI 기술발전, 투자증가, 국제통화인 달러의 지위 등을 미국 예외주의의 원동력으로 평가했다. 여기서는 2024년말부터 2025년 1월 중순까지 금융시장, 특히 주식시장의 평가에 중점을 두고 기술하였다.

의 DeepSeek가 AI에 대한 투자비용 하락, 생산성 향상, AI에 대한 반도체 수요 확대 등을 가져올 수도 있다며, DeepSeek의 충격을 긍정적으로 평가하는 견해도 나타났다.

트럼프 2기 정부의 공약 가운데 월가는 기업활동에 대한 규제 완화와 세금 감면 정책을 투자와 성장을 촉진시키고 미국 예외주의 현상을 지속시킬 수 있는 가장 큰 호재로 인식했다. 의회를 통한 입법 과정에 시간이 걸리겠지만 주식시장은 긍정적으로 반응했다. 상원과 하원에서 공화당이 다수당이 되었기 때문에 실행 여부를 의심하는 분위기는 없었다. 트럼프 1기 때인 2017년에 시행된 감세 및 일자리법(Tax Cut and Jobs Act)의 시효가 2025년으로 만료되므로 2025년 12월 이전에 시효를 연장하거나 법을 새로 제정해야 하는데, 월가는 법안 통과를 낙관했다.

은행에 대한 감독 강화를 지지하는 마이클 바(Michael Barr) 연준 위원이 2024년말 감독 부의장에서 사퇴하고, 보다 유연한 입장의 미셸 보우만(Michelle Bowman) 위원이 2025년 1월 감독 부의장으로 취임했다. 은행과 금융업계 전체가 연준이 시행하려고 하는 은행 감독 강화방안에 촉각을 곤두세우고 있다. 바젤III 협약 엔드게임(Basel III Endgame)(Congressional Reserve Service, 2023)이라는 것인데, 대형은행(Globally Systematically Important Banks: GSIB)에 대해 위험자산 대비 자기자본비율 감독의 구체적 내용을 강화하는 것이다. 은행이 자체적으로 위험가중자산 평가방식을 적용할 수 있는 여지를 줄이고, 통일된 방식을 적용해야 해서 은행들이 반대하고 있다. 강화된 방안이 실행되면 은행의 대출과 자산 운용이 그만큼 줄어든다. 신임 감독 부의장이 취임하고 나서 연준은 은행의 "보완적 자기자본 비율 완화 방안"을 발표했다.

2025년초 월가의 증권회사는 트럼프의 관세 인상이 주식시장에 미칠 영향도 제한적일 것으로 평가했다. 트럼프 1기 때, 중국에 대해 관세를 인상했지만 S&P500이 상승한 사례가 있다고 했다. S&P500지수가 2017년 16.9%, 2018년 12.1%, 2019년 6.1% 상승했다. 관세 인상에 대해 미국 기업들이 미국으로 다시 돌아오는 온쇼어링(On-Shoring)과 수입선 다변화로 대처해 왔기 때문에 부정적 영향이 크지 않을 것으로 봤다. 취임 초기에 트럼프의 관세정책이 구체적으로 언제, 어떠한 규모와 속도로 진행될지 알려진 것이 없어서 그 영향을 과소평가하는 측면도 있었다. 법률 검토, 경제적 영향 분석 등 사전 준비작업에 필요한 시간을 고려하면 2025년 여름 또는 하반기나 되야 관세 인상이 시행될 수 있으므로 상반기에는 관세 인상의 직접적 영향이 없다는 이야기도 나왔다. 세수확보, 제조업 재건 효과가 크지 않다며 반대하는 여론이 커지면, 관세 인상 자체가 원래 공약대로 실행되지 않을 것이라는 희망이 섞인 전망도 있었다.

주식시장은 트럼프의 이민정책에 대해서도 부정적으로 반응하지 않았다. 이민 억제 정책이 미국경제에 미칠 부정적 영향이 클 것이라는 견해와, 영향이 크지 않을 것으로 보는 견해가 공존했지만 주식시장의 관심은 이 문제에 둔감한 편이었다. 2023년 이민자가 약 300백만명 수준이었고, 2024년 약 175만명으로 줄었다. 트럼프 정부의 이민정책이 시행되는 2025년에는 약 100만명으로 줄어들 것으로 추정되었다. 2026년부터 소비축소, 저임금 직군의 임금상승 등 부정적 징후가 나타날 것이라는 분석이 있었지만 주식시장은 주목하지 않았다. (한국은행 뉴욕사무소, 2024) 오히려, 200만명의 노동공급 감소는 미국의 전체 생산가능인구 1억 6천 8백만명[64] 대비 1.1%에 불과하며, 1회성 충격이므로 성장에 미치는 효과가 크지 않을 것이라는 주장이 주목을 받았다.

그런데, 2월들어 점차 주식시장 분위기가 바뀌기 시작했다. 2025년 2월 19일에 미국의 주가가 너무 많이 올라 지나치게 고평가 되어 있다는 평가가 대중매체로 보도됐다. (NPR Morning Edition, 2025) 기업의 예상 수익대비 주가가 역사적 평균보다 높고, 2000년대 초 닷컴 버블 붕괴 이후 최고 수준이라고 했다. 그동안 주가 상승이 소수의 인터넷 기업, 테크 기업의 주가에 주도되어 편중이 심하다고 했다. 실제로, S&P500 지수가 2024년중 23% 상승하는 동안, 이른바 매그니피센트 7(Magnificent 7), 즉 글로벌 빅테크 기업 7개[65]의 주식가격은 평균 63% 상승했다. 공교롭게도 대중매체에서 주가지수가 너무 높아 보인다는 보도가 나간 2.19일, S&P500지수가 역사상 최고 수준인 6144.15를 기록했고, 다음날부터 하

64) 2024년말 현재 경제활동인구(Civilian Labor Force) 기준, BLS(Bureau of Labor Statistics) 자료.

65) Apple, Microsoft, Alphabet, Amazon, Nvidia, Meta Platforms, and Tesla.

락세를 보였다.

시장금리가 상승하면서 주가에 대한 부담도 커지기 시작했다. 감세 등 트럼프의 정책이 공약대로 실행될 경우 정부부채 규모가 상승하고, 재정부담이 커질 것이며, 이에 따라 국채 공급이 많아질 것이라는 이야기가 많았다. 공급이 많아지면 국채가격은 하락하고, 반대로 국채 수익률은 상승할 것이다. 실제로 10년물 국채 수익률이 2024년 10월말 기준 4.28%에서 트럼프 취임 직전인 1월 13일 4.79%까지 상승했다.

트럼프 취임 직후 연방공무원에 대한 해고 명령이 쏟아지고, 관세정책에 대한 조치가 시장의 예상보다 신속하게 진행되면서 새로운 정부 정책이 가져올 불확실성에 대한 시장의 우려가 커지기 시작했다. 취임 당일인 1월 20일 다양성, 평등, 포용프로그램(Diversity, Equity and Inclusion: DEI)에 대한 중단을 명령했고, 해당 프로그램에 고용된 많은 연방공무원이 직을 잃었다. 곧이어, 1월 28일 약 2.3백만 연방공무원을 대상으로 자발적 조기퇴직 신청서를 받겠다고 공지했다. 이어서 수습기간에 있는 연방공무원, 미국국제개발처(United States Agency for International Development: USAID) 직원 등 여러 연방기구 직원에 대한 해고 소식이 3월초까지 이어졌다. 해고 대상 연방공무원이 총 12.1만 명에서 28만 명에 이를 것이라는 보도도 나왔다(CNN, 2025). 전체 연방공무원 약 3백만 명의 10%에 가까운 큰 규모라는 평가도 있었고, 전체 비농업취업자수 159백만 명(2025년 1월, BLS 통계기준)에 비해 적은 수라는 평가도 있었다. 하지만, 워낙 빠른 속도로 해고 조치가 발표되고 시행된데다, 다수의 연방기구에 대한 예산 삭감도 동시에 진행되면서 연방기관의 하청업체, 연방기관의 보조금 수혜업체 종사자도 고려하면 해고 효과가 더 클 수 있다는 분석도 있었다. 무엇보다도 비교적 안정적 직업으로 생각되던 연방공무원이 해고될 수도 있다는 점에서 당사자들과 주변에 주는 불안감이 커졌다. 발표 초기에 정확한 해고 대상과 조치 내용이 즉각 알려지지 않아서 불안감을 키운 것도 있었다.

게다가 트럼프 취임날부터 관세 인상 조치가 빠른 템포로 발표되면서 시장의 불안감이 높아지기 시작했다. 1월 20일 취임과 동시에 캐나다와 멕시코에 대한 관세 인상 계획을 발표했고, 2월 1일에 캐나다, 멕시코에서 오는 모든 수입품에 대한 25 % 관세, 중국산 수입품에 대한 10% 관세 행정명령에 서명했다. 2월 10일 알루미늄과 철강 수입품에 25% 관세부과 계획을 발표했다. 2월 13일 모든 국가로부터의 수입품에 대해 상호관세를 부과할 생각이라고 발표했다. 이후 거의 매주 관세 인상계획이 발표되었으며 또 유예조치도 이어졌다. 트럼프가 '자유의 날(Liberation Day)'라고 부른 4월 2일 정점을 찍었는데, 거의 모든 교역 상대국에 대해 국가별로 최저 10%에서 최고 125%에 이르는 상호관세율을 발표했다.[66) 2월 중순까지 관세 인상에 대해 월가가 불안해 한 주요 요소는 당초 예상보다 빠른 인상조치, 인상 계획 발표 후 다시 일정기간의 유예조지가 이어지면서 최종 관세율 수준에 대한 불확실성이 커진 것, 개별 품목에 대한 일반관세와, 교역 상대국별 상호관세가 동시에 발표되면서 혼란이 생긴 것, 그리고 품목과 대상국가가 점차 빠르게 확대되면서 물가, 성장에 미칠 부정적 효과에 대한 우려가 커진 것이다. 2월들어 월가의 분석가들 사이에서, 미국의 기업들이 새로운 사업과 투자계획을 중단하거나 미루고 있다는 말들이 나오기 시작했다. 관세 인상이 몰고 올 인플레이션 상승에 대한 우려도 이어졌다.

주식시장은 트럼프가 대통령이 되자 환호했다. 미국 예외주의가 2025년에도 지속될 것이라는 전망이 나왔다. 감세와 규제완화의 효과에 대한 기대감이 하늘을 찔렀고, 관세 인상의 부정적 효과는 과소평가했으며, 이민제한의 부정적 효과에도 별로 경각심을 보이지 않았다. 선거가 끝나고 대통령 취임식이 있기까지 미국 주식시장은 사상 최고 수준까지 올랐다.

그러나, 트럼프 취임식이 끝나고 얼마 지나지 않아 잔치 분위기가 식어버렸다. 중국에서 DeepSeek라는 인공지능 프로그램이 적은 비용으로 미국의 인공지능 프로그램과 유사한 성능을 냈다는 소식도 월가를 놀라게 했다. DeepSeek가 주식시장에 미친 충격이 비교적 짧은 시간 동안만 이어졌지만, 미국의 기술적 우위가 도전받을 수 있다는, 혹은 미국 예외주의가 도전받을 수 있다는 실체적 사건

66) 미국 피터슨 국제경제연구소(PIIE)는 트럼프 2기 정부의 관세 인상 발표와 시행, 상대국의 보복관세 발표와 시행을 날짜별로 잘 정리해서 발표하고 있다.
https://www.piie.com/blogs/realtime-economics/2025/trumps-trade-war-timeline-20-date-guide

에 미국 금융시장이 얼마나 예민한지 보여준 사례가 되었다. 트럼프 2기 정부의 감세 정책으로 인한 재정부담, 정책 자체가 초래하고 있는 불확실성 문제, 특히 관세 정책에 대한 불안요소가 주식시장에 어두운 분위기를 몰고왔다. 그러나, 미국 예외주의가 끝난 것이 아니었다. 이래서 주식이 쉽지 않다.

"신임 재무장관 발언이 대선 전과 너무 다른데 진심일까요"

"금융시장을 잘 아는 사람이니까, 지금 장기국채 수익률을 낮추는데 주목하고 있다는 말이 어느 정도 진심인 듯합니다"

2025년 2월 6일 스콧 베센트(Scott Bessent) 재무장관이 언론과의 인터뷰에서 연준에 정책금리 인하를 압박하지 않을 것이라고 했다. 정책금리보다 10년만기 미국채 수익률을 더 관심있게 보고 있다고 발언했다. 신임 재무장관이 통화정책에 대해 구두 개입을 강화할 것으로 예상하던 시장의 우려가 이 한마디로 반전됐다. 대통령 선거 유세가 한창이던 2024년 10월 경제전문 주간지 Barron's와 인터뷰에서 베센트는 파월 의장 임기인 2026년 5월보다 훨씬 전에 후임을 지명하고 상원 인준 절차를 밟겠다고 했다. 파월 의장의 조기 레임덕을 이끌겠다는 의도였고, 이때 '그림자 의장'(Shadow Fed Chair)이라는 말이 생겼다(Barron's, 2024).[67] 그랬던 그가 연준 독립성을 인정하는 정반대의 발언을 한 것이다. 실제로 2024년 9월부터 정책금리가 내렸는데 국채 수익률은 반대로 크게 올라갔고 월가의 우려가 커져가고 있었다.

연준이 2024년 9월 0.5%p, 11월 0.25%p, 12월 0.25%p, 합해서 1%p 정책금

67) 당시 Scott Bessent는 헤지펀드 Key Square의 대표였으며, 공화당 대통령 후보인 트럼프에게 경제자문을 하는 주요인사로 알려졌다. 트럼프가 그를 재무장관으로 지명한 것은 2024년 11월 22일이다.

리를 내렸지만, 10년물 미국채 수익률은 2024년 9월말 3.81%에서 2025년 1월말 4.58%로 올라갔다. 트럼프 정부의 규제완화와 감세 정책에 대한 기대가 더해지며 주가지수가 사상 최고 수준에 이르렀고 증권회사들은 미국 우선주의가 지속되리라고 예견하고 있었는데, 시장금리 상승에 신경이 쓰일 수밖에 없었다. 한 증권회사는 국채 수익률 급등을 주식시장의 최대 리스크로 지목했다.

그림 24 10년물 미국채 수익률과 S&P500

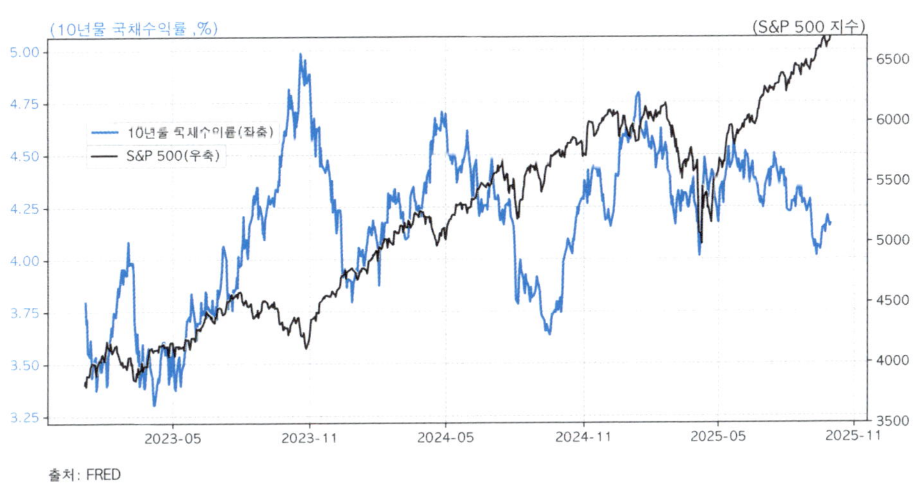

출처: FRED

3% 중반 수준이던 10년물 국채 수익률이 상승하기 시작한 배경중에,[68] 재정적자 확대 가능성이 크게 작용했다. 2024년 10월 들어 공화당의 선거 승리를 예상하는 분위기가 강해졌다. 트럼프가 대통령에 당선되고, 상원과 하원 모두 공화당이 다수석을 차지하게 될 것이라는 전망이 점점 많아졌다.

미국 대통령 선거가 진행중이던 2024년 10월 발표된 한국은행 자료에 따르

68) 재정적자 확대 예상 이외에도 매파적 연준, 양호한 고용시장이 시장금리 상승의 출발점이 되었다. 2024년 9월 18일 연준이 정책금리를 0.5%p 인하했지만 월가는 연준의 향후 정책방향에 대한 메시지를 매파적이라고 평가했다. 10월 4일에 9월 비농업취업자가 22.3만 명 증가한 것으로 발표되었다. 금융시장의 예상 12.5만 명보다 10만 명이나 더 취업자수가 늘었다. 고용사정이 좋으니 연준이 추가적 금리 인하에 신중할 것 같다는 금융시장의 예상이 더욱 굳어졌다.

면 트럼프의 공약 가운데 세금감면에 대한 내용이 그대로 시행될 경우 미국의 재정적자가 10년간 약 7.5조 달러 증가하고, 이로 인해 국채 수익률 상승압력이 약 0.45%p 높아진다고 했다(한국은행 뉴욕사무소, 2024). 관세를 인상해서 관세수입을 늘리고, 정부 효율화로 지출을 줄인다 해도 세금을 낮춰서 늘어나는 재정적자 증가를 상쇄할 수 없을 것이라는 것이 월가의 보편적 평가였다.

10년물 미국채 수익률을 낮추는데 주목하고 있다고 발언했지만, 베센트 재무장관은 장기금리 인하에 대한 구체적 방안을 발표하지 않았다. 석유 산업에 대한 규제가 완화되면 에너지 가격이 내려갈 것이고, 기업활동에 대한 규제 완화와 감세로 전체 공급이 증가하면, 인플레이션 기대가 내려가고, 장기 시장금리도 자연스럽게 조정될 것이라고 원론적인 말만 했다.

발등에 불이 떨어진 금융시장이 장기금리 하락을 위한 구체적 제안을 쏟아냈다. 외국 정부가 장기국채를 매입하는 조건으로 관세 인상폭을 낮추는 방안, 장기국채를 사면 연방 소득세를 면제해 주는 방안과 은행이 국채매입을 늘릴 수 있도록 자기자본비율 규제를 완화해 달라는 방안이 나왔다. 은행에 대한 자기자본비율 규제 완화는 보완적 레버리지비율(Supplementary Leverage Ratio: SLR)을 계산할 때 미국 국채를 제외해 달라는 것이다.[69] SLR은 은행의 기본 자기자본(분자)을 전체 자산(분모)으로 나눈 것인데, 미국 국채도 분모에 포함된다. 따라서, 국채를 SLR계산식의 분모에서 제외하면 SLR 때문에 국채를 더 사지 못하는 일이 없게 된다. 국채를 대상에서 제외하는 순간, 일시적으로 자본비율에 여유가 생기니까 국채를 더 매입할 수도 있다. 이것들은 국채수요를 늘리는 방안이고, 국채공급을 조절하는 방안도 제안되었다. 먼저, 미국 재무부가 장기국채 발행 비중을 줄이는 방안이다. 장기국채 공급 압력을 줄여서 장기금리 상승압력을 낮추자는 아이디어이다. 연준이 가지고 있는 금을 평가할 때, 지금처럼 매입가격으로 평가하지 말고 시장가격으로 평가하면 연준이 정부로 이전하는 회계상의 이익을 늘릴 수 있고,

69) SLR 규제에 따라 미국 은행은 자기자본(Tier 1)을 전체 자산의 일정비율 이상으로 유지해야 한다. 은행의 건전성 확보를 위해 2014년부터 시행되고 있다. 미국 국채시장의 유동성 개선, 즉 거래 활성화를 위해 코로나19 기간이었던 2020년 4월부터 2021년 3월까지 한시적으로 미국 국채와 지준예치금을 SLR 계산에서 제외했다.

연방정부가 국채 발행 규모를 그만큼 줄일 수 있다는 방안도 나왔다. 연방정부를 구조조정해서 지출 규모를 줄이면 국채 발행 규모를 줄일 수 있다는 방안이 나왔으며 이는 트럼프의 공약 가운데 하나였다.

시장의 바람대로 2025년 6월 25일 연준이 SLR 규제 완화방안을 발표했다. 대형지주은행(GSIB)과 그 자회사의 SLR을 5% 이상에서 3.5~4.5%로 낮추는 방안이다. 연준의 회의자료에 따르면 SLR이 인하될 경우 대형지주은행은 총 130억 달러, 은행자회사는 총 2,100억 달러의 자기자본을 적게 보유해도 된다(Federal Reserve Board, 2025). 연준이사회 7명 중 5명이 방안에 찬성했고 2명이 반대했다. 마이클 바 위원은 SLR 완화의 “국채시장 회복력 개선 효과에 대해 회의적”이라며 반대했다. 미쉘 보우만 은행감독 부의장, 제롬 파월 연준의장은 찬성했다. 연준 은행감독 부의장이 마이클 바 위원에서 미쉘 보우만 위원으로 바뀌고 5개월 후 일어난 일이다. 이 완화조치와 별도로 미국 증권산업금융시장협의회(SIFMA)[70]는 미국 국채와 지준예치금을 SLR 계산에서 제외해 달라고 지속적으로 건의하고 있다.

나머지 방안들의 경우 실현 가능성 자체가 높지 않다고 평가되고 있었다. 정부효율부(Department of Government Efficiency: DOGE)가 정부지출을 얼마나 효과적으로 줄일 수 있을 지가 관심의 대상이 되긴 했는데, 선거 유세기간 중에 주장한 2조 달러 감축 목표를 실현하기는 어려울 것으로 평가되었다. 장기국채보다 단기국채 발행을 늘리는 것은 이미 민주당 정부 때부터 시행하고 있는 정책이라서 새로울 것이 없었다.

연방정부 재정수지와 국채시장에 대한 우려가 지속되면서 10년물 국채 수익률은 2025년 1월 13일 4.79%로 단기 고점을 찍었다. 정부 재정에 대한 우려가 커지고 장기국채 수익률이 상승했지만 2025년 2월초까지만 해도 미국 국채에 대한 신뢰도가 하락하는 분위기, 미국 국채를 버리고 다른 대체 투자수단으로 갈아타는 분위기는 없었다. 2월 1일 트럼프가 캐나다 25%, 멕시코 25%, 중국 추가관세 10%p를 부과하는 행정명령에 서명했을 때, 미국 국채를 안전자산이라고 평가하는 수요가 몰리면서 10년물 국채 수익률이 일시 하락하기도 했다. 2월 5일 미국

70) Securities Industry and Financial Markets Association(SIFMA)은 미국의 증권사, 은행, 자산관리사를 대표하는 금융산업 연합회이다.

재무부는 단기채권과 장기채권 발행 비중에 큰 변화를 주지 않을 것이며 기존 추세대로 국채 발행 규모를 유지한다고 발표했다(U.S. Department of The Treasury, 2025). 다음날 베센트 재무장관은 국채 수익률 하락에 집중하겠다는 말을 했다. 2023년 8월 당시 민주당의 옐런 재무장관이 단기국채 발행 비중을 늘렸다고 비판한 베센트였기에, 옐렌 장관이 하던 대로 이어서 하겠다는 발언은 대단한 반전이었다. 국채 수익률 하락에 집중하겠다는 말은 연준의 정책금리에 대해 개입하지 않겠다, 연준의 독립성을 존중하겠다는 의미로 해석됐다. 월가는 베센트 장관이 시장의 여건을 인정하고 자신의 기존 주장을 굽힌 것 자체를 크게 평가했다. 이전 정부에서 하던 정책을 이어가는 것이어서 새로울 것은 없지만, 결과적으로 미국 국채에 대한 시장의 신뢰를 뒷받침한 셈이 됐다. 다르게 하지 않겠다, 충격을 주지 않기 위해 그대로 하겠다고만 해도 신뢰를 받는 일이 있다.

미국 재무부의 국채 발행

"미국 수익률 곡선이 왜 이렇게 생겼어요? 단기가 높고 장기는 낮은 모양인데 왜 그래요?"

"미국 정책금리가 높아서 그렇고, 미국 정부가 최근 단기채권을 많이 발행해서 그렇습니다. 앞으로 정책금리가 언젠가는 내려갈 것으로 예상해서 장기금리가 내려가 있는 것이고요."

오랜 기간 한국경제 전망과 분석을 위주로 하다가 미국경제 상황을 자세히 들여다보기 시작한 2023년 8월, 뉴욕사무소장으로 부임하고 처음했던 질문 중에 하나가 미국의 수익률 곡선모양에 대한 것이었다. 그 전까지 미국 수익률 곡선을 관심있게 보지 않았다. 2023년 9월초 미국 수익률 곡선은 일반적인 모양과 달리 단기금리가 높고 중장기금리가 낮은 형태였다.

수익률 곡선, 영어로 Yield Curve는 채권의 만기별로 수익률을 그려서 연결한 선을 의미한다. 가로축에 채권의 만기를 초단기부터 장기 순서로 표시하고 세로축에 수익률을 표시한다. 그림 25에서 1일물(1day) 금리는 연준의 1일만기 국채담보 대출금리(O/N RRP금리)를, 1개월(1M)물 금리는 1개월만기 미국 국채 수익률을 의미한다. 나머지도 각각 해당 만기 미국 국채 수익률을 나타낸다.

2023년 9월초와 2025년 8월말 수익률 곡선을 같이 놓고 보면 크게 차이가 나는 것을 알 수 있다. 먼저, 2년 전보다 정책금리가 1%포인트 내려오면서 단기

그림 25 미국 수익률 곡선

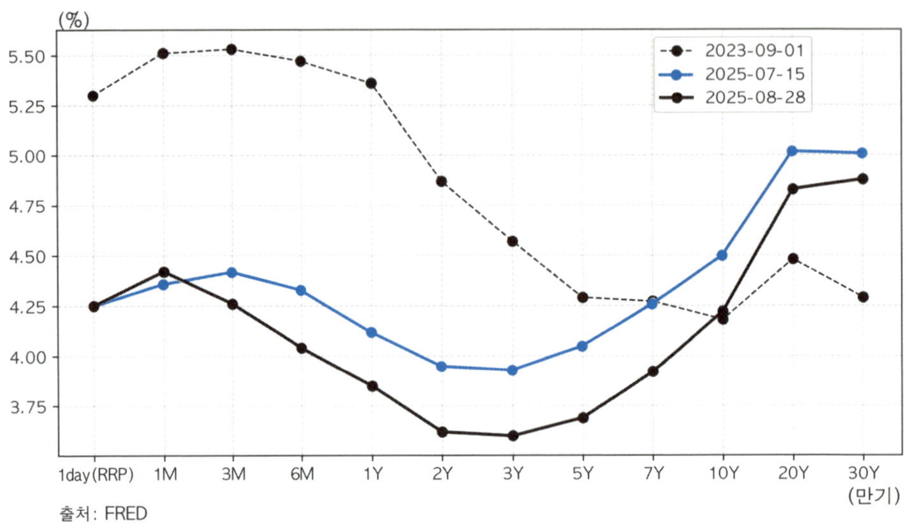

출처: FRED

와 중기 국채 수익률도 비슷한 정도로 같이 내려왔다. 트럼프 정부가 연준의 정책금리 인하를 선호하는 직접적인 이유 가운데 하나가 이것이다. 정책금리가 내려가면 정부가 빚을 내는데 비용이 덜 들어간다. 현재의 수익률 곡선이 2년 전과 다른 점이 또 있다. 10년보다 긴 만기의 장기국채 수익률이 2년 전보다 높아진 것이다. 장기국채 수익률은 이제 정책금리 상단보다 높다.

수익률 곡선은 여러 가지 요인에 의해 변한다. 앞서 말한대로 정책금리 변동에 따라 단기금리가 변하고, 앞으로 정책금리가 어떻게 될지에 대한 시장의 예상에 의해서 변한다. 정책금리에 대한 시장의 예상은 또한 경제상황에 대한 시장의 예상을 의미한다. 물가가 오르거나 경기가 좋아질 것을 예상하면, 정책금리가 올라갈 것이고, 따라서 장기채권 수익률이 올라가는 요인이 된다. 그리고 장기적으로 경제의 불확실성이 커질 것으로 예상되면 장기채권 수익률이 오르는 요인이 된다. 경제의 불확실성이 커지는데, 달러 현찰 대신 채권을 보유하는 것에 상응하는 대가를 더 요구하게 되는 것이다. 한편, 채권의 공급이 많아지면 채권 수익률이 올라간다. 많이 팔려면 이자가 좋아야 채권이 팔린다. 재무부 장관이 장기국채 발행을 늘리지 않겠다고 했으니, 10년 이상 장기국채 수익률이 2년 전보다 높아진 것은 주로 향후 인플레이션 상승, 경제 불확실성 증가에 대한 채권시장의 예상이 반영된 결과라고 볼 수 있다.

2년 전 수익률 곡선과 다른 점이 또 있는데, 1개월물 국채 수익률이 2개월, 3개월 국채 수익률보다 높아졌다. 7월 중순 이후 1개월만기 국채 수익률이 2개월, 3개월 국채 수익률보다 높아진 이유는 복합적이다. 먼저 재무부가 7월에서 9월 사이에 약 1조 달러 규모의 채권을 발행할 예정이라고 발표한 점이 작용했다.[71] 발행 예정 규모가 분기별 과거 평균치보다 2배 이상 늘어나면서 국채 시장에 부담으로 작용했다. 장기채권은 발행 규모를 늘리지 않고 과거 수준을 유지하고 있기 때문에 단기국채[72] 발행이 늘어날 것으로 시장이 예상했다. 특히 그간 발행이 없었던 6주만기 국채가 많이 발행되면서 1개월물 국채 수익률이 상승하는 요인으로 작용한 것 같다.

다음으로, 2025년 9월에 연준이 정책금리를 인하할 것 같다는 예상도 작용했다. 2달 후면 정책금리가 내려갈 것 같으니 2개월만기 국채금리가 내려가는 압력을 받게 되었다.

그림 26은 월별로 만기별 국채경매 낙찰 규모를 보여준다. 발표한 대로 미국 재무부는 단기국채 발행을 점차 늘려가고 있다.[73] 특이하게 6주(1.5개월)만기 국채 발행이 늘어났다. 10년 이상 만기 장기국채 발행 규모는 트럼프 대통령 취임

71) U.S. Department of The Treasury, 2025.7.30, “Quarterly Refunding Statement of Deputy Assistant Secretary for Federal Finance Brian Smith”, 발행 예정금액이 1조 달러까지 늘어난 것은 지난 분기에 부채한도에 막혀 발행하지 못하던 것을 부채한도가 풀리면서 한번에 발행하기 때문이다. 기술적 증가이지만, 그래도 순간적으로 발행물량이 늘어나면 시장에 부담이 된다.

72) 미국 국채를 만기에 따라 크게 세 가지로 구분한다. 단기국채는 Bills, 중기국채는 Notes, 장기국채는 Bonds라고 부른다. Bills는 1년 이하의 만기를 가지며 이자를 지급하는 대신 이자에 해당하는 부분만큼 할인해서 발행한다. Notes는 10년 이하, Bonds는 30년 이하 만기이다. Notes와 Bonds는 액면가로 발행하며, 발행할 때 정해진 고정된 이자를 6개월마다 준다. 이 이자를 coupon이라고 한다.

73) 2025년 6월 단기국채 발행이 일시적으로 크게 감소한 것은 연방정부 부채한도에 막혀 차환 발행을 제외하고 추가로 발행 규모를 늘릴 수 없었기 때문이다. 부채한도는 7월부터 늘어났다. 같은 분기에 소득세와 법인세 수입이 들어와서 현금잔고가 일시 늘어난 계절적 요인도 있다.

그림 26 **월별 미국 국채 경매규모**

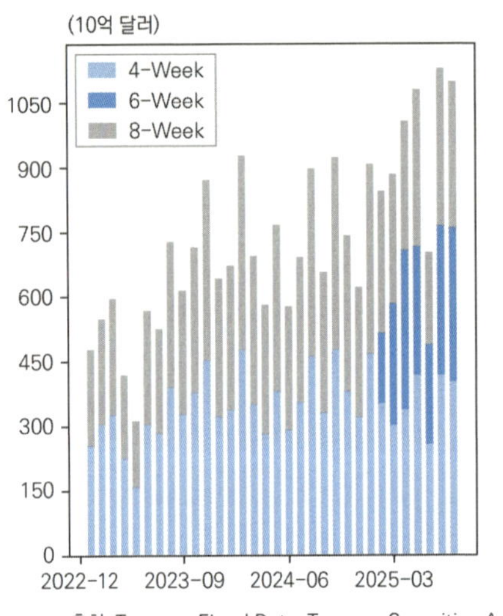

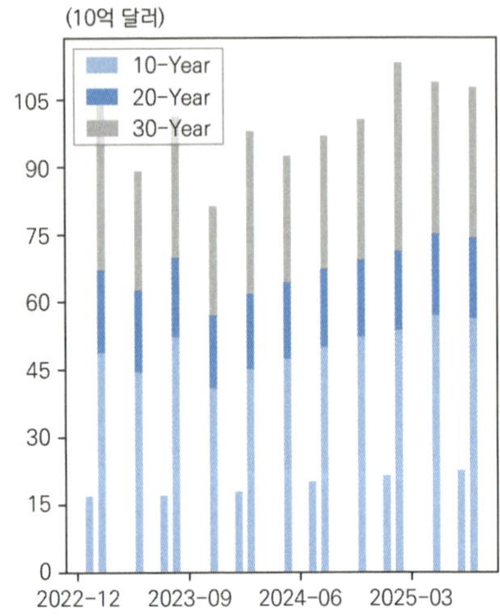

출처: Treasury Fiscal Data, Treasury Securities Auctions Data

이전 수준을 유지하고 있다.

미국 정부가 단기국채 즉 Bills 위주로 발행 규모를 늘리는 이유는 무엇인가? 여러 가지 이유가 있지만, 첫째, 자금유입과 지출에 유연하게 대응할 수 있기 때문이다. 세금이 들어오고 지출이 나가고 국채의 만기 원금상환이 도래하는 빈번한 자금 유입과 지출 사이에서 짧은 만기의 국채 발행으로 자금관리의 유연성을 확보할 수 있다. 둘째, 장기채권을 위주로 발행할 경우 채권시장에 부담이 크기 때문이다. 장기채권 발행을 늘리면 장기채권 금리가 상승할 수밖에 없다. 10년물 금리의 경우 미국 주택담보대출 금리의 기준 역할을 하기 때문에 국민들에게 직접적인 경제적 영향을 미치게 된다. 셋째, 단기채권이 장기채권보다 잘 팔리기 때문이다. 빠르게 달러 현금잔고를 늘리려면 잘 팔리는 단기채권 발행이 유리하다. 평균적으로 단기국채(Bills)의 국채 발행 규모 대비 응찰 비율(bid–to–cover ratio)이 중장기국채보다 높다. 그림 27은 단기, 중기, 장기국채 응찰률의 6개월 이동평균을 보여준다.

그림 27 **미국 국채 bid-to-cover 비율**

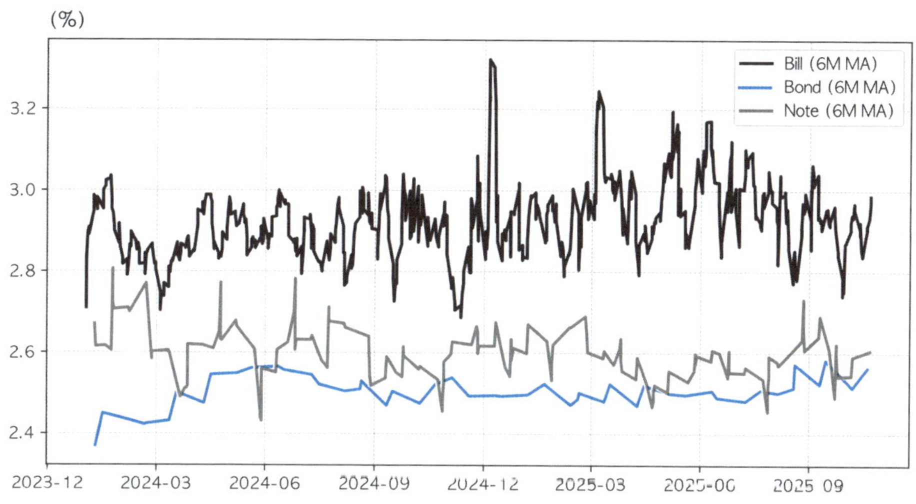

출처: Fiscal Data, Treasury Auctions Data

미국 단기국채를 적극적으로 사고 있는 가장 큰 손은 MMF로 알려져 있다. MMF는 2023년 하반기부터 연준에 국채담보로 빌려주던 것을 줄이고, 즉 연준의 RRP 거래에서 발을 빼고 단기국채를 샀다. 2023년 중반 2조 달러가 넘었던 MMF와 연준의 RRP 거래가 2023년 하반기부터 2025년 중반 사이에 크게 줄었다.[74) 반대로, MMF의 단기국채 Bills 투자잔액이 2023년부터 점자 늘기 시작해서, 2025년 1분기에 2조 달러 이상이 되었다. MMF의 Bills 투자잔액과 연준과 MMF의 RRP 거래 잔액이 반대로 움직인 것이다.

일반에게 실시간으로 공개되는 자료를 통해 MMF가 단기국채 발행시장에서 얼마나 많은 양을 사고 있는지 확인하는 것은 쉽지 않다. 미국 재무부의 국채 경매자료가 낙찰받은 기관을 애매하게 표현하고 있기 때문이다. 국채 경매에서 프라이머리 딜러가 Bills를 상대적으로 가장 많이 낙찰받는 기관이다. 프라이머리 딜러는 의무적으로 경매에 참가하는 곳이다. 앞서 말했듯이 Bills는 응찰률이 높기 때문에 프라이머리 딜러가 경매로 팔리지 않는 부분을 떠 안을 가능성이 높아

74) MMF의 단기국채 보유잔액 자료는 분기별로 나오는 연준의 자료이며 그림의 마지막 자료는 2025년 1분기이다.

그림 8 **MMF의 단기국채 투자잔액, 연준과 MMF의 RRP**

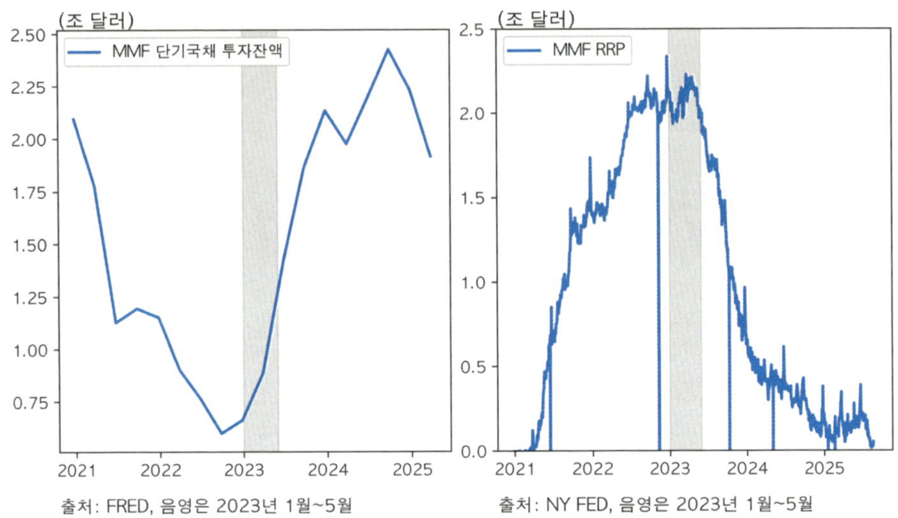

출처: FRED, 음영은 2023년 1월~5월

출처: NY FED, 음영은 2023년 1월~5월

보이진 않는다. 대부분 자기가 자금운용에 필요해서 낙찰받거나 실질적으로 MMF를 위해 낙찰받는 것으로 추정된다. 이들이 MMF 운용사이기도 하기 때문에 프라이머리 딜러가 낙찰받는 상당부분이 실질적으로 MMF에게 가는 물량으로 추정되고 있는 이유이다.

그림 28 **미국 국채 낙찰기관별 비중**

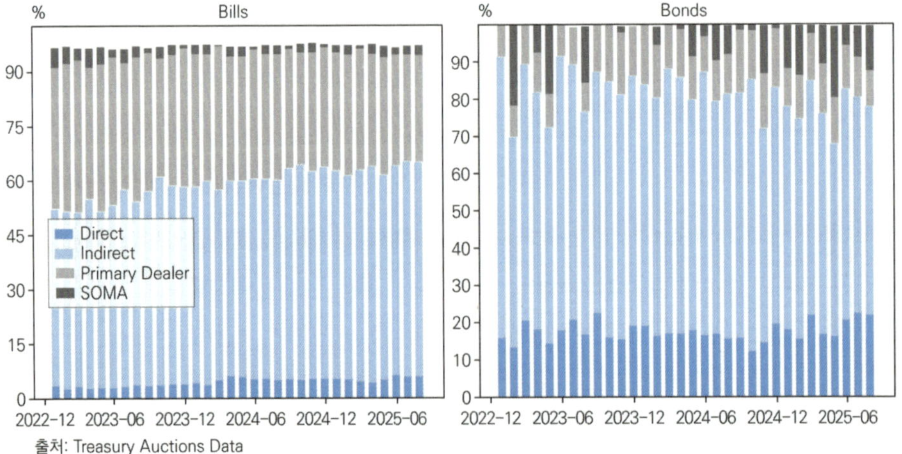

출처: Treasury Auctions Data

그런데, 프라이머리 딜러의 단기국채(Bills) 낙찰 비중이 조금씩 낮아지고 있다. 프라이머리 딜러 낙찰 비중이 점차 낮아지는 이유가 MMF가 간접(Indirect) 응찰로 바꿨기 때문인지, 투자물량 자체를 줄였기 때문이지 정확히 확인하기는 어렵다. 비중이 조금씩 커지는 간접낙찰(Indirect)은 외국 중앙은행을 비롯한 해외의 공공기관이 주로 이용하는 방식이라고 알려져 있다. 그러나 MMF를 포함한 미국 기관투자가들도 간접투자를 할 수 있다. MMF가 받아가는 단기국채 낙찰 물량이 얼마인지, 다시 말해 MMF의 발행시장 참여가 줄고 있는지 재무부의 홈페이지에 공개된 자료로 정확하게 알 수는 없지만 개략적인 짐작은 가능하다. MMF가 연준에 준 RRP가 거의 회수되었고 그만큼이 MMF의 단기국채 보유 증가로 나타났다. 따라서, 향후 단기국채 경매 결과를 주의해서 볼 필요가 있다. 단기국채에 대한 수요가 줄면 단기국채 수익률이 더 올라갈 수 있나.

이런 와중에 연준에서 나오는 주장이 눈길을 끈다. 연준의 Christopher Waller 이사는 2025년 7월 연설에서 연준이 장기국채를 줄이고 단기국채 보유를 늘려야 한다고 말했다. 현재 연준 자산의 만기구조가 부채보다 지나치게 장기여서 자산부채의 만기가 일치하지 않고 있다고 주장했다.

그림 29 연준의 국채보유액과 연방정부의 연준예금(TGA)잔액

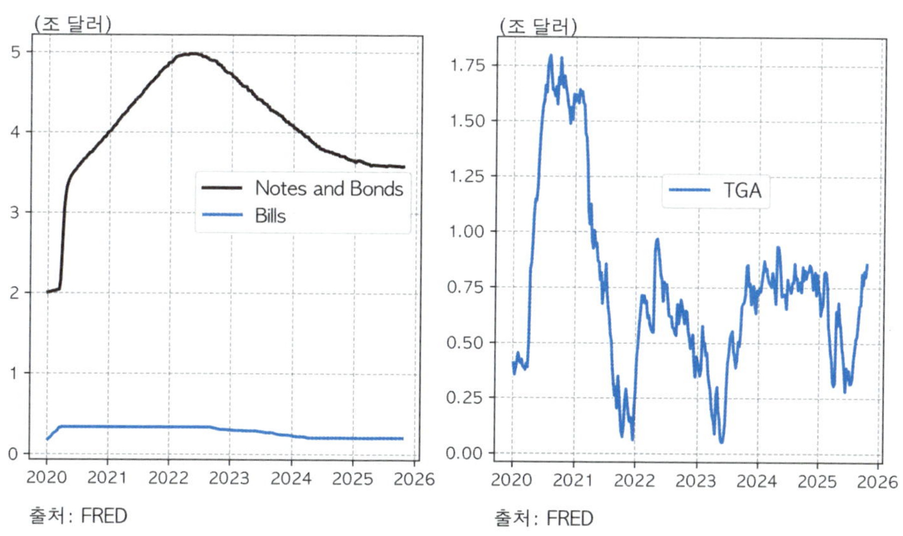

2025년 8월초에 발표된 연준의 보고서는 연방정부의 연준예금(TGA)이 늘어나는 것에 맞게 연준이 단기국채, 즉 Bills 보유를 늘려서 금융시스템의 준비자산(reserves)이 급변하는 것에 대응하고 단기금리 변동을 줄일 필요가 있다고 주장했다.[75] 구체적으로 TGA 잔액이 8,000억 달러로 증가하면 현재 2,000억 달러 수준인 연준의 Bills 보유를 약 6,000억 달러 늘려서 전체 Bills 보유잔액이 TGA 잔액과 비슷하게 되어야 한다고 제안한다. 지급준비금이 전체적으로 6,000억 달러 감소하면 그만큼 Bills매입으로 대응한다는 의미이다. 방법까지 제시하고 있는데 중장기국채인, Notes와 Bonds의 만기도래 물량을 Bills로 재투자하는 방식을 제안하고 있다. 규모 자체만 보면 만기도래분의 재투자여서 변하는 것이 없지만 보유 채권의 만기, 즉 Duration이 장기에서 단기로 짧아지면서 전체 지급준비금 변화에 탄력적으로 대응할 수 있게 된다. Waller 이사와 위 보고서 모두 큰 원칙도 제시한다. 먼저 현재의 통화정책기조에 변화를 주지 않는 방향으로 진행하며, 채권시장의 수익률 구조에 영향을 주지 않는 방향으로 점진적으로 시장과 소통하며 자산구성을 바꾸는 방식으로 한다는 원칙이다. 바꾸어 말하면, 자산구성 변화가 양적축소 규모나 정책금리에 변화를 주는 정책 기조의 변화로 인식되지 않도록 할 것이고, 유통시장에서 장기국채를 매도하고 단기국채를 사는 방식은 가급적 지양한다는 의미이다.

연준법에 따라 연준이 국채를 연방정부로부터 직접 매입하는 것이 금지되어 있으므로 가능한 방식은 중장기국채 만기도래분을 단기국채에 재투자하는 것이다. 국채 경매에서 SOMA[76]가 받아가는 것이 이에 해당한다. 2025년 8월말 기준으로 보면, 아직 Bills 경매에서 SOMA 낙찰물량의 변화는 없다. 연준의 Bills 보유 잔액도 아주 천천히 줄고 있다.

---

75) Vissing－Jorgensen, A. (2025). “Fluctuations in the Treasury General Account and their effect on the Fed's balance sheet”. FEDS Notes, Federal Reserve Board.

76) SOMA는 System Open Market Account의 약자이며 연준의 공개시장조절 계정을 의미한다. 미국 재무부의 국채 경매에서 연준이 만기도래분에 대해 재투하는 부분이 SOMA adds－on으로 표현된다. SOMA는 비경쟁입찰로 받아가며, 경매당일 경쟁입찰에서 정해진 금리대로 받아 가기 때문에 낙찰금리에 영향을 주지 않는다. SOMA 물량이 유통시장으로 나오지 않기 때문에 유통금리에도 직접 영향을 주지 않는다.

2025년 7월부터 연방정부 부채한도가 늘어났고 단기국채 발행물량이 늘고 있다. 이에 따라 지표금리인 단기국채 금리가 높아졌고, 연준이 전체 지급준비금 수준을 관리하기 까다로워지고 있다. 지급준비금이 많다면 TGA가 늘었다 줄었다 해도 풍부한 지급준비금이 이 충격을 흡수할 수 있다. 그런데 지급준비금이 부족하지 않은지 검토해야 하는 것 자체가 지급준비금이 예전보다 덜 풍부하다는 반증이라고 생각한다. 단순하게 봐도 문제가 보인다. RRP에 들어있던 MMF 돈은 거의 대부분 단기국채 투자로 나간 듯하고, 이제 은행의 연준예금, 즉 지급준비금이 남았다. 은행이 연준예금으로부터 받는 IORB 이자율이 1개월 국채이자율과 유사해졌다. 은행의 준비금이 아마도 단기국채 투자를 통해 연방정부 계정으로 빠지기 시작할 듯하다. 연방정부, 연준 모두 금융시장의 부담을 줄이면서 증가하는 채권발행이 시장에서 무난히 소화되도록 하기 위해 여러 가지 방안을 검토하고 제안하는 모습을 보여주고 있는 데는 이런 배경이 있다. 시장이 늘어나는 정부채권을 소화하기 힘들어할 가능성이 보다 높아졌다는 의미이다. 상황이 이래서 그런지, 연준의 양적축소와 금리정책에 쏠리는 관심이 높아지고 있다.

[미국 국채 잔액]

미국 재무부가 최근 단기국채 즉 Bills를 위주로 발행하고 있는 것을 보았다. 그렇다면 전체 미국 국채 잔액은 얼마나 될까?

2025년 7월말 기준으로 중기국채, Notes의 발행잔액이 가장 많은데 약 15조 달러에 달한다. Notes는 2년부터 10년 사이의 만기를 가진 국채이다. 글로벌 금융위기로 재정지출이 늘어나면서 급격히 규모가 늘었고, 코로나19 기간에도 급격히 늘어났다.

그 다음으로 많은 것은 단기국채, Bills이다. 2025년 7월말 기준으로 약 6조 달러의 발행잔액이 있다. Bills의 만기 가운데 가장 짧은 것이 4일이고, 가장 긴 것이 1년이다. Bills는 연방정부 부채한도가 유예된 직후 또는 한도가 증액된 직후에 급격히 늘어나는 특징이 있다.

그림 30 **미국 연방정부 국채 잔액**

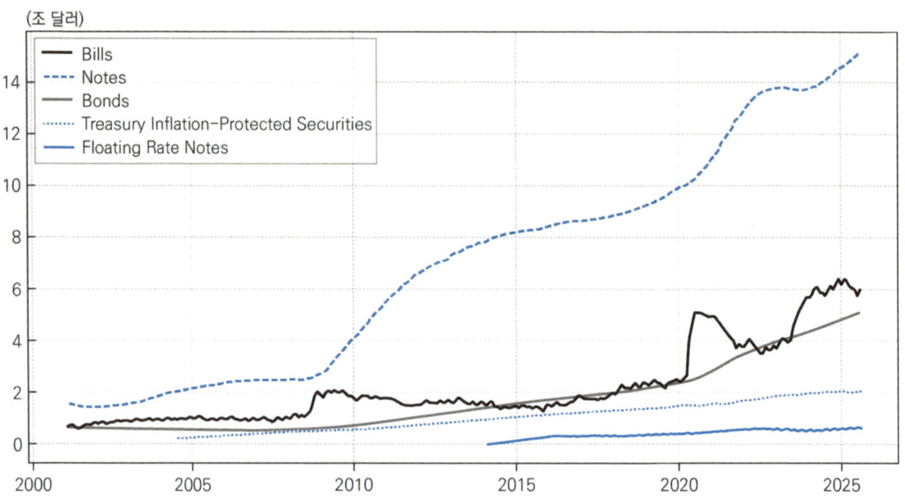

Data: Monthly Statement of the Public Debt, U.S. Treasury

그 다음은 가장 긴 만기를 가진 Bonds의 잔액이 많다. 7월말 기준으로 약 5조 달러가 발행되어 있다. Bonds의 만기는 20년, 30년이다. Notes와 마찬가지로 글로벌 금융위기 때와 코로나 기간 때 갑자기 잔액이 늘었다.

그 외에 물가연동국채, TIPS(Treasury Inflation Protected Securities)의 잔액이 약 2조 달러 있다. 이것도 글로벌 금융위기, 코로나를 지나며 많이 늘어났다. 그리고 변동금리국채, FRN의 잔액이 약 0.6조 달러이다. 이 다섯 가지 국채를 합하면 약 29조 달러가 된다.

연준을 제외하고 이 국채를 주로 누가 가지고 있는지 일부분만 살펴보면, 외국인의 보유 규모가 크고 그 외에, 미국 가계와 비영리단체, MMF, 미국의 각종 연금, 그리고 보험회사 등이 있다.

그림 31 **주요 국채 보유주체**

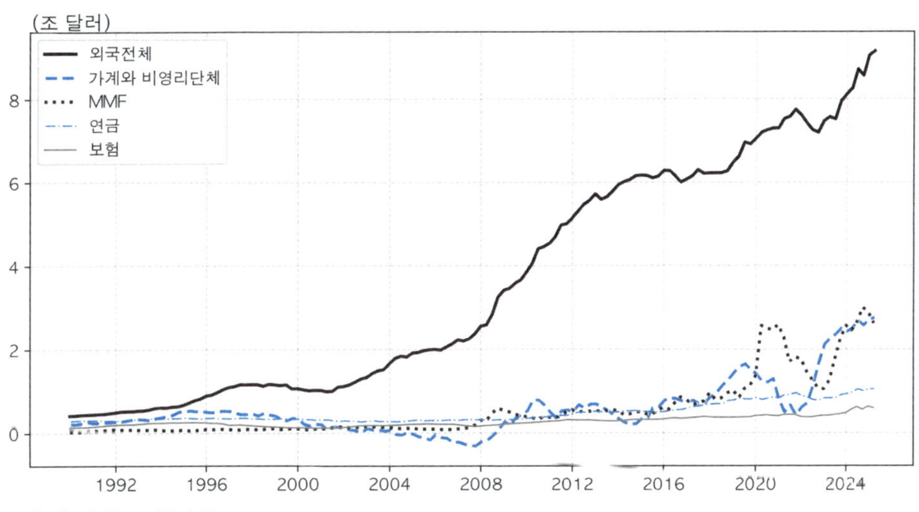

출처: FRED, 자금순환표

참고로 국채 발행시장에서 시장조성자로 참가하는 프라이머리 딜러(Primary Dealer: PD)는 뉴욕 연준에 2025년 9월 현재 22개 기관이 등록되어 있다. 한 번쯤 이름을 들어 본 적이 있는 큰 금융기관이 PD로 등록되어 있는데, JP모건 증권, Citi그룹, 골드만 삭스, 모건 스탠리 등이 있다. PD는 발행시장에서 사서 본인들이 가지고 있기도 하지만, 주로 유통시장에서 다시 팔거나 국채를 담보로 주고, 단기자금을 빌리는 용도로 쓴다. 그래서 PD들의 국채 보유잔액은 상대적으로 적다. 국채 경매시장에서 PD의 Bills 낙찰비중이 크지만 PD의 낙찰이 대체로 MMF를 위한 것으로 추정되는 이유이기도 하다. Bills를 PD가 자기 것으로 보유하고 있는 부분이 적기 때문이다. 추가적으로 PD들은 글로벌 대형 금융기관인데, 위험자산 보유에 대해 규제가 있다. 국채에도 위험 가중치가 부여된다. PD의 국채 보유잔액이 MMF보다 상대적으로 적은 또 다른 이유이다.

그림 32 **프라이머리 딜러 국채 포지션**

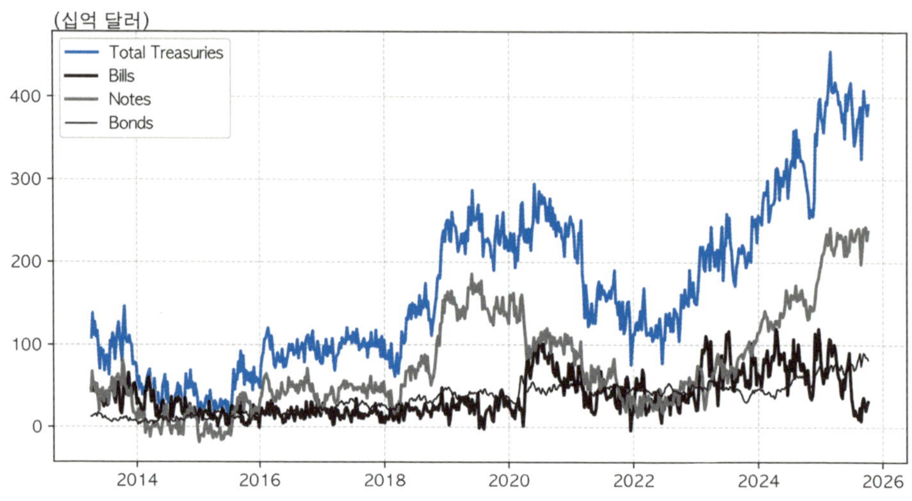

출처: NY Fed, Primary Dealer Statistics

양적축소 규모 조절

"연준이 금리를 동결했는데 이번 FOMC를 어떻게 평가해야 하나요?"

"정책금리는 다수의 예상대로 동결했지만, 양적축소(Quantitative Tightening: QT)를 좀 천천히 한 것은 완화적인 조치로 평가합니다."

월가는 2025년 3월 19일 연준이 금리를 동결할 것으로 예상했다. 그래서, 금리보다 점도표를 수정할지, 그리고 양적축소 규모를 조절할지 여부에 관심이 모아졌다. 연준은 정책금리를 4.25~4.5%로 동결하고 2025년중 2회 인하 전망도 유지했다. 이 때문에 금융시장은 이날 매우 환호했다. 관세정책으로 물가상승 압력이 높아질 것으로 예상되는 상황이지만 정책금리 전망경로를 유지한다는 것에 너무나 기뻐했다.[77] 금리동결 소식에 비해 월가가 관심을 덜 가져줬지만, 연준은 이날 미국 국채에 대한 양적축소 규모를 매월 250억 달러에서 50억 달러로 크게 줄였다. 2024년 6월부터 매월 600억 달러에서 250억 달러로 줄인 지 10개월만에

77) 2월 13일 트럼프는 모든 교역 상대국을 대상으로 상호관세를 도입할 예정이라고 했다. 2월 10일 철강, 알루미늄에 25% 관세를 부과하는 행정명령이 나왔고, 캐나다와 멕시코에 대한 25% 관세, 중국에 대한 추가 10% 관세가 3월 4일부터 시행됐다. 캐나다, 멕시코에 대한 관세부과 대상 품목이 바로 이틀 뒤 대폭 완화되기도 했다. 자동차에 대한 관세부과 소식도 들렸다. 관세 인상의 효과가 아직 소비자물가에 반영되기 전이었지만 월가는, 앞으로 나타날 물가상승 압력을 감안해서 연준이 물가전망 경로를 전반적으로 조금씩 상향 조정한 것으로 봤다. 인플레이션 상승 전망에도 불구하고 향후 정책금리 경로를 1월과 동일하게 유지했기에 시장은 안도했다.

단행한 양적축소 규모 조절이었다.[78)]

양적축소(Quantitative Tightening: QT)란 연준이 가지고 있는 미국 국채의 양을 줄인다는 뜻이다. 연준이 가지고 있는 국채가 연준의 대차대조표에 자산으로 기록된다. 연준이 그 국채를 살 때 지불한 금액은 연준의 대차대조표에 부채로 기록된다. 보유 국채의 양을 줄이면 대차대조표의 자산도 줄고 동일한 금액의 부채도 줄기 때문에 양적축소를 대차대조표 축소라고 표현하기도 한다. 연준이 국채 보유량을 줄이는 방법은 두 가지다. 이미 가지고 있는 것을 팔던가, 만기가 돼서 원금을 재무부로부터 돌려받으면 그 원금의 일부만 다시 국채에 투자하던가, 아니면 재투자를 전혀 하지 않는 것이다. 첫 번째 방법이 적극적 양적축소이고, 두 번째, 세 번째 방법은 수동적 양적축소다. 연준은 금융시장에 주는 충격을 최소로 하기 위해 두 번째, 또는 세 번째 방법으로 소극적 양적축소를 진행하고 있다. 연준이 국채 보유 규모를 적극적으로 줄이면, 국채 수요가 더 줄고, 국채가격이 내려가는 압력이, 즉 국채 수익률이 올라가는 압력이 커진다. 그런데, 연준이 국채 보유 규모를 천천히 줄이면 그만큼 국채 수익률 상승 압력이 천천히, 조금씩 나타난다. 정책금리 인하와 시장금리 인상압력을 높이는 양적축소가 서로 상충되어 보이지만 연준은 양적축소 속도를 늦추는 방식으로, 금리정책과 대차대조표 정책을 병행하고 있다.

2025년 3월 19일 FOMC 회의 직후, 기자회견에서 한 기자가 양적축소 규모를 줄인 배경을 물었다. 파월 의장은 재무부가 연준에 가지고 있는 재무부 일반계정(Treasury General Account: TGA)의 잔고변화를 보면서 결정했다고 답변했다.

TGA는 연방정부가 연준에 가지고 있는 현금 입출금계좌이다. 뉴욕 연준에 개설되어 있으며, TGA 잔고를 재무부가 매일 웹페이지에 공개하고 있기 때문에 금융기관과 일반인도 잔고 변화를 알 수 있다.[79)] 세금 수입, 국채 발행 등으로 현

78) 정부기관 채권 및 정부기관 MBS의 원금환수 한도는 월 350억 달러로 유지했다. 이 한도는 2022년 9월 이후 바뀌지 않았다.

79) https://fiscaldata.treasury.gov/datasets/daily-treasury-statement/operating-cash-balance
미국 재무부의 일별 재정데이터베이스, DTS(Daily Treasury Statement)에 재무부의 현금보유잔고에 대해 자세히 나온다. 그림은 세인트루이스 연준의 데이터베이스인 FRED

금이 들어오면 잔고가 늘고, 사회보장비, 국방비, 경상 경비, 국채 이자지급 등으로 현금이 지출되면 잔고가 준다. TGA 잔고가 줄면, 정부의 돈이 시중에 풀리고, 잔고가 늘면 시중에 풀린 돈이 줄어든다. 금융시장 용어로 하면 TGA 잔고가 줄면, 금융시스템 전반에 돌아다니는 지급준비금(reserve)이 늘고, TGA 잔고가 늘면 반대로 지급준비금이 줄어든다. 금융시스템의 지급준비금이 줄면 단기금리 상승 압력이 높아진다.

TGA 잔고를 보면서 양적축소 속도를 늦춘다는 것은 좀더 구체적으로 무슨 의미인가? TGA 잔고를 보면서 양적축소 속도를 늦춘다는 것은 순간적인 지급준비금 감소 상황에 대응하기 위한 것이라는 의미일 수 있다. 부채한도 증액으로 국채 발행이 늘어나면, TGA 잔고가 일시적으로 늘어난다. 연방소득세 납부 마감일이 4월 15일이고, 회계연도가 12월에 끝나는 기업의 연방법인세 납부 마감일이 3월 15일이어서 해마다 3월과 4월에 세입이 일시적으로 늘어난다. 2024년 주식시장이 호황이었기 때문에 자본소득 소득세 수입이 늘어날 수 있고, 2024년 기업실적이 좋아서 법인세 세입이 2025년 3월에 늘어날 수 있었다. 이로 인해 TGA 잔고가 증가하고 금융시스템의 지급준비금(reserve)이 일시적으로 줄어서, 단기금리 상승 압력이 높아질 수 있다. 기조적으로 세입보다 세출이 많은 상황이라 이런 상태가 오래 가지 않지만 세금 납부 마감일 등 특정 날짜에는 단기금융시장에 일시적 자금부족 현상이 나타날 수 있다. 양적축소 속도를 늦추면, 연준이 시중자금을 흡수하는 속도를 늦추는 것이고, 시중의 단기자금 사정에 압박을 덜 주게 된다.

그런데 2025년 3월 19일 TGA 잔고는 비교적 낮은 수준이었다. 2023년 6월부터 2024년까지는 부채한도 제한이 유예되었고 국채 발행을 통해 추가자금을 조달할 수 있었지만, 2025년부터 한도제한을 넘을 수 없었다. 연방정부가 국채 발행을 늘리지 못했고, 가지고 있는 통장을 털어서 썼다. 정부예금이 줄고 시중으로 자금이 나갔으니, 시중자금이 부족했다고 보기 어렵다. 4월 소득세가 입금되며 TGA 잔고가 일시 늘었지만 곧바로 줄어들었다. 지급준비금 부족이 우려된 것이 아니고 다른 고려사항이 있었던 것이다.

(Federal Reserve Economic Data)를 이용해 그렸다. https://fred.stlouisfed.org/

그림 33 미국 재무부 TGA잔고

출처: FRED; 수요일 뉴욕연준 기준

연준은 TGA 잔고가 너무 많이 줄어서, 즉 연방정부가 쓸 돈이 없어서, 정부 셧다운 상태로 가는 위기, 미국 정부가 국채 원금이나 이자 지급을 하지 못하는 채무불이행 위기에 미리 대비하고 있던 것으로 볼 수 있다. 2011년에도 채무불이행, 연방정부 기능 마비, 의회의 국채한도 협상지연 등을 이유로 미국 정부의 신용등급이 강등되고 주가지수 하락, 단기금리 급등 등 금융시장 불안이 나타났다.[80] 연준은 이러한 위기 상황에 미리 대비하고자 양적축소를 천천히 하는 것일 수 있다.

시중 자금이 더욱 천천히 줄어들게 해서 단기자금 시장이 위기가 오더라도 보다 수월하게 견딜 수 있도록 여유를 주고 있던 것이다. 의회가 정부 부채한도를 증액하면 이런 문제는 생기지 않는다. 국채를 발행해 자금을 조달할 수 있기 때문이다.

연준이 양적축소 속도를 완화한 3월에는 아직 부채한도 협상이 의회에서 타결되지 않은 상태였다. 만약 부채한도 증액이 되지 않으면 금융불안이 올 수도 있

80) 2011년 미국 정부 신용등급 강등으로 주가가 급락하고 단기금리가 급등한 사례가 있다. 재무부 보유현금 소진이 임박할 때까지 정부부채 한도 증액이 되지 않자, S&P사가 미국 정부의 장기 신용등급을 그해 8월 5일 AAA－에서 AA＋로 강등했다.

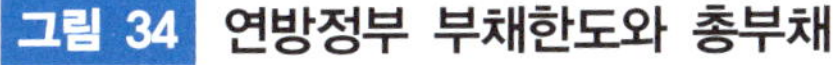
그림 34 연방정부 부채한도와 총부채

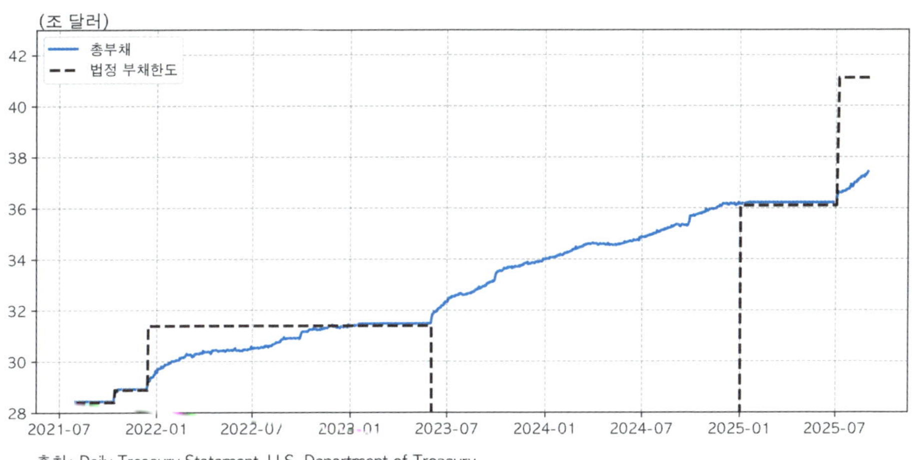

출처: Daily Treasury Statement, U.S. Department of Treasury

고, 부채한도가 증액되면 국채 발행이 늘어나서 자금시장의 돈이 연방정부계정으로 들어가버릴 수 있었다. 모두 단기자금 시장에 교란요인이 된다. 부채한도는 2025년 7월 OBBBA법에 의해 5조 달러 증액되었다. 연준이 양적완화 축소 규모를 줄이고 4개월이나 지나서 이루어진 일이다. 연준은 모든 경우의 수에 대비해서 선제적으로 양적축소 규모를 조절한 것으로 볼 수 있다.

파월 의장은 양적축소 속도를 늦춘 배경에 정부 부채한도 문제도 있지만 더 넓은 차원의 문제가 있다고 했다. QT를 정지해야 할 순간이 있을 것인데, 멈추기 전까지 천천히 속도를 조절하면서 언제 정지할지 생각할 시간을 벌 수 있기 때문이라고 했다.

종합하면, 연준의 자산규모는 미국 GDP의 약 22%에 달하는 엄청난 수준이다. 연준은 자산규모를 조금씩 줄이면서 금융완화의 정도를 축소하고 있는데, 2025년 4월부터 그 속도를 더욱 늦추었다. 연준은 신중하다. 2025년에는 특히 그렇게 보인다. 불확실성 때문에 당분간 지켜볼 필요가 있고 아직 기다릴 여유가 있다는 표현을 자주 쓴다.

[연준의 대차대조표]

연준은 통화정책의 투명한 운영을 위해 연준법에 따라 매주 연준의 대차대조표를 공개하고 있다.[81] 월가는 연준의 대차대조표변화를 주의 깊게 본다. 연준이 자금시장을 어떻게 평가하고 있는지, 그 평가를 바탕으로 연준이 자금을 얼마나 금융시스템에 공급하거나 흡수하고 있는지 주간 단위로 파악할 수 있는 귀중한 정보이다. 연준의 대차대조표는 자산과 부채 그리고 자본으로 구성된다. 자산과 부채규모가 거의 동일하며 자본은 상대적으로 매우 작다.[82] 그래서 연준의 대차대조표를 말할 때 보통 연준의 총자산을 기준으로 말하기도 한다.

그림 35 연준의 총자산 규모

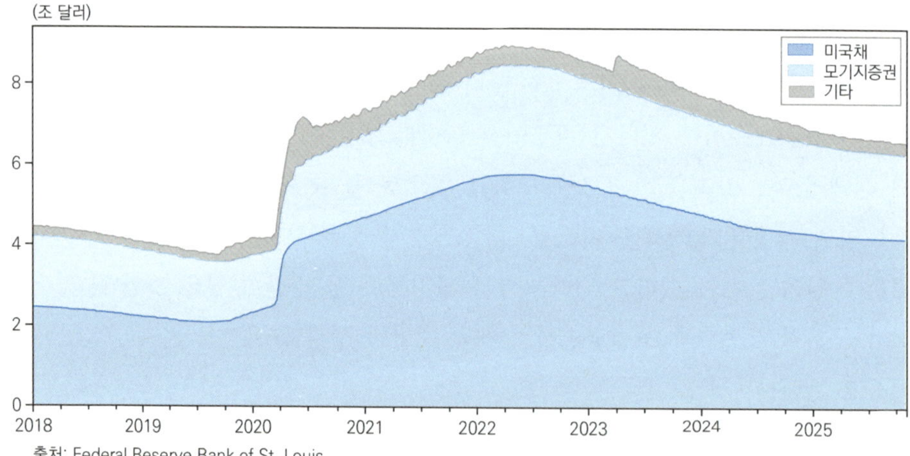

출처: Federal Reserve Bank of St. Louis

81) https://www.federalreserve.gov/releases/h41/

82) 2025년 5월말 기준으로 연준은 총자산 6.7조 달러, 총부채 6.6조 달러, 총자본 455억 달러를 가지고 있다.

2025년 5월 28일 기준으로 연준의 총자산은 6.7조 달러이며 미국 GDP[83]의 22.2%에 해당한다. 이 가운데 미국채가 4.2조 달러, 모기지 증권(Mortgage-backed securities)이 2.2조 달러, 기타 자산이 0.3조 달러이다. 기타 자산은 환매조건부채권, 대출, 금, SDR 등으로 구성되어 있다. 미국채가 63.1%를 차지한다.

연준의 총자산 규모가 최대로 늘어난 때는 2022년 4월이며, 당시 자산규모는 약 8조 9,655억 달러를 기록했다. 코로나19 충격에 대응해 금융시장과 거시경제 안정을 위한 양적완화를 실시하여 총자산 규모가 크게 늘어났다. 양적완화는 양적축소와 반대로 국채와 정부기관 모기지 증권을 연준이 사는 것이다. 그만큼 연준의 자금이 시중으로 나가고 연준의 자산규모는 늘어난다.

코로나19의 여파가 어느 정도 완화되자, 연준은 2022년 6월부터 자산규모를 줄이는 양적축소를 실시하였다. 자산별로 보면, 보유자산 가운데 비중이 큰 미국채의 보유액을 보다 빠르게 줄이고 있으며 다음으로 모기지 증권 보유규모도 점차 줄이고 있다. 2022년 6월부터 양적축소를 시작한 첫 세 달 동안, 연준은 매월 475억 달러의 자산을 줄였다.[84] 그리고 2022년 9월부터 축소 규모를 매월 950억 달러로 늘렸다.[85] 그러다가 2023년 3월 일시적으로 연준의 자산규모가 확대되는데 실리콘밸리은행(SVB) 사태 때문에 생긴 새로운 자산매입프로그램의 영향이다. 연준은 예금인출 등으로 인한 은행들의 자금수요를 지원하기 위해 BTFP(Bank Term Fending Program)를 한시적으로 운영했다. 은행의 자산을 연준이 사고 은행이 일시적으로 유동성을 공급받았다.

연준은 2024년 6월부터 양적축소 속도를 늦추기 시작했다. 국채에 대한 양적축소 규모를 월 600억 달러에서 250억 달러로 줄였다. 2025년 3월부터 국채에 대한 양적축소 규모를 250억달러에서 50억달러로 더욱 줄였다. 2025년 3월부터 연준은 매월 50억 달러의 국채, 350억 달러의 정부기관 모기지 증권, 합계 월

83) 2025년 1분기 미국 경상GDP는 29조 9,776달러이다.

84) 국채 300억 달러이고 정부기관채권 및 정부기관 모기지 증권이 175억 달러이며 합해서 475억 달러이다. 정확한 표현은 양적축소 한도이다. 실제 축소 규모는 한도 이내에서 정해진다.

85) 국채 600억 달러와 정부기관채권 및 정부기관 모기지 증권은 350억 달러.

400억 달러 한도로 천천히 양적축소를 실시하고 있다.

월간 400억 달러가 매우 큰 금액처럼 보이지만, 연준 자산규모 자체가 워낙 커졌기 때문에 자산축소 속도는 총자산 규모에 비해 상대적으로 느리다. 연준 자산규모가 어느 정도 속도로 줄어들고 있는 것인지 알아보기 위해 단순 계산을 해 보자. 매월 400억 달러의 자산을 줄인다고 가정할 때 6조 6,732억 달러의 자산규모가 글로벌 금융위기 전 수준인 9,000억 달러 정도로 내려오려면 약 144개월이 걸린다.

2025년 5월 현재 연준의 자산규모는 최고 수준보다 많이 작아졌지만 아직 코로나19 대응조치 이전 수준보다 훨씬 많다. 6조 7천억 달러가 넘는 연준의 자산만큼의 시중에 돈이 풀려 있는 것인데 이 효과를 무시할 수 없다. 일부 월가의 분석가들은 이를 대차대조표 효과라고 한다. 미국의 주가가 사상최고 수준을 넘어섰던 것에 연준의 대차대조표 효과도 한 몫 했다고 할 수 있다.

양적축소 중단시점

"연준이 언제까지 양적축소 할까요? 코로나19 이전 수준으로 돌아가면 중단하나요? 2008년 글로벌 금융위기 이전 수준까지 가야 중단할까요?"

"지급준비금이 충분한 수준(ample)보다 약간 많은 수준에서 양적축소를 중단할 계획이라고 공식적으로 말하고 있는데 정량적으로 정해 놓고 있는 것은 없어요. 시간을 정해 놓은 것도 없습니다."

연준은 양적축소의 시한을 정해 놓고 있지는 않다. 연준이 2022년 양적축소를 시작할 때 내놓은 공식발표에 따르면 '통화정책을 효율적으로 또한 효과적으로 수행하기 위해 충분한(ample) 지급준비금(reserve)이 금융시스템에 남을 때까지' 양적축소를 진행할 것이라고 한다. 2025년 3월 파월 의장은 지급준비금이 충분한 수준(ample)보다 약간 많은 수준에서 양적축소를 중단할 계획이라고 했다. 2022년 말한 것보다 조금 더 많은 지급준비금을 양적축소의 종착지로 생각하고 있는 의미이다. 그리고, 아직 충분한 수준(ample)에 도달하지 않았다고 했다. 계획했던 것보다 금융시스템의 자금이 많이 있어서 양적축소를 중단하기까지 시간이 많이 남았다는 뜻이다.

그렇다면 충분한 수준(ample)보다 약간 높은 수준의 지급준비금은 도대체 얼마인가? 연준의 크리스토퍼 월러 이사는 약 2.7조 달러를 충분한(ample) 수준이라고 말하기도 했다. 월가의 참가자들은 단기자금 시장 금리가 급등하면서 불안한 모습을 보이기 직전까지 연준이 양적축소를 진행할 것으로 예상한다. 2025년 상반기까지 미국의 단기자금 시장은 대체로 안정적인 모습을 보였다.

단기자금 시장의 안정성을 보는 방법 가운데, 신용위험을 반영한 단기금융거래와 신용위험이 없는 단기금융거래의 수익률 차이를 보기도 한다. 단기자금 시장의 유동성이 부족하면, 신용위험이 높은 상품은 금리가 높아야 거래가 된다. 3개월만기 기업 어음(CP)은 민간이 발행한 것이고 연방정부가 발행한 국채보다 신용위험이 높다. 따라서 두 수익률의 차이는 신용리스크 프리미엄과 시장의 유동성 상황을 반영한다.[86] 2025년 상반기까지 3개월물 기준으로 기업어음과 국채 수익률 차이가 많이 벌어지지 않고 안정적이었다. 상호관세 인상으로 무역정책 불확실성이 최고에 달했던 2025년 4월에도 단기자금 시장은 불안하지 않았고, 주식시장의 변동성만 크게 확대됐다.

그림 36 단기자금 시장 유동성과 주식시장 변동성

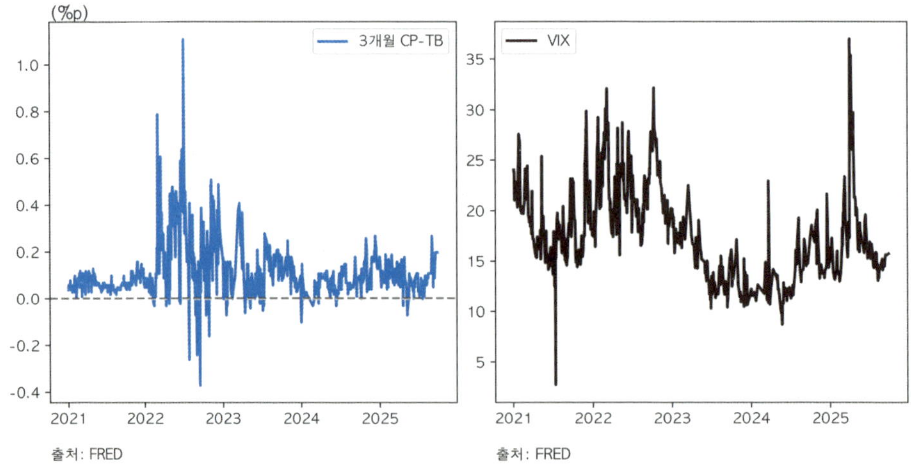

86) 국채를 이용한 3개월 환매조건부매입(RP) 금리와 3개물 국채(T−Bill) 수익률 차이를 보는 것이 개념에 더 근접한다. 공개된 3개월 국채 RP 금리자료가 없어 3개월 금융사 CP 금리를 이용했다.

충분한 수준(ample)보다 약간 높은 수준의 지급준비금은 상대적인 개념이다. 그래서 수준을 미리 숫자로 정해 놓기 어렵다. 지급준비금 규모가 변하지 않아도 분위기가 반전되며 단기자금 시장이 불안해질 수 있기 때문이다. 예를 들면, 2013년 5월 당시 벤 버냉키 연준의장이 양적완화 속도를 늦추는 조치를 실제 취한다는 것도 아니고, 늦출 수 있다는 가능성만 언급했는데, 시장금리가 급등하고 금융시장 전체가 불안에 떨었던 사건이 있었다. 이른바 긴축발작(Taper Tantrum) 사건이다. 연준은 코로나19 대응을 위해 제로금리 수준으로 낮아진 정책금리를 2022년 3월부터 빠르게 인상했는데, 단기자금 시장에서 리스크 프리미엄이 크게 상승한 바 있었다.

월가는 신용위험 프리미엄처럼 간접적 지표 말고 지급준비금(reserves) 자체를 보며 충분한 수준(ample)인지 여부를 평가하기도 한다. 지급준비금은 금융시스템 선제에 나와 있는 지급 준비용 자금 정도로 해석될 수 있다. 모든 금융기관은 시중은행에 예금형태로 자금을 가지고 있고, 시중은행은 중앙은행인 연준에 예금 형태로 가지고 있다. 따라서 구체적으로는 시중은행들이 중앙은행인 연준에 예금해 놓은 예치금과 금고에 가지고 있는 현금의 합이 지급준비금이다. 현금(cash) 전체 잔액이 상대적으로 적어서, 보통 시중은행이 연준에 가지고 있는 예치금만 가지고 지급준비금 수준을 평가한다. 지급준비금은 필요지급준비금과 초과지급준비금으로 구분된다. 필요지급준비금은 법적으로 은행이 반드시 연준에 예금해야 하는 수준이고 말그대로 초과지급준비금은 필요수준보다 더 많이 예금해 놓은 금액을 말한다. 은행은 고객의 인출 요청에 대비해서 반드시 고객 예금의 일정 비율 이상을 필요지급준비금으로 은행에 예치해야 한다. 일종의 증거금, 내지 담보금이다.

현재 지급준비금은 충분한 수준(ample)보다 많다. 준비금이 너무 많으면 은행간 거래되는 금리가 내려간다. 연준은 은행과 은행 사이에 거래되는 금리도 관리하는데, 이것이 연준의 정책금리이다. 은행의 지급준비금이 너무 많으면 은행간 거래 금리가 정책금리보다 내려갈 수 있다. 이를 막기 위해 연준은 은행이 연준에 예치한 지급준비예금에 이자를 주기 시작했다. 이것을 지준이자율(Interest on Reserve Balance: IORB)라고 한다. IORB는 은행 간 금리를 정책금리 범위 안에 묶어 두는 중요한 통화정책 수단이다. 은행 간 거래 금리가 정책금리보다 내려가면 다른 은행에 빌려주는 것보다 연준에 예치하는 것이 유리하기 때문에 은행 간 금리가 정책금리를 벗어나지 않게 된다. 연준이 지급준비금에 이자를 지급하기 시작한 것은 2008년 10월이다. 처음엔 필요지급준비금에 주는 이자율과 초과지급준비금에 주는 이자율이 달랐다. 그런데 이자를 주니 은행들이 준비금을 많이 쌓아서 준비금을 강제로 쌓으라고 할 필요가 없어졌다. 그래서 2020년 3월말부터 필요지급준비율을 0%로 내려버렸고, 현재 초과지급준비금과 필요지급준비금을 구분하는 것이 의미가 없게 되었다.

그림 37의 은행 지급준비금은 연준에 예금을 할 수 있는 시중은행이 연준에 예치하고 있는 지급준비금이다. 단, 시중은행이 자체적으로 보유하고 있는 현금은 제외된 금액이다. 2025년 3월 은행의 지급준비금이 일시적으로 살짝 늘고, 그후 다시 감소했는데, 감소 속도가 3월 이전보다 느려졌다. 연준이 국채를 이용한 월별 양적축소 한도를 250억 달러에서 50억 달러로 줄인 효과이다.

그림 37 은행 지급준비금과 1일물 금리(2024년 이후)

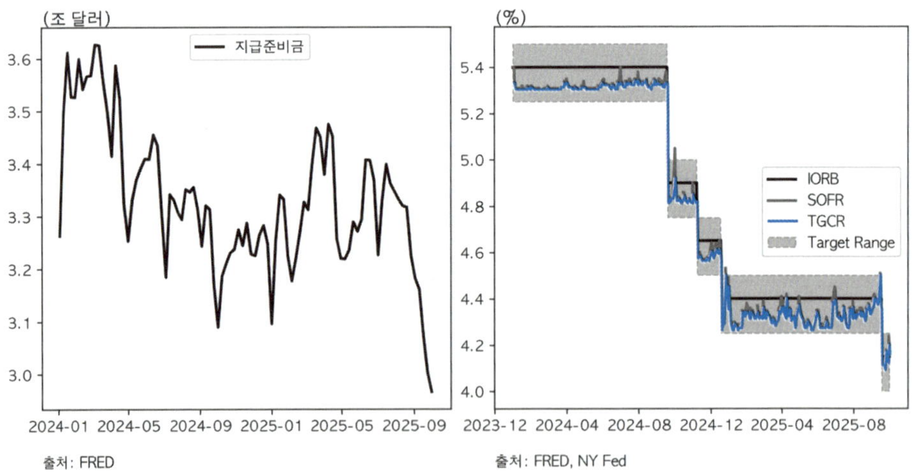

금융기관 간 1일짜리 국채환매조건부 대출금리인 TGCR(Tri–Party General Collateral Rate) 금리가 IORB보다 평균적으로 낮게 유지되고 있는 점을 보면 지급

준비금이 충분한 수준(ample)보다 많은 상태라고 해도 무리가 없어 보인다. TGCR는 은행과 비은행 금융기관을 모두 포함해서 금융기관 사이에 형성된 국채담보 1일짜리 대출거래 금리에 해당한다. TGCR가 IORB보다 낮은 이유는 TGCR에는 연준에 예금하고 IORB 금리를 받을 자격이 없는 비은행들, 특히 MMF의 거래도 포함하기 때문이다. 연준시스템에 등록된 은행만 연준에 예금하고 IORB를 받을 수 있으며, 비은행 금융기관들은 IORB 금리를 받을 수 없다. 낮은 금리를 받으면서 환매조건부 시장을 통해 운용하는 것은 그만큼 단기자금이 풍부하다는 의미가 될 수 있다. 은행에 예금하고 은행이 연준에 예금하면 되지 않느냐고 할 수도 있는데, 중간에 있는 은행이 이윤을 남겨야 하기 때문에 비은행기관들은 은행이 받는 IORB 그대로 받을 수 없다. 차라리 직접 운용하는 것이 나을 수 있다. 참고로 SOFR도 비은행들의 거래인데 TGCR와 같이 IORB보다 낮은 수준이다.[87]

연준은 단기금융시장 불안이 왔을 때, 양적축소를 중단을 검토하겠지만 그것

그림 38 은행 지급준비금과 1일물 금리(2023년)

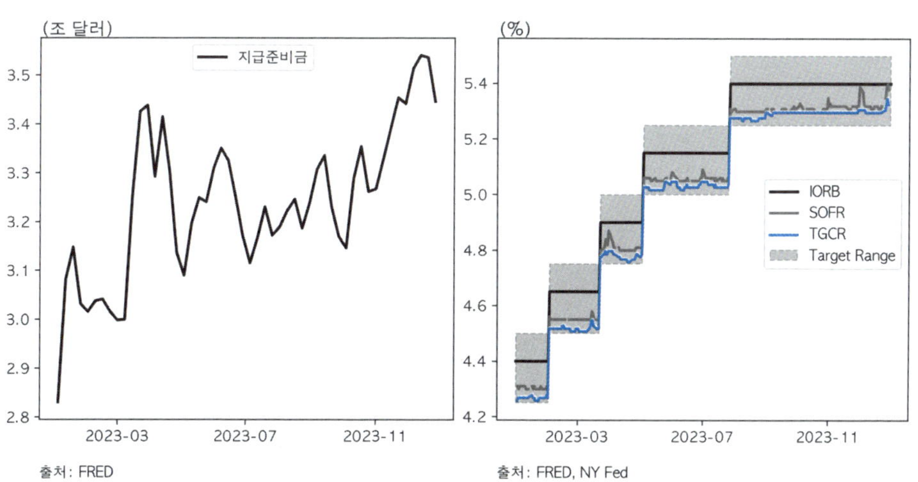

출처: FRED

출처: FRED, NY Fed

87) 지급준비금 수준의 적정성을 평가하는 지표에 대한 보다 자세한 내용은 연준 보고서를 참고하면 된다. Clouse, James A., Sebastian Infante, and Zeynep Senyuz, 2025. "Market−Based Indicators on the Road to Ample Reserves", FEDS Notes, Federal Reserve Board.

이 일시적인 것인지, 오래 지속될지 상황인지 판단하고 중단 여부를 결정할 것이다. 일시적 교란요인 때문이라고 판단하면 양적축소를 잠시 쉬어 갈수도, 한시적으로 방향을 전환할 수도 있다. 2023년 3월 실리콘밸리은행(SVB) 사태 때문에 자금시장 불안징후가 나타났을 때 연준은 은행들에게 한시적으로 자금을 공급했다. 연준 자산규모가 잠시 증가했고 은행 지급준비금도 다시 증가했다. 금융기관 간 1일물 거래 금리인 TGCR, 그리고 SOFR 이자율이 실리콘밸리은행(SVB) 사태 발생 순간 아주 잠깐동안 상승하기도 했지만 IORB보다 낮은 수준에서 안정적으로 움직였다. 불안요인이 사라지자 연준은 은행에 대한 자금지원 프로그램을 1년 후 폐지했다. 양적축소는 큰 틀에서 이어졌고 지금도 진행중이다.

연준은 단기금융시장의 불안이 지급준비금 규모가 적정하지 않아서 생긴 구조적 현상이라고 판단되어야 양적축소를 중단할 것이다. 어려운 기준이라서 연준이 매번 애매하게 설명하는 것이다. 풍부한 것보다 약간 많은 지급준비금의 의미가 꽤 길고 복잡하다.

그림 39는 그림 38과 달리 IORB 수준을 0으로 고정하고, IORB와 TGCR의 차이, 그리고 IORB와 SOFR의 차이만 그린 것이다. 그리고 앞의 두 그림보다 더

그림 39 IORB와 TGCR, SOFR 차이

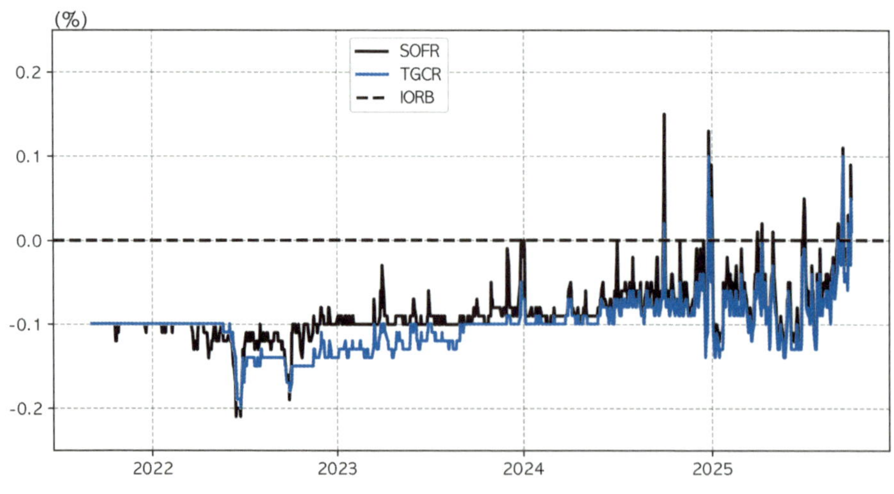

출처: FRED, NY FED

확대해서 그 차이가 드러나도록 그린 것이다. 앞서 말한 대로 2025년 8월 현재 TGCR과 SOFR 모두 IORB보다 낮은 수준을 유지하고 있다는 점에서 지급준비금은 풍부한 수준이라고 볼 수 있다. 다만 TGCR, SOFR 모두 2024년에 비해 2025년에 변동성이 커진 점, 그리고 IORB와의 차이가 줄어든 점, 그리고 이러한 경향이 반년이 넘도록 이어지고 있는 점을 보면 2024년보다 상대적으로 금융시스템의 지급준비금이 풍부하지 않다고 볼 수 있다. 만약 이런 점만 본다면 양적 축소를 중단할 시점이 점차 가까워지고 있는 것으로 말할 수도 있다.

연준도 연준 예금금리인 IORB와, 시장의 국채담보 대출금리인 SOFR 또는 TGCR의 차이를 주의해서 보고 있다. 그리고 SOFR 금리가 연말 또는 분기말에 IORB 수준을 초과하는 사례가 있다는 사실을 인지하고 있다. 다만, 연준은 2025년 1월 기준으로 이러한 현상이 금융시스템 전반의 준비자금 부족 신호는 아니고 개별 기관 차원의 유동성 부족 신호라고 해석하고 있다. 그런데, 2025년 6월에 나온 연준 보고서는 이 정보가 시장전체의 준비자금이 예전보다 풍부하지 않다는 신호를 줄 수 있다고 평가했다.[88] Repo 시장이 워낙 독특해서 어디로 튈지 알기 어렵고, 시장에서 어떤 현상이 나오는 원인을 알기까지 시간이 걸린다. 그래도 전에 없던 움직임이라 주의 깊게 관찰할 필요가 있다.

만약 TGCR 금리와 IORB 금리의 격차가 크게 벌어진다면 연준은 채권담보 대출을 해서 한시적으로 시중에 자금을 공급한다. 특히 분기말, 연말 그런 현상이 발생하곤 한다. 증권사 등이 재무제표를 일시적으로 좋게 보이기 위해 단기대출을 줄이는 window dressing이 원인이 된다. 연방정부 또는 지방정부 세금납부가 분기말에 몰려 시중자금이 정부계정으로 몰리면서 일시적으로 자금부족 현상이 생기도 한다.

2024년 9월말, 그리고 2025년 6월말 연준은 RP 거래를 통해 일시적으로 1일 만기 단기자금을 공급했다. 일시적인 자금부족 현상이라고 판단하면 RP 거래로 막고, 일시적인 것이 아니라 전체 지급준비금 수준이 풍부한 상태가 아니라고 평

88) Bostrom, E., Bowman, D., Rose, A., & Xia, A. (2025). "What Happens on Quarter-Ends in the Repo Market", FEDS Notes, Federal Reserve Board

그림 40 **연준의 RP 거래**

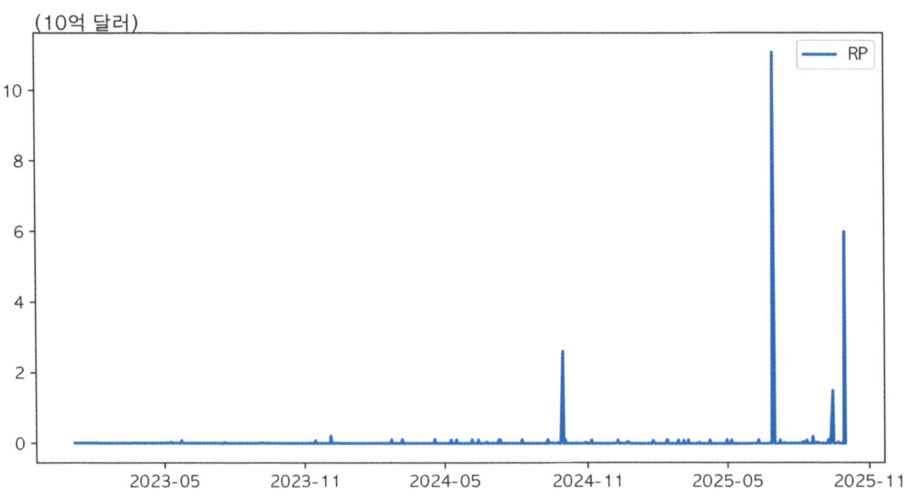

출처: NY Fed Markets Data

가되면 그 때 양적축소를 중단할 것이다. 상황을 봐서 병도 주고 약도 주는 연준이다.[89)]

지급준비자금 자체가 거래되는 시장을 보고 지급준비금 수준이 부족한지 풍부한지 평가하는 방법이 직관적이고 수월할 것이라고 생각할 수 있다. 그런데 연방준비자금 시장에서 나오는 정보를 이용해서 시장 전반의 준비자금 부족 현상을 파악하기가 쉽지 않다. 우선 시장규모 자체가 상대적으로 작고 거래 규모가 별로 변하지 않는다.

무담보 차입 거래인 준비자금 거래 규모는 하루 1,000억 달러 정도에 머물러 있다. 그림 41의 EFFR이 이에 해당된다. 1일물 국채담보 차입거래인 SOFR 거래 규모가 하루에 2조 5천억 달러가 넘는데, 그것의 25분의 일도 되지 않는다. EFFR을 이용해 1일물 차입거래의 전반적 유동성 상황을 파악하기 어려운 이유 가운데 하나가 거래량이 적기 때문이다.

---

89) 이 프로그램의 이름은 RP(Repurchase)이다. 연준이 채권담보로 돈을 빌려줄 때는 RP라고 한다. 연준이 돈을 꿔가는 RRP와 거래방향이 반대이다.

그림 41 1일물 단기자금 거래 규모

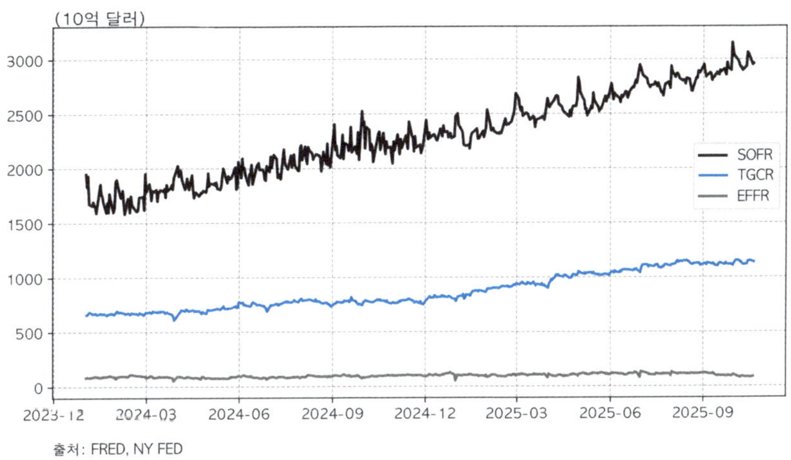

출처: FRED, NY FED

EFFR도 변동성이 매우 작아서 준비자금에 대한 수요 또는 공급의 변화를 파악하기 어렵다. 시장이 작으면 수요와 공급이 조금만 변해도 가격이 이리 저리 많이 움직여야 하지만 실상은 그렇지 않다. EFFR 시장의 큰 손인 FHLB의 거래가 EFFR 수준을 결정하는 데 가장 큰 영향을 미치는데, 이 기관은 위험 회피성향이 강해서 금리를 잘 움직이지 않는다.[90] EFFR 자체는 거래에 적용된 금리를 거래량으로 가중한 중앙값(median)이고, 거래 규모가 큰 FHLB의 거래 금리가 주로 반영된다. EFFR 수준을 보여주는 선(그림에서 파란색)이 가로 방향의 직선인 형태를 보이는 이유다. 그래서, 연준은 내부적으로 EFFR 거래 가운데 FHLB의 거래를 제외하고 보기도 한다. 하지만 일반에 공개된 EFFR 데이터에는 거래 주체 정보가 들어있지 않다.[91] 전체 거래량과, 분포, 그리고 EFFR 수준만 일별로 공개한다. EFFR 거래의 금리 분포를 보면 거래의 대부분이 EFFR 수준에서 거래되지만 아주

---

90) FHLB가 연준 O/N RRP(점선으로 표시된 정책금리 범위의 하단)보다 높은 금리인 EFFR(파란색)을 받고 외국계 은행에 무담보로 대출하면 외국계은행이 EFFR보다 높은 IORB(검은색)로 연준에 예금하는 거래가 많다. FHLB는 연준에 예금 계정을 가질 수 없는 기관이라서 IORB를 받고 연준에 예금할 수 없다.

91) 세인트루이스 연준의 FRED 데이터 베이스와, 뉴욕 연준의 Markets Data 자료를 의미한다.

그림 42 EFFR 수준과 금리 분포

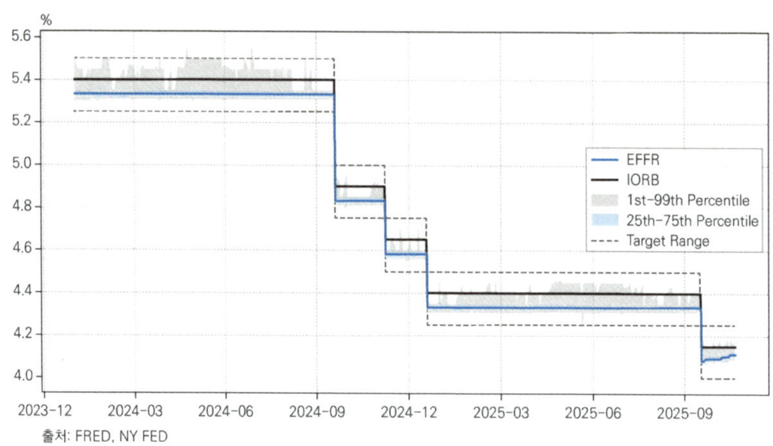

출처: FRED, NY FED

이례적으로 IORB보다 높은 수준에서 거래되는 경우도 있다. 누군가는 연준에 예금하는 것보다 높은 금리로 빌려주고 있고, 그럼에도 불구하고 빌려가는 은행이 있다. 그런데, 상대적으로 높은 금리의 무담보 차입거래가 일정한 패턴으로 발생하는 것 같지도 않다. 연준이 양적축소 속도를 늦추기 시작한 2025년 3월 이후에도 상대적으로 높은 금리로 거래한 케이스가 7월까지 나타났다.

2025년 3월에 나온 연준의 보고서는 EFFR 거래를 거래 주체별로 나눠서 이상현상이 있는지 분석했다. 분석결과 아직 EFFR 거래에서 시장 전반의 지급준비금 부족현상을 보여주는 징후는 나타나고 있지 않다고 했다(Stefan Gissler, 2025).[92] 분석에 사용된 원본 데이터는 볼 수 없지만 아이디어는 공유했다. EFFR 시장에서 빌려주는 쪽 큰 손인 FHLB를 제외하고, 빌려가는 쪽 큰 손님인 외국계 은행과 중대규모 은행들을 제외한 부분만 보면 전반적인 지급준비금 부족 여부를 파악하는데 도움이 된다고 한다. 외국계 은행과 중대규모 은행들은 돈이 급해서 빌려가는 것이 아니고, 투자 구성을 조절하기 위한 일시적 차입이 많으니,[93] 나머지 작

92) Stefan Gissler, S. H. (2025). “Monitoring Reserve Scarcity Through Nonbank Cash Lenders”, Federal Reserve Board.

93) EFFR로 빌려서 그보다 높은 IORB를 받고 연준에 예금하는 경우가 많다.

은 규모 거래만 보는 것이 준비자금 부족 여부를 파악하는데 더 도움이 된다. 2025년 3월 현재 돈을 빌려주는 쪽인 FHLB와 돈을 빌리는 쪽인 외국계 은행, 중대형은행을 제외한 거래 규모는 아주 작다고 하며, 금리도 IORB에 비해 높은 수준이 아니라고 한다. 그러니까 소규모 은행이 급전이 필요해서 높은 금리를 주고서라도 빌려가려는 일이 드물다는 말이다. 금융거래 비밀보호를 위해 거래 주체 자료를 공개하지 않는 연준이지만 연준의 보고서를 믿지 않을 이유도 없다. 그래도 연준은 친절한 금자씨라고 할 만하다. 내부자료를 이용한 분석 결과를 공개했으니까.

정리하면, 금융시장의 지급준비금이 현저히 부족한 상태가 지속되면 연준이 양적축소를 중단하거나 지금보다 속도를 더욱 늦출 것이다. 그렇지만 시장 거래 정보를 보면 2025년 8월말 기준으로 연준이 양적축소를 중단할 시점이 아직 아닌 것 같다. 다만, 금융기관 간 1일물 국채담보 대출금리는 주의 깊게 봐야 한다. 연준도 이 금리를 자금부족 여부를 알려주는 조기경보로 본다고 했다. 그리고 연준이 지급준비금이 수준을 평가하는 보고서를 자주 발표하는지 보는 것이 좋다. 2025년 7월에 또 보고서가 나왔다. 전체 지급준비금 규모가 연준의 은행 간 결제 시스템으로 결제되는 자금의 65% 수준 정도이며 이정도면 지급준비금이 풍부한(ample) 수준이라고 한다. 이번에도 연준만 볼 수 있는 자료를 이용해서 분석한 내용이다(Erin Ferris, 2025).[94)]

지급준비금 수준을 평가하는 연준 자료가 자주 나오면 좋은 신호인가? 금융시장의 투자자 입장에서 보면 좋은 신호가 될 수 있다. 2025년에 나온 모든 연준 보고서가 지급준비금이 충분하다고 평가하고 있지만, 연준이 앞으로 양적축소 규모를 줄이지 않겠다, 양적축소를 중단하지 않겠다는 다짐을 하고 있는 것이 아니다. 여러 가지 지표를 보면서 양적축소를 중단할 시점을 고민중이라는 의미가 더 크다. 완화적 통화정책을 준비중이라는 의미이고 그래서 투자자 입장에서 좋은 신호가 될 수 있다.

미국경제 전반에 대한 평가 측면에서 좋은 신호인가는 신중히 판단해야 한

94) Erin Ferris, A. R. (2025). “What can public Fedwire payments data tell us about ample reserves?”, Federal Reserve Board.

다. 거시 경제여건이 안 좋아질 것 같아서 완화적 통화정책 신호를 보낸다면 좋은 신호가 아니다. 친절한 금자씨가 피리를 불어도 무작정 춤을 추며 따라가기 어려운 측면이 있다.

연방정부의 자금조달과 연준의 역할

연준은 2025년 5월말 기준 4.2조 달러에 달하는 국채를 가지고 있다. 총자산 가운데 63.1%를 차지하는 규모다. 단순 계산으로 연방정부 부채 총액 36.1조 달러의 11.6%를 연준에 빚진 셈이다. 연방정부가 발권력을 가진 연준에 이렇게 의존해도 되는지 의문이 들 수 있다.

연준이 연방정부의 현금자동인출기가 되면 당연히 안 된다. 법률에 의거 연준이 국채를 매입할 권한을 갖고 있지만 엄격한 조건이 있다. 연방정부로부터 직접 사는 것은 안되고 반드시 금융시장에서 간접적·공개적으로 매입해야 한다.[95] 연준이 가지고 있는 국채는 대부분 글로벌 금융위기 이후 수차례 진행된 연준의 양적완화 정책에 따라 금융시장에서 매입한 것이다. 정부로부터 직접 산 것이 아니다. 중간에 금융시장이 들어가는 것과 정부로부터 직접 사는 것이 형식은 차이가 있을지 모르나, 결국 같은 것 아닌가 의문이 들 수 있다. 결정적인 차이는 공개적으로 사야 한다는 법 문구에 있다. 이 말은 연준이 금융기관을 중간에 끼고, 연방정부와 삼자 협약으로, 또는 연방정부와 직접 거래해서 매매할 수 없고, 자격과 의향이 있는 다수가 참가하는 금융시장에서 공개적으로 경쟁을 통해, 이미 시중에 유통되고 있는 국채를 사야 한다는 의미이다. 연방정부가 발행한 국채의 미

---

95) Federal Reserve Act, Section 14(b)에 규정되어 있으며 구체적으로 “공개 시장에서만(only in the open market)” 매입할 수 있다고 되어있다.

상환 잔고는 의회가 정한 연방정부 부채한도 이내여야 한다. 연준이 공개시장에서 산 국채도 한도에 포함된다.

연준은 연방정부에 직접 대출할 수 없다.[96] 연방준비제도법에 따라 연준이 대출할 수 있는 기관은 회원은행과 금융기관으로 한정되어 있다. 대상기관에 정부는 들어있지 않다.[97] "이례적이고 긴급한 상황"에서 개인, 비은행기업에 대출할 수 있지만 재무부의 승인이 있어야 한다. 대상을 특정해서도 안 되고 자격을 "광범위하게 정의(broad based eligibility)"해야 한다.[98] 정부는 이 대상도 아니다. 풀어서 말하면 재무부가 연준에 가지고 있는 재무부 일반계정(Treasury General Account: TGA)은 마이너스 통장이 아니다. 오전에 잠시 계정잔고를 초과해서 인출했다가 연준의 영업 마감 전에 메우는 일중 한도초과도 금지된다. 지난 20년간의 TGA 잔고를 보면 마이너스로 내려간 사례가 한 번도 없음을 알 수 있다.

연준이 연방정부로부터 직접 국채를 사는 일이 아예 없는 것은 아니다. 재무부가 국채입찰할 때 연준은 비경쟁입찰자로 참가해서 낙찰을 받는다. 2025년 7월 10일 재부부 입찰 결과[99]를 보면 총 802.6억 달러가 팔렸는데, 2.6억 달러를 받아간 것이 SOMA라고 표시되어 있다. SOMA는 "시스템 공개시장계정(System Open Market Account)"의 줄임 말이며, 연준이 공개시장조절 활동을 통해 매입한 채권이 기록되는 계정이다.

---

96) 연준의 대차대조표 자산에 "재무부 현금잔고(Treasury currency outstanding)"가 있는데, 이는 시중에 유통되고 있는 동전 잔액이다. 연준이 재무부에 대출한 현금이 아니다. 재무부는 동전을 발행하는 발권력을 가지고 있고, 연준은 지폐를 발행하는 발권력을 가지고 있다. 동전 유통 잔액은 연방정부기관인 재무부의 부채이고 은행을 통해 동전을 받고 있는 연준 입장에서 보면 연방정부에 대한 채권이다.

97) Federal Reserve Act, Section 13.

98) 예를 들면, 연준은 코로나19 대응을 위해 중소기업 및 비영리단체 긴급대출 프로그램(Main Street Lending Program)을 확대 시행했다.

99) 재무부는 국채입찰 일정, 입찰 결과를 자세하게 공개한다. 월가의 국채딜러, 단기자금 시장 참가자들이 애용하는 자료다. https://www.treasurydirect.gov/auctions/upcoming/

그림 43 재무부 TGA 잔고 장기추이

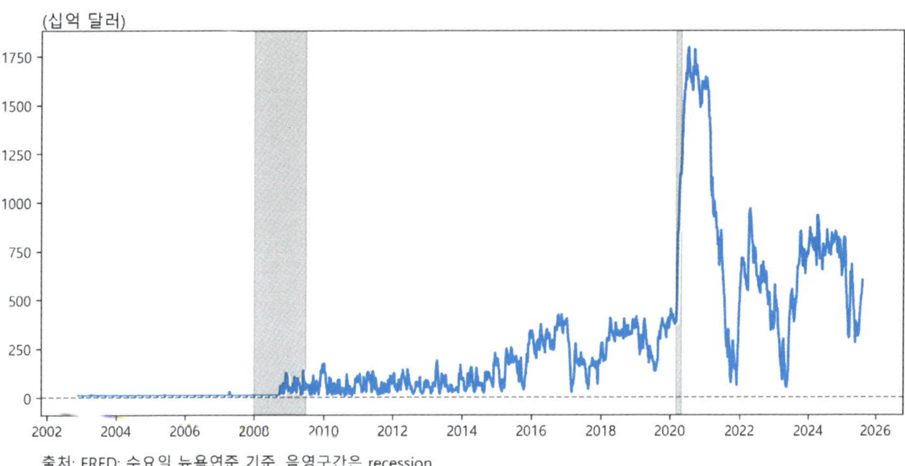

출처: FRED; 수요일 뉴욕연준 기준, 음영구간은 recession

연준은 재부부가 국채를 공개경쟁으로 입찰할 때 추가로 매입해간다. 만기가 된 금액을 이용해 다시 국채를 매입하는 것이며 양적축소 속도를 조절하는 용도이다. 공개경쟁에 같이 참여하지 않는 이유는 입찰 금리에 영향을 주지 않기 위한 것이고, 또 재무부에 유리한 가격으로 매입하지 않기 위함이다. 경쟁입찰 결과 나온 금리 중에 가장 높은 금리로(가장 낮은 가격으로) 사간다. 법에 공개시장에서 사야 한다고 했지만, 연준이 직접 재무부로부터 사는 이유는 시장에서 사면 비싸기 때문이고, 이것이 허용되는 것은 만기도래분 재매입이라 추가로 연준이 정부에게 자금을 지원하는 것이 아니기 때문이다. 연준이 국채입찰에서 사가는 부분을 일반적으로 SOMA Adds－on이라고 한다. 7월 10일 경매의 경우를 예로 들면, 입찰한도 800억 달러에 연준이 가져간 2.6억 달러가 더해졌다는 의미에서 adds－on이라고 한다.

연준이 양적축소 속도를 조절하는 것, 그리고 연방정부의 TGA 잔고 변화를 주의 깊게 보면서 양적축소 속도를 조절하는 것이 의미를 갖는 이유는 위와 같은 제한규정이 있기 때문이다. 연방정부가 수시로 연준에게 직접 국채를 팔 수 있다면 연준이 자산규모 축소 속도를 천천히 완만하게 늦추는 것이 의미 없는 일이 될 수 있다. 연방정부가 통장에서 언제든 마이너스로 인출할 수 있다면, TGA 잔고가 줄어도, 연방정부 셧다운이 임박했다는 위기 신호로 해석되지 않을 것이다. 정부가 기능을 이어갈 수 있으니 당장은 좋겠지만, 금융시장이 재정위기를 감지하기 더욱 어려워진다. 재무부가 수시로 마이너스 인출을 활용하면, 연준이 금융시스템의 지급준비금 수준을 안정적으로 관리하기도 어렵다. 다시 말하면, 연방정부가 연준의 발권력에 제약 없이 의존하게 될수록, 연준이 경제와 금융상황을 고려해서 통화정책을 수행하는 데 어려움이 커진다.

연준이 설립될 때부터 국채 직접 매입이 명시적으로 금지되었던 것은 아니다. 1913년 최초의 연준법에는 '재할인 대상 증권을 공개시장(in the market)에서 매입할 수 있다(may purchase and sell)고' 모호하게 되어 있었고, 정부로부터 직접 매입하는 것은 규제대상이 아니라고 해석되었다. 실제로 1917년 연준은 차용증을 인수하고 재무부에 5천만 달러를 연율 2%의 이자율로 3개월만기로 지원했다. 연준이 연방정부에 직접 지원한 첫 사례였고, 윌슨 대통령이 미국의 제1차 세계대전 참전을 선언하기 1주일 전이었다.[100] 연준은 연준이 직접 정부에 지원하는 것은 적절하지 않다고 생각했다. 시중은행이 연방정부에 자금을 대고 연준이 시중은행을 지원하는 간접방식을 선호했다. 재무부는 직접지원을 선호했으며, 1935년까지 수시로 연준에 차용증을 주고 단기 대출(Cash Management Borrowings)을 받았다. 연방정부 입장에서 보면, 단기 대출은 정부의 현금 수입과 지출 사이 시차를 조절하는 수단이었고, 연준 입장에서 보면 달가운 방법은 아니지만 연방정부로 인해 단기금융시장의 자금흐름이 급격히 변동하는 것을 방지하는 수단이었다. 만기는 짧게 1일에서 길게 22일까지 다양했다. 전쟁 비용 조달을 위한 장기자금은 세금인상과 "자유국채(Liberty Bond)" 매각으로 조달했다. 연준은 정부의 은행으로서 시중은행과 함께 자유국채 매각 업무를 대행하거나, 시중은행이 매입할 자금을 지원하는 간접적 역할을 수행했으며, 자유국채를 정부로부터 직접 매입하지 않았다. 연준법이 유연하게 해석되고 있었지만 정부는 연준의 전시 국채 직매입을 선택지에서 제외했다. 정부지출의 화폐화(monetizing)가 급격한 인플레이션

100) 연준의 국채 직매입 역사는 연준 보고서를 참고했다. Kenneth D. Garbade, "Direct Purchases of U.S. Treasury Securities by Federal Reserve Banks", Staff Report No. 684, 2014.8, Federal Reserve Bank of New York.

을 야기한다는 점을 잘 알고 있었다. 경기 호황기여서 인플레이션 압력이 높았던 시기이기도 했다.

제1차 세계대전이 끝나고 1935년 은행법 개정으로(Banking Act of 1935) 연준의 국채 직접 매입이 명시적으로 금지되었다. 하원 개정안에는 들어있지 않던 "공개 시장에서만(only in the open market)" 문구가 상원 개정안에 포함되었다. 재무부는 전쟁과 같은 위기시에 연준의 직접 지원이 중요한 역할을 한다며 반대했지만 상원의 개정안대로 통과됐다.

제2차 세계대전이 일어나자 상황이 변했다. 전쟁을 위해 모든 정부 조직이 움직였다. 연준은 협력을 약속했고 의회는 조건을 달아서 연준의 국채 직매입을 허용했다. 재부부는 "공개 시장에서만(only in the open market)"이라는 문구를 연준법에서 삭제하길 희망했으나, 의회는 그 문구를 그대로 살려 뒀다. 대신 미상환 잔액기준 50억 달러 한도 내에서 연준이 정부로부터 국채를 직접 매입할 수 있다는 단서를 추가했다. 정부는 전쟁 비용 조달을 위해 국채금리를 시장금리보다 낮은 수준으로 고정했다. 전쟁이 진행될수록 국채 발행 규모가 커졌고, 금리 고정을 위한 연준의 지원이 지속되었다.[101] 그런데, 전쟁이 끝난 후에도 국채금리를 낮은 수준으로 고정하기 위해 연준의 국채매입이 계속됐다. 전쟁이 끝나고 정부의 전비 지출이 중단되면 경기침체가 올 수 있고, 씀씀이가 늘어난 정부가 국채를 채권시장에서 발행할 경우 금융시스템의 자금(reserve)이 일시적으로 부족해질 수 있기 때문에 연준도 동의했다.

그런데 1946년 전시 가격통제가 해제되자 인플레이션이 급등하기 시작했다. 1950년 한국전쟁으로 국채 발행이 늘어났고 인플레이션 우려가 더욱 커졌다. 연

101) 1942년 4월 연준과 재무부의 자금조달협정문에 따르면 연준의 임무는 국채금리를 낮은 수준으로 고정하여 유지하는 것이었고, '연준은 정부의 국채매각을 위해 모든 수단을 동원하여 지원'하는 것으로 되어 있다. 정부는 민간 금융기관을 대상으로 국채를 매각했으며, 연준은 금융기관으로부터 즉시 매입했다. 매입금리는 정부가 정한 수준으로 고정했다. 마리너 에클스 의장은 이때 자신의 일을 "기계적인 행정업무"라고 표현했다. 기술적으로 보면 금융기관을 통해 매입하는 것이지만 공개시장에서 경쟁을 거쳐 매입한 것이 아니기 때문에 결과적으로 직매입과 차이가 없었다. 금융기관을 통해 소화가 안된 일부는 연준이 직접 매입했다.

준은 금리 고정을 중단해야 한다고 했지만, 해리 트루만(Harry Truman) 대통령은 연준 이사들을 백악관으로 불러 기존 정책을 고수하라며 압박했다. 의장 임기를 마치고 연준 이사로 물러난 마리너 에클스(Marriner Eccles)는 연준이 “인플레이션 엔진”이 되었다며 반발했다. 마침내, 1951년 2월 연준은 금리고정을 중지한다고 재무부에 통보했다. 채권시장이 혼란에 빠지자, 당장 채권 발행이 급한 재무부가 한발 물러섰다. 백내장 수술로 입원해 있던 존 스나이더(John Snyder) 재무부 장관은, 윌리엄 마틴(William McChesney Martin) 재무부 차관을 보내 연준과 협상했다. 1951년 3월 마침내 연준과 재무부가 국채의 화폐화를 중지하기로 합의했다. 재무부는 5년만기 국채에 대해 한시적으로 연준의 지원을 받는 것에 만족했다. 이로써 연준이 정부와 독립적으로 통화정책을 수행할 토대가 마련되었다. 트루만 대통령은 한달 후 마틴을 연준의장으로 임명했다. 트루만은 마틴 의장이 정부가 원하는 완화적 통화정책을 펼 것으로 기대했다. 월가는 연준이 전투에서 이기고 전쟁에서 졌다고 평가했다. 연준이 재무부로부터 독립했지만, 재무부가 차관을 연준의장으로 보내 연준을 다시 잡았다고 여겼다. 하지만 마틴은 인플레이션 억제를 위해 긴축적 통화정책을 고수했고 연준의 독립을 지지했다. 나중에 트루만 대통령이 마틴 의장을 길에서 마주친 적이 있는데 마틴 의장에게 “반역자”라고 했다는 일화가 있다.[102] 마틴 의장은 1970년 1월까지 의장으로서 연준을 이끌었다.

재무부와 연준의 1951년 협정으로 국채금리 고정을 위한 연준의 지원은 중지되었지만, 단기 대출은 1981년까지 지속되었다. 정부의 세입과 세출 발생시간 차이로 단기자금 시장이 영향을 받지 않도록 중간에서 조절하는 역할을 했다. 월초에는 사회보장비 등 세출이 많아서 시중으로 자금이 풀리고, 월말에는 세금 수입 등으로 시중자금이 정부로 흡수되기 때문에, 월초에 연준이 정부계정에 단기대출을 하고, 월말에 정부가 상환했다. 이로써 정부의 현금흐름이 완만해지고, 시중으로 들어가고 나가는 자금 흐름도 변동성이 완화되었다. 1975년에는 같은 목

102) 재무부와 연준의 협정에 대한 자세한 내막과 마틴 의장 임명에 대한 이야기는 리치몬드 연준 보고서를 참고하면 된다. Robert L. Hetzel and Ralph F. Leach, “The Treasury－Fed Accord: A New Narrative Account”, Economic Quarterly, Winter 2001, Federal Reserve Bank of Richmond.

적으로 단기국채(Short Term Cash Management Bill)를 발행했고 연준이 직접 매입했다. 그 전까지는 차용증을 연준이 인수하는 형태였다. 규모가 커지자 의회는 국가적 위기상황도 아니고 정부가 현금흐름을 개선하기 위해 사용하는 것 같지도 않다며 의심했다. "정부가 의회와 법률을 무시하는 수단이 되어간다."는 평가도 나왔다. 1979년 의회는 연준법 14조(b)를 다시 수정했다. 연준이 국채를 정부로부터 직접 매입하려면 연준이사 5명 이상의 찬성이 필요하다는 조항을 추가했다. 1981년에는 연준이사 5명 이상의 찬성이 필요하다는 조항도 삭제하고, 50억 달러 한도도 완전히 삭제했다. "공개 시장에서만(only in the open market)" 연준이 국채를 매입할 수 있다는 문구만 살렸다. 이때부터 정부는 공개시장에서만 국채를 매각해야 했다. 금융시장이 성숙해지면서 정부가 국채를 매각해도 충격 없이 시장이 소화할 수 있게 되었기 때문에 가능한 조치였다.

2008년 글로벌 금융위기와 2019년 팬데믹 초기에 유동성 선호 현상이 심화되고 자금흐름이 막히면서 정부가 국채를 공개시장에서 매각하는데 일시적으로 어려움이 생겼다. 연준은 시중 유동성 상황을 개선하기 위해 양적완화를 실시하고 은행과 비은행 금융기관에 대출을 제공했다. 정부의 국채 경매에 참가하는 금융기관(Primary Dealer)에도 단기 유동성을 지원했다.[103] 양적완화를 하는 동안 연준은 기업어음, 회사채, 국채와 정부보증 모기지 채권 등 다양한 채권을 공개시장에서 매입해 시중에 유동성을 공급했다. 국채를 정부로부터 직접 매입한 경우는 없었다.

연준의 연방정부에 대한 대출 및 국채 직접인수 금지 조항 한 줄 뒤에 이렇게 긴 역사가 있다. 연준법의 "공개 시장에서만(only in the open market)"이라는 문구와 1951년 재무부와 연준의 협정이 연준의 독립적 통화정책을 가능하게 했다. 감세 정책으로 국채 발행 물량이 늘어나고 국채금리가 오를 것이라는 시장의 예상도 거기에 근거해서 나온다. 연준이 양적축소 속도를 조절하는 것에 시장이 반응하는 것도 근본적으로 그 이유이다. 재무부 국채입찰 결과보고서 아래쪽, SOMA－adds on에 들어가는 가격과 물량이 수동적으로 정해지는 이유도 연준법의 해당 조항에 기초한다.

---

103) Primary Dealer Credit Facility (PDCF)는 1일만기 담보대출이다.

연방정부의 자금조달과 국채 바이백

"재무부의 국채 바이백(Buy Back) 프로그램이 다시 부활하는데 그 이유가 무엇인가요?"

"프로그램의 목적은 금융시장의 단기 유동성 공급, 미국 재정수입과 재정지출 사이 시차 조절입니다."

2024년 5월 재무부가 국채 바이백 프로그램을 재개했다. 2002년 4월 이후 약 22년만에 정기적인 바이백이 다시 시작된 것이다. 기업이 자사 주식을 주식시장에서 되사는 것처럼, 미국 재무부가 채권시장에서 연방정부가 발행한 국채를 되사는 프로그램이다. 재무부는 바이백 프로그램 실시 계획을 고지하였고 실무를 담당하고 있는 재무부 직원은 그 배경에 대하여 위와 같이 간단하게 설명했다. 1981년 이전에는 연준이 단기 대출을 해줘서 재정 수입과 지출 사이 현금 흐름을 조절할 수 있었는데, 이제 재무부가 이 문제를 스스로 해결해야 하기 때문이다.

재무부가 홈페이지로 공시한 내용을 보면 현금 흐름 조절(Cash Management) 이외에도 추가적인 목적이 있다. 바로 유동성 공급(Liquidity Support)이 목적인 바이백이 있다. 유동성 공급용 바이백은 채권시장에서 상대적으로 거래가 덜 되는 국채를 재무부가 되사줌으로써 국채시장의 거래 유동성을 높이게 된다. 가장 최근에 발행된 채권과 만기는 같은데(예를 들면 10년만기 채권), 이전에 발행된 것은 최근 발행된 것보다 수요가 적다. 이것을 일명 비지표물(off−the−run)이라고 한다. 사전적 의미로 '뛰어가는 것과는 거리가 멀다. 활발하게 움직이지 않고 있다.'로 해석하면 된다. 반대로 가장 최근에 발행된 것을 지표물(on-the-run)이라고 한다. '뛰어가고 있다. 활발하게 움직이고 있다.'로 해석하면 된다. 재무부가 비지표물을 되사줌으로써 지표물의 거래를 촉진하는 용도로 시행하는 것이 유동성 공급용 바이백이다. 현금흐름 조절용 바이백은 연방정부 세입이 들어오는 달에 확보되는 여유자금을 활용하는 용도이다. 회계연도가 12월에 끝나는 기업의 연방법인세 납부 마감일이 3월 15일이고, 연방소득세 납부 마감일이 4월 15일이어서, 해마다 3월과 4월에 세입이 일시적으로 늘어난다.

바이백은 재무부가 시장에 나오는 매물을 조건없이 한도 내에서 모두 매입하는 것이 아니다. 역경매 방식으로 매입한다. 구입자가 경쟁적으로 높은 가격을 제시하는 일반 경매와 달리 역경매에서는 판매자가 경쟁적으로 낮은 가격을 제시한다. 판매자가 제시한 가격과 수량을 보고나서 재무부가 주도적으로 매입가격과 수량을 결정하는 방식이다. 매입날짜, 매입한도, 매입대상 채권을 주기적으로 사전에 공표한다.[104] 2월, 5월, 8월, 11월 첫째 수요일에 분기별 바이백 계획이 공표되는데, 거의 매주 바이백 프로그램이 실행된다. 누구나 재무부와 거래할 수 있는 것은 아니고 재무부의 자격 심사를 통과한 프라이머리 딜러(Primary Dealer)만 입찰에 참가할 수 있다. 재무부가 예정된 바이백 한도를 다 채워서 매입하지 않는 경우도 있다. 재무부가 생각했던 것보다 입찰 가격이 너무 높으면 매입하지 않는다. 이때는 해당 채권이 시장에서 좋은 가격으로 잘 유통되고 있다는 신호로 해석될 수 있다. 매입이 유찰되면 일시적으로 국채가격이 하락하기도 한다.

2025년 4월 30일 발표한 재무부 보도자료에 따르면 2025년 5월 29일에 20~30년물을 20억 달러, 6월 4일 10~20년물을 20억 달러 한도로 매입한다. 장기물은 모두 유동성 지원용 바이백이다. 상대적으로 만기가 짧은 채권의 바이백도 있는데 5월 15일 1~2년물 40억 달러, 6월 12일 2~3년물 40억 달러를 한도로 유동성 지원용으로 매입한다. 6월 10일에는 100억 달러 규모로 현금흐름 조절을 위해 1~2년물을 매입한다.

---

104) https://treasurydirect.gov/auctions/announcements-data-results/buy-backs/

그런데 22년 동안 안하고 있다가 2024년 5월에 다시 국채 매입을 시작한 이유가 무엇인가? 먼저 과거 사례를 보자. 1920년대에도 정부가 국채를 매입한 적이 있다. 한 때 연방정부 재정이 흑자를 기록했는데, 국채를 바이백해서 자금이 다시 시중으로 나가게 했다. 세출이 많아 자금이 부족할 때는 연준으로부터 단기대출(Cash Management Borrowings)을 받아서 시중의 자금(reserve)이 줄지 않도록 했다. 시중의 자금이 크게 변동하지 않고 유지되었기 때문에 연방정부는 금융시장에서 국채를 발행해서 만기가 된 자유국채(Liberty Bond)를 상환할 수 있었다. 연준에게 국채를 직접 매입해 달라고 하지 않겠다는 계획을 이렇게 지켰다.

2000년 3월부터 2002년 4월 사이에도 연방정부는 재정 흑자를 이용해 국채를 사들였다(Garbade & Rutherford, Buybacks in Treasury Cash and Debt Management, 2007). 1990년대 말 재정 흑자를 보이자 미국 정부는 먼저 국채 발행 규모를 줄였다. 채권시장 용어로 하면, 정부가 지표물 공급을 줄였다. 세금이 많이 들어와 돈을 국민들에게 빌려올 필요가 적어졌기 때문이다. 그런데 채권시장에서 불만이 나왔다. 국채 공급이 줄자 국채거래가 위축되고 국채시장 참가자가 국채를 원하는 때 사고 파는데 어려움이 생기기 시작했다. 정부는 재정흑자 시기에 국채 발행 규모 자체를 늘릴 필요가 없다고 봤기 때문에, 시장에서 유통되는 국채물량만 늘릴 수 있는 방법을 고민했다. 우선 단기국채 발행을 장기국채 발행으로 돌렸다. 만기가 길기 때문에 장기국채는 단기국채보다 오래 시장에서 거래될 수 있다. 그런데 다시 문제가 생겼다. 장기국채는 단기국채보다 금리가 높기 때문에 정부의 이자지급이 늘어났다. 장기국채 공급증가는 장기금리를 더 올리는 요인이 되었다. 이 문제를 해결하기 위해 정부가 생각한 방법이 바로 국채 바이백이다. 세입과 세출 사이 현금 흐름을 원활히 하고, 만기별 국채 공급 쏠림을 조절하며, 이자지급 비용을 줄이는 수단으로 국채 바이백을 도입했다. 국채 바이백 실시 계획이 발표되자 바로 장기국채 수익률이 내려갔다. 그동안 축소되었던 단기물 발행도 늘릴 수 있었다. 흑자가 나서 채권 발행을 줄이는 것이 오히려 문제가 될 수 있는데, 바로 이런 이유 때문이다.

그림 44 미국 재정수지 흑자기

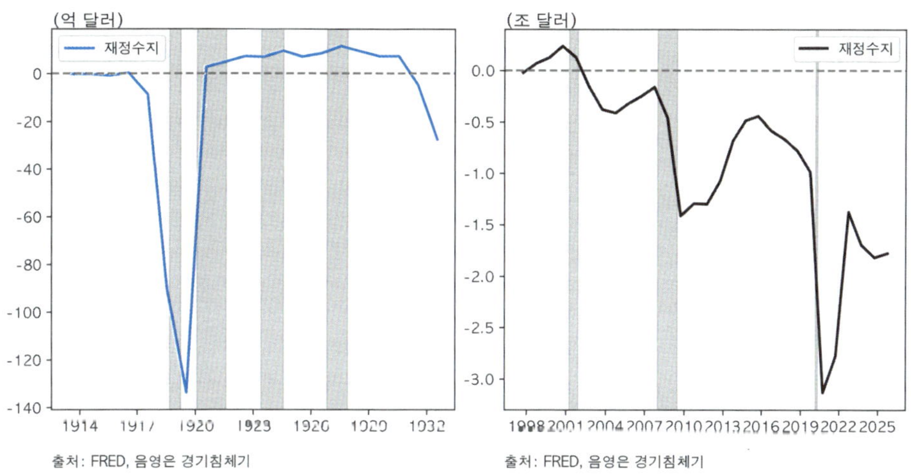

2024년 5월 시작된 바이백에도 국채시장 활성화 목적이 포함되어 있었다. 예전처럼 현금흐름을 조절하기 위한 목적도 있었다. 연방정부 재정이 적자를 기록하고 있었기 때문에 흑자를 기록했던 24년 전 국채 바이백 때와 상황이 다를 뿐이었다. 3월과 4월에 들어온 세금을 이용해서 비지표물을 매입했다. 이를 통해 새로 발행되어 나오는 지표물에 대한 수요가 늘어나는 효과도 있다. 미국 재무부의 공식 표현은 조심스럽다. 비지표물 거래를 활성화하려는 목적이라고 했고, 비지표물에 자산이 묶인 금융기관이 묶인 자산을 더 자유롭게 운용할 수 있게 된다고 했다(U.S. Department of The Treasury, 2024). 비지표물을 정부에 판매한 투자자가 무엇에 투자할지 미리 알 수 없는 것은 맞다.

이제 미국 정부가 2024년 5월 국채 바이백을 재개한 더 큰 배경을 알아보자. 2023년 7월부터 정책금리가 5.5% 수준이었다. 2006년 6월 5.25% 이후 가장 높은 금리가 10개월째 지속되고 있었다. 국채 수익률이 10년물 기준으로 4% 중후반으로 치솟았다. 대통령 선거가 진행중이었고 누가 당선될지 아무도 모르는 상황이지만, 어느 당이 집권해도 재정적자가 늘어날 것이라는 견해가 중론이었다. 한마디로 채권이 인기가 없었다. 가장 큰 손을 가진 연준이 국채시장에서 발을 빼기 시작한 영향도 컸다. 연준은 2022년 6월부터 자산을 줄여 나가는 양적축소를 시작했다. 처음에는 매월 300억 달러 한도로 국채 보유를 줄였다. 2022년 9월부터 국채 보유 축소 규모가 더 늘어서 매월 최대 600억 달러씩 줄여 나갔다. 이 축소 한도를 2024년 6월 매월 250억 달러로 줄였다. 2022년 2월부터 2024년 5월말까지 연준은 전체 자산규모를 1.6조 달러 줄였다. 이 가운데 1.3조 달러가 국채였다. 연준의 자산 축소는 국채시장에 부담이 되었다. 큰 손의 수요가 줄면서, 금융시장 용어로, 거래 유동성이 줄었다. 정부는 비지표물을 사서 채권시장의 거래 유동성을 늘렸고, 연준은 1년 3개월 간 빠르게 발을 빼다가 발 빼는 속도를 줄여서 재무부와 정책 공조를 했다. 연준은 질서 있는 양적축소를 원한다. 2024년 5월 기자회견에서 파월 의장은 양적축소 규모를 줄인 것은 단기자금 시장의 스트레스를 예방하기 위한 것이라고 말했다. 통화정책을 긴축에서 완화로 전환할 시간이 다가오고 있기도 했다. 재부무는 현금수입과 지출의 시차를 관리해야 하고 국채시장이 만기별로 고르게 잘 작동하도록 해야 한다. 정책공조를 통해 모두 희망하는 대로 목적을 달성했다.

그림 45 미국채 수익률

출처: FRED, 음영은 국채 바이백 기간

그림 46 연준의 미국채 보유액

출처: FRED, 음영은 국채 바이백 기간

정말 그랬는가 보자. 재정차입 자문위원회(Treasury Borrowing Advisory Committee: TBAC)는 재무부의 바이백 프로그램이 소기의 성과를 달성한 것으로 평가했다

(Treasury Borrowing Advisory Committee, 2025). TBAC는 국채입찰이 있을 때, 월말 채권투자 포트폴리오 재구성이 필요할 때 재무부의 바이백이 유동성을 공급해줘서 큰 도움이 되었으며, 비지표물 시장에 왜곡을 가져오지도 않았다고 평가했다. TBAC는 채권투자기관으로 구성되며 채권시장의 목소리를 대변한다고 보면 된다. TBAC의 자료에 따르면 2024년 5월부터 2025년 1월까지 총 1,150억 달러의 바이백 한도 가운데 금융기관이 920억 달러를 받아갔다. 바이백 프로그램 중에 68%의 프로그램은 한도 물량이 전액 배정되었다. 재무부가 바이백 한도 내에서 입찰자들에게 물량을 배정하는 것이 아니고 역경매 방식으로 운영된다. 금융기관이 많이 입찰했고, 인기가 많았다는 뜻이다.

원래 용도내로 잘 운영되고 있는 가운데, 월가는 재무부가 바이백을 다른 용도로도 사용할 것으로 예상하고 있다. 재무부가 바이백을 장기금리 하락을 유도하기 위한 수단으로 활용할 가능성이 있다고 본다. 월가는 베센트 재무장관이 10년물 미국채 수익률을 낮추는데 주목하고 있다고 발언한 것을 염두에 두고 있다. 이론적으로 장기국채 바이백이 많으면 장기국채 수익률을 내릴 수 있다. 바이백을 시작한 2000년에 바이백으로 장기금리가 하락한 사례가 있긴 하다. 그런데 재정 흑자 시기와 지금을 단순 비교하기에는 무리가 있다. 채권 살 돈이 많지 않다. TBAC은 바이백이 거래유동성 확보에 도움이 된다고 말했지만, 바이백 절대 규모가 크지 않다. 월별로 수십 억, 수백 억 달러 정도이다. 월간 규모가 가장 컸던 2025년 4월, 재무부가 약 350억 달러의 국채를 바이백 했다. 2025년 5월, 10년 이상 만기 장기국채를 1,000억 달러 넘게 발행했고, 1개월~2개월만기 단기국채는 1조 달러 이상 발행했다. 월간 발행물량 대비 바이백 규모가 크지 않다(SIFMA, 2025). 그림 47은 2024년 4월 이후 2025년 8월까지 월별 바이백 물량을 보여준다. 파란 막대는 전체 금액이며 검은색 막대는 전체 금액 가운데 경매일 기준 10년 후 만기가 도래하는 국채만 별도로 표시했다.

그림 47 월별 미재무부 국채 바이백 낙찰규모

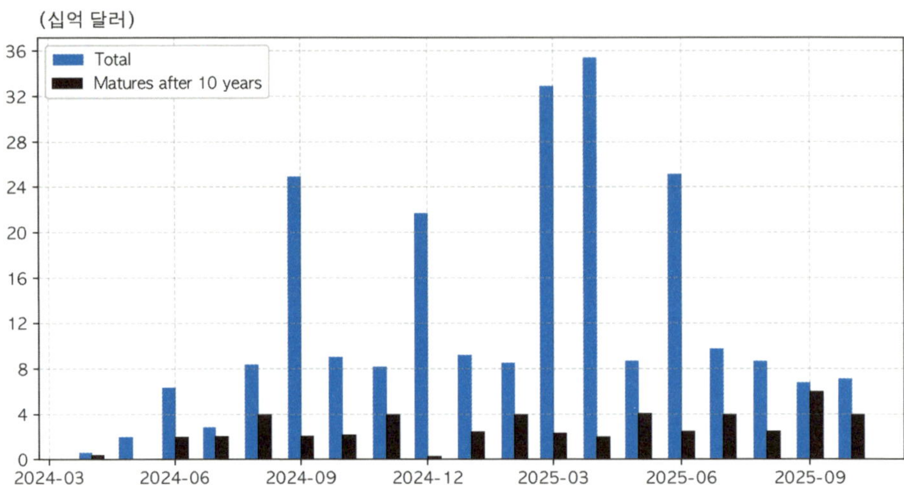

출처: Treasury Fiscal Data, Treasury Buybacks Data

기본적으로 미국 정부재정이 만성적 적자 상태여서 국채를 발행할 수밖에 없다. 2025년 7월 연방부채 한도가 5조 달러 늘어났다. 그동안 한도에 묶여 있어 국채 발행을 늘릴 수 없었지만, 앞으로 국채 발행이 늘어날 일만 남아있다. 2025년에 끝날 예정이던 2017년의 감세 조치가 영구적 조치가 되었다. 소득세와 법인세는 4월까지 이미 들어왔다. 연방정부 구조 조정으로 지출이 줄고, 관세 인상 수입이 늘어났지만, 월가는 늘어날 지출 규모를 감당하기에 부족하다고 보고 있다. 채권발행이 늘어날 가능성이 높은 가운데 재무장관은 지금까지의 채권발행 구조를 변경할 계획이 없다고 말했다. 장기금리 상승압력을 낮추기 위해 장기채권 발행을 늘리지 않고 단기채권을 위주로 발행하겠다는 말인데, 채권시장은 이런 방식이 지속 가능할지 주의 깊게 보고 있다. 단기채권을 발행해서 장기채권 바이백으로 사용하는 시나리오도 생각해 볼 수 있지만 이것도 효과가 제한적일 수 있다. 정부부채 규모가 그리고 정부 지출 규모가 일단 너무 크다. 대출금리를 잘 받으려면 수입이 늘거나, 지출을 줄여서 빚을 갚아가는 모습을 보여줘야 한다.

바이백 프로그램이 시작된 직후인 2024년 5월 국채 수익률이 많이 내려갔다. 거시경제 여건이 좋아지고 채권 수요도 늘었기 때문이다. 인플레이션이 안정되는 모습을 보이면서 채권 시장이 정책금리 인하 기대를 높이기 시작했다. 바이백 프로그램 혼자 국채 수익률 안정 효과를 낸 것이 아니다. 그렇다고 중요하지 않은 것은 아니다. 상대적인 규모는 작지만 개별 채권투자자 입장에서 보면 좋은 거래 기회가 생긴 것이다. 채권시장 참가자는 분기단위로 발표되는 바이백 계획을 눈을 크게 뜨고 보기 시작했다. 바이백 규모뿐만 아니라, 정부가 장기국채를 많이 사는지, 단기국채를 많이 사는지도 관심있게 본다.

자유의 날 그리고 달러의 위상

"수고 많이 하셨습니다. 이제 귀국하시는 기분이 어떠하신 가요?"

"'이제 자유다'하는 느낌도 있고, 아쉬운 느낌도 있습니다."

2025년 2월말 1년 반 동안의 뉴욕 생활을 마무리하고 귀국했다. 복잡한 일상에서 벗어난 것은 좋았지만, 정권이 바뀌고 금융시장 상황도 달라지고 있는데 그걸 현장에서 보지 못하게 되어 아쉬운 느낌도 있었다. 실제로 내가 뉴욕을 떠나고 나니 월가에 그동안 전례가 없던 현상이, 구조적으로 무엇인가 바뀌는 모습이 나타나기 시작했다.

2025년 4월초부터 미국 국채 수익률이 올라가는데 달러 가치는 떨어지는 현상이 나타난 것이다. 일반적으로 미국 국채 수익률이 올라가면 미국 국채에 대한 수요가 증가하고, 동반해서 달러에 대한 수요가 증가한다. 미국 국채를 사려면 미국 달러가 필요하기 때문이다. 달러에 대한 수요가 증가하면서 달러의 가치가 상승하게 된다. 미국 국채 수익률이 오르는데 미국 달러 가치가 떨어지자 뭔가 이상하다, 과거 양상과 달라졌다는 이야기가 돌기 시작했다.

달러의 가치는 달러와 다른 통화의 교환비율로 표현된다. 환율이 1달러에 1,400원면 한국 원화로 환산한 1달러의 가치가 1,400원인 셈이다. 환율이 1달러에 100엔이면 일본 엔화로 표시한 1달러의 가치가 100엔이다. 만약 50개의 서로 다른 통화로 달러의 가치를 표시하면 50개의 환율로 표현된다. 달러의 가치는 수시로 변한다. 게다가, 한 통화로 표시하면 가치가 오르고, 다른 통화로 표시하면 가치가 내려갈 수도 있고, 서로 다른 통화로 표시한 달러 가치의 변동폭이 다를 수도 있다. 이렇게 여러 가지 다른 통화로 달러 가치를 표현하면 달러 가치의 변화를 일목요연하게 보기 어렵다.

달러 인덱스(Dollar Index)는 달러 가치의 변화를 한 눈에 종합해서 볼 수 있게 해준다. 구체적으로, 달러 인덱스는 여러 개의 통화로 표시한 달러 환율을 가중 평균한 수치로 표현한다. 달러 가치를 표현할 때 좀더 중요한 통화에 가중치를 더 주고, 덜 중요한 통화에 가중치를 적게 준다. 양국 간 상품과 서비스 교역량을 가중치로 쓰기도 하고, 외환시장 거래량을 가중치로 쓰기도 한다. 가중 평균에 사용되는 환율의 개수도 달러 인덱스에 따라 다르다. 대표적으로 미국 연준 달러 인덱스(Nominal Broad Dollar Index)는 26개 통화와 달러의 환율을 상품과 서비스 교역량으로 가중 평균[105]하여 구하며(Beschwitz & at. al, 2019), 블룸버그 달러 현물환 인덱스(Bloomberg Dollar Spot Index: BBDXY)는 12개 통화와 달러의 환율을 외환시장 거래 비중과 무역거래 비중으로 가중 평균하여 구한다(Boomberg, 2024).[106] 환율이 아닌 인덱스라고 부르는 이유는 기준년도 대비 현재 가치를 비율로 표시하기 때문이다. 연준의 달러 인덱스는 2006년의 달러 가치를 100으로 한다. 달러 가치가 2006년보다 오르면 100보다 커지고 2006년보다 내리면 100보다 작아진다. 블룸버그 달러 현물환 인덱스는 2004년말의 달러 가치를 1,000으로 하여 기준으로 삼고 있다. 간단히 요약하면, 달러 인덱스 상승이 달러 강세를 의미한다.

---

105) 2017년 기준으로 26개 통화의 환율이 포함된다. 포함되는 통화와 가중치는 매년 갱신된다. 2017년 기준 국가별 가중치는 다음과 같다. 유럽 16.5, 중국 14.3, 캐나다 12, 멕시코 11.8, 일본 5.7, 한국 3.4 등이며 모두 백분율이다. 세인트루이스 연준의 홈페이지에 일별자료가 공개되고 있다. 이하 달러 가치 추이에 대한 것은 미국 연준의 달러 인덱스를 기준으로 설명하였다.

106) 블룸버그 달러 현물 인덱스의 가중치는 매년 갱신되며 2024년 기준 가중치는 아래와 같다. 유로 29.28, 엔화 12.61, 캐나다 달러 11.54, 영국 파운드 10.19, 멕시코 페소 9.41, 중국 역외 유안화 7.00, 스위스 프랑, 4.72, 호두 달러 4.39, 한국 원화 3.26, 인도 루피 2.81, 싱가포르 달러 2.52, 대만 달러 2.28이며 모두 백분율이다. 블룸버그 달러 현물 인덱스는 블룸버그 전용단말기를 통해서 볼 수 있다.

그림 48 달러 인덱스와 10년물 미국채 수익률

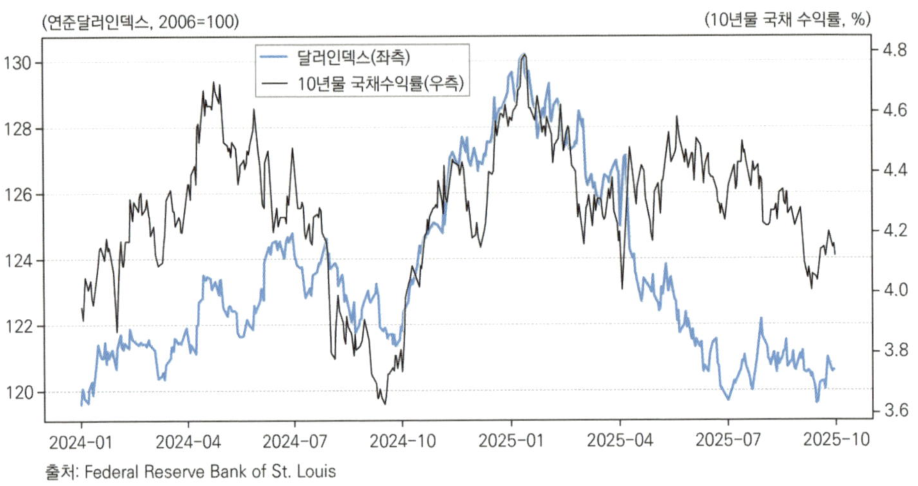

출처: Federal Reserve Bank of St. Louis

연준이 매일 공개하고 있는 연준 달러 인덱스의 추이를 보자. 2025년 1월초부터 미국채 수익률이 내려가고, 동시에 달러 가치도 하락했다. 달러 가치는 2025년 1월초 고점 대비 2025년 5월 중반까지 약 5% 하락했다. 국채 수익률이 하락한 것은 미국 경제성장률에 대한 비관적 전망이 많아진 것과 관계가 있다. 월가는 트럼프 정부의 새로운 무역정책이 가져올 불확실성이 미국 경기에 부정적 영향을 줄 것으로 보았다. 트럼프의 무역정책은 2017년 무역정책에 비해 범위도 넓고 강도도 셌다. 관세 인상과 유예가 반복되며 무역정책을 예측하기도 어려웠다.[107] 무역정책에 대한 불확실성이 높아지며 소비심리도 가라앉기 시작했고, 경기침체(recession)에 대한 구글 검색도 많아졌다. 중국에 대한 관세 추가인상과 중국의 보복관세 발표, 멕시코와 캐나다에 대한 25% 관세유예가 종료되고 양국이 미국에 보복관세를 발표 것이 2025년 3월초다. 트럼프가 상호관세(reciprocal tariff) 부과계획을 발표한 '자유의 날(Liberation Day)'이 4월 2일이고, 무역정책불확실성 지수와 구글트렌드의 경기침체 검색량이 급격히 상승했다. 이때 미국 국

107) 미국 피터슨 국제경제연구소(PIIE)는 트럼프 2기 정부의 관세 인상 발표와 시행, 상대국의 보복관세 발표와 시행을 날짜별로 잘 정리해서 발표하고 있다. https://www.piie.com/blogs/realtime-economics/2025/trumps-trade-war-timeline-20-date-guide.

채 수익률이 내려가면서 달러약세가 이어졌다. 국채 수익률과 달러가 서로 역의 상관관계를 보이는 것은 보편적인 현상이다.

그림 49 TPU, 소비자심리지수, 구글트렌드

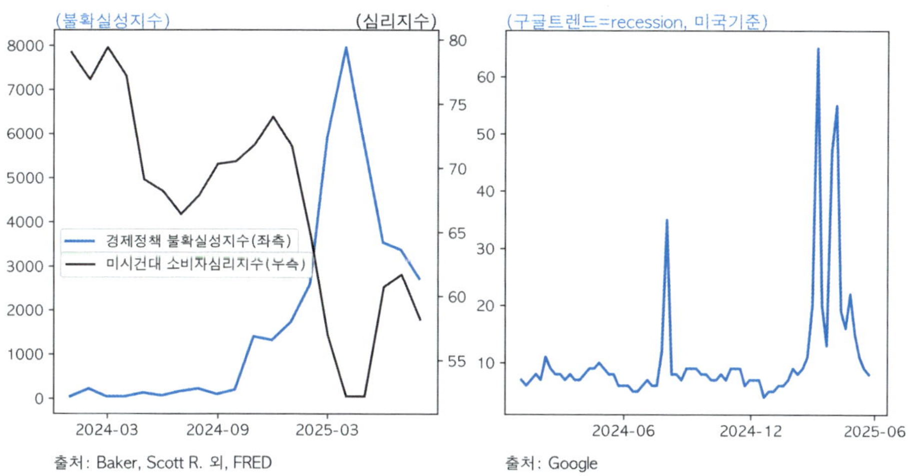

출처: Baker, Scott R. 외, FRED

출처: Google

그런데, 4월초부터 이런 보편적인 상관관계에 변화가 나타난다. 미국 국채 수익률이 상승하는데 달러 가치는 떨어지기 시작했다. 그림 48에서 보듯이 국채 수익률을 나타내는 검은색 선은 위로 올라가는데 달러 인덱스를 표시한 파란색 선은 검은색 선과 엑스자 모양으로 교차하며 아래로 내려간다. 2025년 5월 연준의 통화정책결정회의에서 이 현상을 언급한 위원들이 있었다. '이러한 상관관계의 지속적인 변화 또는 기축통화로서 미국 달러의 지위에 대한 인식 약화가 미국경제에 장기적인 영향을 미칠 수 있다'는 발언이 나왔다(Federal Reserve Board, 2025).

기축통화라면 국가 또는 국민이 그 나라 통화로 외국인들로부터 자금을 차입할 수 있어야 한다. 혹은 자기나라 통화로 표시된 금융자산을 외국인에게 팔 수 있어야 한다. 미국이 미국 달러로 외국에서 돈을 빌릴 수 있는지, 미국 달러로 표시된 금융자산을 외국에 팔 수 있는지를 보면된다.

그러나 아직 미국 달러의 기축통화 지위가 약화되었다는 것을 통계로 확인하기 어렵다. 외국인들이 달러표시 미국 국채를 여전히 잘 사주고 있다. 미국 재무부가 발표하는 외국인의 매월말 기준 미국 국채 보유잔액 자료를 보면 오히려 증가했다. 외국 정부만 따로 분류해서 보면 약간 감소한 모습이 보이지만 전체적으로 큰 변화가 없다(U.S. Department of The Treasury, 2025). 월별로 외국인이 미국 국채를 순매입한 규모를 살펴보면 추세가 바뀐 모습이 보이지 않는다. 중국의 경우도 추세적인 변화의 모습이 잘 보이지 않는다(U.S. Department of The Treasury, 2025).

그림 50 국가별 미국채 보유액과 순매입액

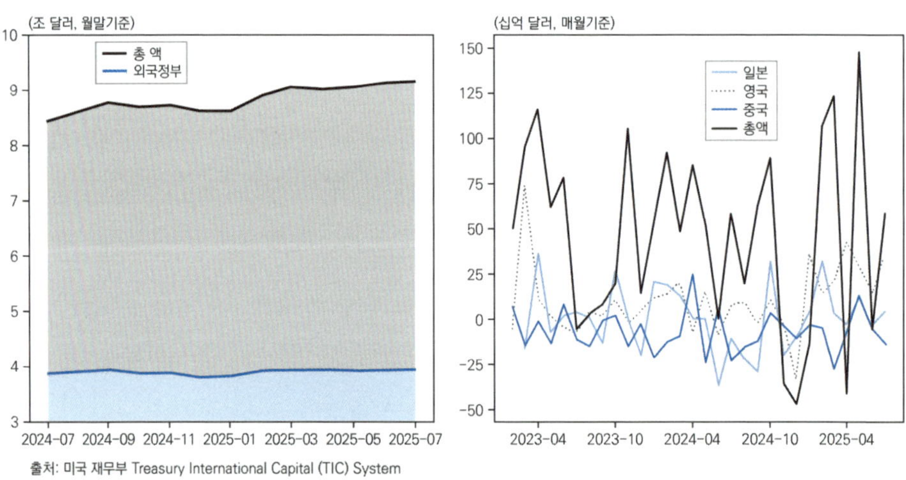

출처: 미국 재무부 Treasury International Capital (TIC) System

그렇다면, 국채 수익률 상승에도 불구하고 달러 가치가 하락하는 새로운 상관관계가 나타나는 배경이 무엇일까? 많이 거론되는 이유로 첫째, 새로운 관세정책으로 인한 미국경제의 스태그플레이션 가능성, 둘째, 감세정책으로 인한 재정적자 악화 가능성이 있다.

스태그플레이션은 경제성장률 하락, 경기침체를 의미하는 스태그네이션(stagnation)과 인플레이션(inflation)이 합쳐진 말이다. 금융시장은 관세 인상정책이 미국 경제성장률 하락과 인플레이션 상승을 유발할 것이라고 평가하였다. 인플레이션 상승은 정책금리 인상 가능성을 높이고 채권수익률, 즉 시중금리도 올리는 압력으로 작용한다. 경제성장률 하락에 대한 전망은 달러약세로, 인플레이션 상승에 대한 전망은 채권수익률 상승으로 나타난 것이다.

관세의 인플레이션 효과는 잘 알려진 것인데, 트럼프가 당선되고 5개월이 지난 2025년 4월이 되어서, 뒤늦게 시중금리 상승의 견인차로 주목을 받은 이유는 크게 두 가지로 생각된다. 첫째, 트럼프 당선초기 허니문 효과에 더해 새로운 정부에 대한 긍정적 기대는 인플레이션 전망을 낮추고, 경제성장 기대를 높였다. 과거 트럼프 1기 때도 관세 인상이 있었지만 당시 인플레이션이 높지 않았다는 경험도 일부 작용했다. 둘째, 4월이 되어서야 관세 인상의 인플레이션 효과에 대한 우려가 급격히 높아진 데는 트럼프 1기 때보다 관세정책의 강도가 예상외로 세게 발표되었기 때문이다. 트럼프가 '자유의 날'이라고 부른 4월 2일 발표된 상호관세는 대상국가와 대상품목의 범위가 매우 넓었고, 관세 수준도 크게 높았다. 4월 9일에 상호관세의 시행이 30일 간 유예되었고, 5월 28일 미국 국제무역법원(International Trade Court: ITC)이 트럼프의 상호관세 효력을 무효화[108]했지만 시장의 불안은 완전히 가시지 않고 있다. 국제무역법원의 결정에 대해 트럼프 행정부가 미국 연방항소법원에 즉각 항소한데다, 개별 국가와의 협상 과정도 남아있다. 법원의 최종 판결과 국가별 협상결과에 따라 상호관세의 범위와 수준이 결정될 것이다. 그 와중에 트럼프는 다시 철강에 대한 관세를 25%에서 50%로 인상하는 행정명령을 내렸다.

트럼프 정부가 추진하는 감세정책을 담은 법안이 2025년 5월 미국 하원에서 통과되면서 재정적자 악화 전망이 다시 금융시장의 주목을 받게 되었다.[109] 미국 의회예산처(Congressional Budget Office: CBO)에 따르면 이른바 '하나의 크고 아름다운 예산법(One Big Beautiful Budget Act: OBBBA)'이 하원 통과 법안대로 시행될 경우 미국 정부적자가 향후 10년 간 2.4조 달러 증가하고, 미국 정부부채는 2025년 기준 GDP의 117.1%에서 2034년 123.8%로 상승할 것이라고 한다(Congressional

108) 국제비상경제수권법(International Emergency Economic Powers Act: IEEPA)에 근거한 관세행정명령만 무효화하였다. 이에 해당하는 것은 10%의 일반관세, 4월 2일 발표한 상호관세, 그리고 마약 및 불법이민자에 대응한 관세이다. 철강, 알루미늄 등에 부과된 품목별 관세는 다른 법을 근거로 하였으며, 무효화되지 않았다.

109) 2025년 5월 22일 하원을 통과하였고, 7월 1일 수정안이 상원을 통과하였으며, 7월 3일 최종안이 하원을 통과해 2025년 7월 4일 발효되었다.

Budget Office, 2025). 반면에, 백악관은 예산절감조치를 감안하면 정부 적자를 1.4조 달러 줄일 수 있다고 한다(The White House, 2026). 2025년 6월 기준으로 월가는 정부 재정적자 확대 가능성을 높게 보았다. 재정적자 확대로 국채 발행 물량이 많아지면, 국채가격이 하락하고, 국채 수익률은 높아진다. 미국채 수익률은 2025년 6월 중순 기준으로 4월초보다 높아졌다.

일반적으로 미국채는 안전자산으로 평가되기 때문에 국채 수익률이 오르면 투자자산으로서 미국채에 대한 국내외 수요가 늘어나고, 달러도 강세를 보인다. 그런데 반대로 미국채가 예전보다 덜 안전한 자산으로 보이기 시작한다면 어떨까? 그러면 수익률이 상승이 미국채에 대한 위험 프리미엄으로 인식될 수 있다. 미국채 수익률 상승이 미국채 투자에 대한 위험 신호로 해석되면 정반대로 미국채의 매력이 낮아지고 달러도 약세를 보일 것이다.

10년물 미국채 수익률이 2025년 4월초에 4% 내외였는데, 6월 중순 4.4~4.5% 수준까지 올라왔다. 달러 가치를 나타내는 달러 인덱스는 2025년 6월초 기준으로 4월초보다 4% 정도 낮아져 있다[110]. 국채 수익률이 높아지는데, 오히려 달러가 약세를 보이고 있다. 미국의 재정적자와 정부부채가 증가할 것이라는 전망이 금융시장에서 미국채에 대한 안전자산으로서 평가를 어느 정도 악화시키고 있고, 달러 가치도 내리고 있다. 적어도 채권시장과 외환시장은 그렇게 평가하고 있다.

재정적자 확대 가능성은 이미 잘 알려진 것인데, 트럼프가 당선되고 반년 가까이 지난 시점이 되어서, 뒤늦게 미국채가 덜 안전한 것으로 보이기 시작한 이유는 무엇일까? 앞서 말한대로 외국인의 미국채에 대한 투자규모가 줄고 있는지 통계로 확인되지도 않는데 외환시장만 그렇게 반응하는 이유는 무엇일까? 첫째, 외환시장도 무역정책 불확실성이 미국 경기에 부정적 영향을 줄 것으로 보기 때문이다. 경제성장률이 떨어지면 미국채에 대한 매력도도 같이 떨어진다. 산출이 늘어나 그것으로 이자를 갚을 수 있어야, 앞으로도 빚진 것을 감당할 수 있다는 믿음을 줄 것 아닌가.

둘째, 실제로 4월2일에 시장의 예상을 뛰어넘는 강도 높은 보복관세 또는 상

110) 미국 연방준비은행의 Nominal Broad U.S. Dollar Index 기준이다.

호관세가 전격적으로 발표된 것이 기폭제, 즉 트리거로 작용했기 때문이다. 관세 인상 리스크가 점차 현실적·실체적 위험으로 다가왔다는 의미다. 마찬가지로 감세 조치가 포함된 OBBBA가 5월 22일 하원에서 통과된 것이 기폭제로 작용했다. 재정적자 악화 리스크도 점차 현실적·실체적 위험으로 바짝 다가왔다. OBBBA는 2017년부터 2025년까지 한시적으로 시행된 개인소득세, 법인세 감세조치를 영원히 연장하는 내용을 담고 있다. 세금 인하를 연장하면 경제성장률이 높아지는 효과 즉, 세수기반이 늘어나는 효과가 있는 것은 인정된다. 그러나 이러한 증세효과를 반영해도 영원한 감세가 가져올 재정적자 확대효과가 더 크다. 백악관은 새로 나온 세금 인하조치가 아니고 이미 2017년부터 있던 것이니까 OBBBA가 추가로 재정적자를 늘리는 것이 아니라고 말한다. 그러나, 금융시장은 2025년에 종료될 것으로 예정된 감세조치가 연장되는 데다가, 예전처럼 5년 시한이 있는 것이 아니고 영원히 계속된다는 점을 우려했다.

한편 5월 16일 무디스사가 미국의 신용평가등급을 Aaa에서 Aa1으로 한단계 낮춘 것도 미국 달러와 미국채에 대한 시장의 인식을 바꾸는데 일조했다. 5월 16일 이후 국채 수익률에 눈에 띄는 변화는 없었지만 달러 인덱스는 다소 하락했다.

달러 환율이 어떻게 될지, 달러환율과 금리 등 다른 자산가격과의 관계가 어떻게 될지 전망하는 것은 매우 어렵다. 무역쟁책, 재정정책, 그리고 환율정책에 대한 불확실성이 크기 때문이다. 우선, 미국의 관세 수준이 어떻게 정해질지 미리 알기 어렵다. 법원의 최종 결정, 상대국과의 협상결과에 따라 달라질 수 있다. 트럼프의 관세에 대한 새로운 행정명령이 더 나올지, 안 나올지도 알기 어렵다. 따라서 관세 정책의 효과에 대해 정확히 분석하는 것도 어렵고 가정에 따라 결과가 다를 수도 있다. 다만, 무역정책 불확실성이 감소하거나 관세 수준이 낮아지면 달러 가치도 상승하고 달러환율과 채권 및 주식 다른 금융자산의 수익률이 원래의 상관관계로 돌아갈 가능성이 높다. 상황에 따라 조금씩 다르지만, 대체로 관세협상 진전, 관세 인상 유예 소식이 나올 때마다 달러강세, 주가 상승, 채권수익률 안정 현상이 나오고 있다.

다른 나라와 무역협상에 환율협정이 포함되는지, 혹은 시장이 이를 어떻게 평가할지도 관건이다. 소위 '마라라고 합의(Mar-a-Largo Accord)' 또는 '신플라자 합의(New Plaza Accord)'라는 명칭으로 회자되고 있는 것으로, 미국이 상대 국가와 협정을 통해 미국 달러의 가치를 인위적으로 내릴 계획을 갖고 있다는 내용이다. 2025년 5월초 대만 달러가 이틀에 걸쳐 급락했고 '신플라자합의' 소문이 외환시장에 퍼지며 더 유명해졌다. 대만정부는 이러한 협의가 없다고 공식 부인했다. 스티븐 미란(Stephen Miran) 백악관 경제자문 위원회(Council of Economic Advisers: CEA) 위원장도 2025년 5월 23일 한 언론과 인터뷰에서 미국이 어떤 형태의 비공식 환율협정도 비밀리에 준비하고 있지 않다고 했다(Bloomberg, 2025). 그러나 금융시장은 아직도 미련을 버리지 않고 반신반의하고 있다. 미란 위원장이 바로 강한 달러가 미국의 제조업을 붕괴시켰다는 주장을 담은 보고서를 작성한 사람이다(Miran, 2024). 2025년 6월초 현재 대만 달러의 미국 달러에 대한 환율은 4월말보다 많이 낮아진 수준으로, 즉 대만 달러의 가치가 미국 달러의 가치보다 높아진 상태로 유지되고 있다.

달러 가치가 과거대비 실질적으로 얼마 하락했는지, 금 또는 다른 주요국 통화와 비교해 상대적으로 얼마나 변했는지에 대한 장기적 흐름을 보는 것도 달러 환율을 전망할 때 필요하다. 실질 달러인덱스는 미국 물가와 교역상대국의 물가를 반영한 달러의 실질가치를 보여준다. 2025년 상반기 현재 실질 달러인덱스는 2022년 수준과 유사하다.

그림 51 실질 달러인덱스, 금 현물가격, 실질실효 유로인덱스

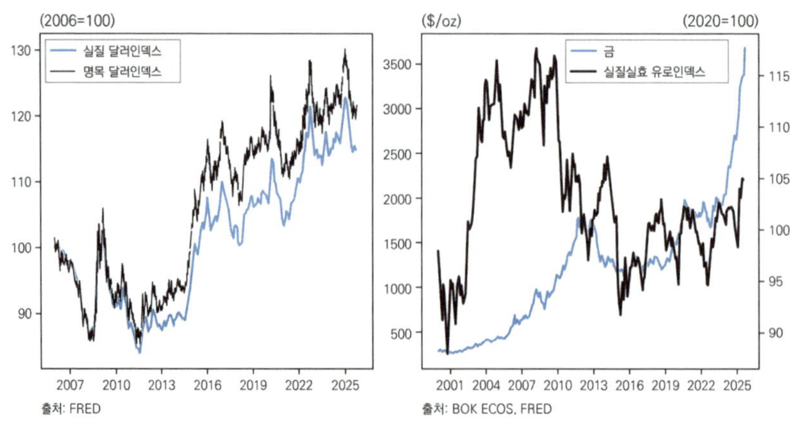

달러의 실질가치가 주기적으로 상승과 하락을 반복했지만 크게 보면 2013~2014년 이후 추세적으로 상승해 왔음을 알 수 있다. 2025년 상반기 하락 폭이 최근 있었던 하락 폭과 비교해 이례적으로 큰 것도 아니다. 그런 측면에서 달러 가치 상승 추세가 하락 추세로 완전히 전환한 것인지 평가하기 아직 이르다. 2025년 상반기 달러의 실질가치가 하락할 때 유로화의 실질가치는 상승했고, 금 가격도 크게 올랐다. 금 가격은 사상 최고 수준을 나타내고 있다.

달러가치의 향방은 앞으로 달러가 지속적으로 글로벌 기축통화(reserve currency)로 기능할지 여부도 관계가 있다. 2025년 6월 현재기준으로 달러 이외의 대안은 없다고 보는 것이 시장, 특히 미국 금융시장의 보편적인 견해이다. 유로의 실질가치가 2025년 상반기중에 상승했지만 아직 글로벌 금융위기 때보다 낮은 수준이다. 반면, 달러의 실질가치는 글로벌 금융위기 이후 크게 오른 상태이다. 실질환율은 국가의 상대적인 경제력을 반영한다. 10년이 넘는 기간 동안 벌어진 생산성과 경제성장의 차이를 단기간 극복하기 어렵다. 월가는 미국 예외주의를 아직 믿고 있다. 우리 옛말에 부자는 어찌 되도 3대까지 이어진다고 했다.

그림 52 전세계 외환보유액의 주요 통화별 구성

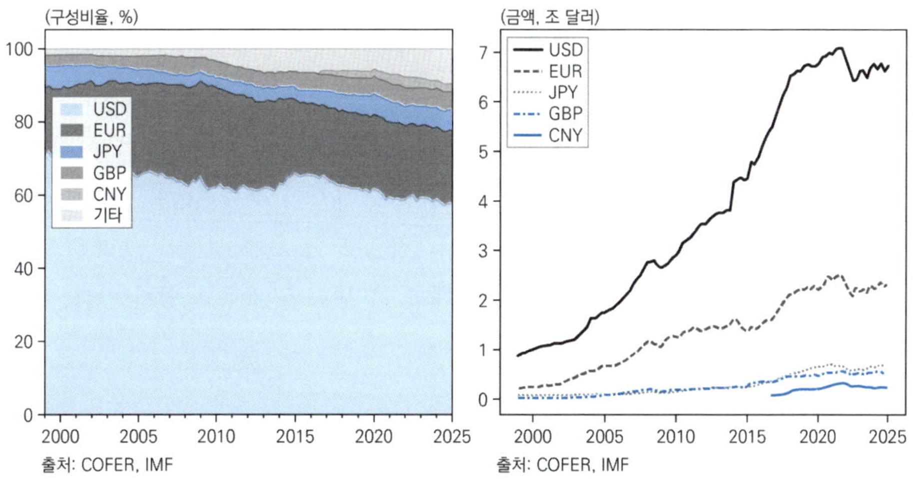

다만, 금융시장이 대안을 찾아 나서고 있는 정황도 보인다. 월가의 투자은행이 고객에게 보내는 유로지역 국채투자 안내 메일이 내게도 오고 있다. 일년 전만 해도 이런 메일이 온 적이 없다. 미국 달러화가 전세계 외환보유액에서 차지하는 있는 비중이 추세적으로 천천히 낮아진 점도 눈에 보인다.[111]

금값이 계속 오르는 것도 유의해서 볼 필요가 있다는 생각이 든다. 이에 따라, 전체 글로벌 외환보유액에서 금보유액이 차지하는 비중이 상승하고 있다.

그림 53 전세계 금 보유량, 국가별 보유량

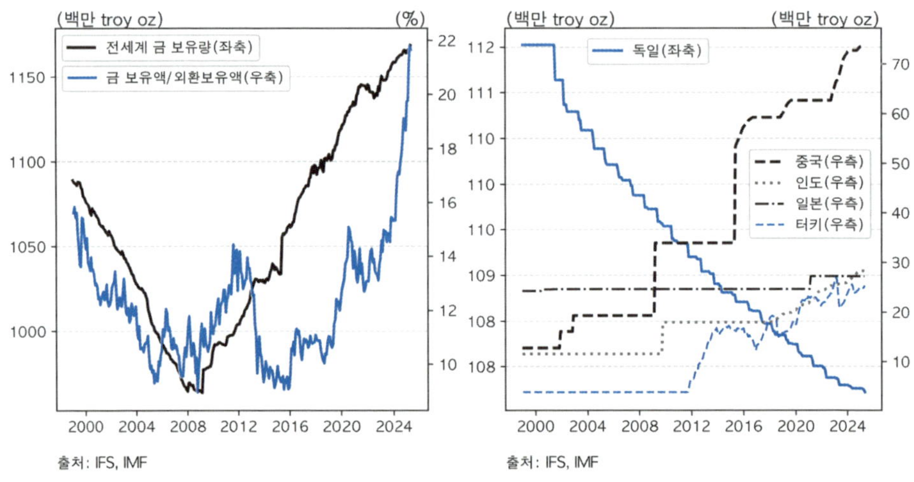

금 가격이 상승해서 이 비율이 저절로 올라갈 수도 있지만, 보유량 자체도 늘고 있다. 금 무게로 평가하더라도 전세계 금 보유량이 추세적으로 서서히 늘어나는 모습이 보인다. 일부 국가는 보다 적극적으로 금 보유 물량을 늘리고 있다. 반면, 미국의 금 보유량은 261백만 온스에서 큰 변화를 보이고 있지 않다. 일부 유럽 국가의 금 보유량은 조금 줄어들었다.

111) 국제통화기금(IMF)이 전세계 외환보유액 통화구성(Currency Composition of Official Foreign Exchange: COFER)을 발표한다. 총 149개 국가의 외환보유액을 포함한다. 금, SDR은 포함하고 있지 않다. https://data.imf.org/en/datasets/IMF.STA:COFER

관세 인상의 인플레이션 효과

"관세 인상의 효과는 언제 나타날까요?"

"5월 소비자물가에 아직 관세 인상의 효과가 충분히 반영되지 않은 것으로 보이는데 상호관세, 대중국 관세의 유예기간이 7월 종료되는 것을 고려하면 아직 불확실성이 남아있다고 보입니다."

미국의 미디어들은 2025년 6월 11일에 발표된 미국의 5월 소비자물가 상승률에 높은 관심을 보였다. 트럼프의 관세 인상이 소비자물가를 얼마나 올릴지, 어떤 항목의 물가가 상승할지가 관심의 핵심이었다. 그동안 미국 마트에서 일반 소비자가 지불하는 가격이 연초보다 많이 올랐다, 스마트폰과 자동차 가격 급등에 대비해 미리 사두려는 사람이 많아졌다는 기사가 나오기도 했는데, 정부가 발표하는 물가지수에 관세 효과가 어느 정도 반영될지 모두 궁금했다.

5월 소비자물가가 어쩌면 관세 인상의 효과가 처음 반영될 물가지표가 될지 모른다는 전망도 있었다. 그러나, 발표된 소비자물가 상승률은 높지 않았다. 일년 전에 비해 2.4% 상승했고, 마켓와치 기준 금융시장의 전망치와 동일했다. 지난달에 비해 0.1% 상승했는데, 이것은 시장전망 0.2%보다 오히려 낮았다.

관세 인상의 효과가 5월 소비자물가에 충분히 반영되지 않은 이유로 우선, 많은 업체가 관세가 오르기 전에 미리 수입하여 재고를 확보해 놨기 때문이라는 분석이 있었다(한국은행 뉴욕사무소, 2025). 통관기준, 국제수지 기준 수입실적을 보

그림 54 수입증가율과 재고투자 증가율

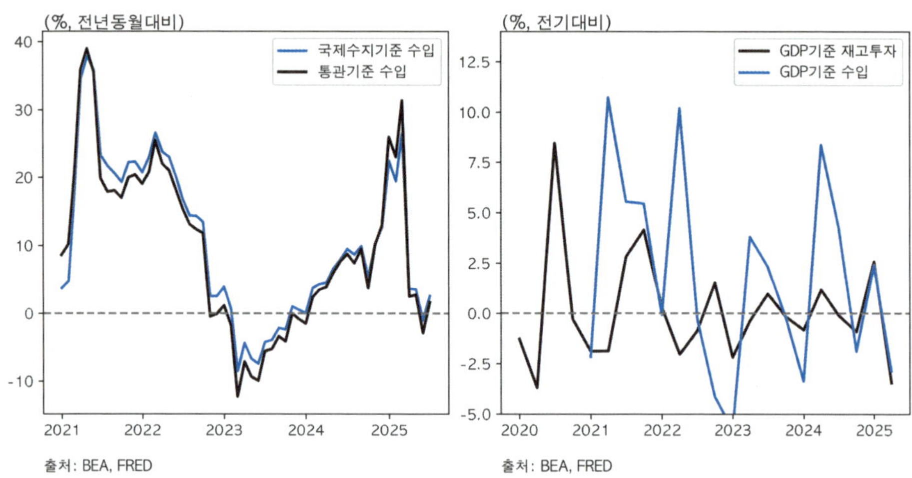

출처: BEA, FRED

출처: BEA, FRED

면 2024년말 또는 2025년초까지 급등하다가 관세 인상 후 급락하는 모습이 확인되고 GDP기준 실질재고투자 증가율이 2025년 1분기에 상승하였다.

또한 서베이 자료를 보면, 기업들이 점진적으로 가격 인상을 진행중이며 일단은 재고로 버티고 있다고 했다. 이 논리에 따르면, 재고가 소진되면 관세 인상이 본격적으로 소비자물가, 그리고 가계 소비에도 영향을 주게 된다. 재고 소진 시점을 2025년말로 보기도 하고, 시기를 특정하지 않는 분석도 있다. 미국 연준이 발표한 경제동향보고서인 베이지북에 따르면 2025년 5월 현재, 기업들은 향후 3개월 이내에 관세와 연관된 비용상승을 판매가격에 반영해서 전가할 것으로 예상하고 있다. 보고서에 따르면, 기업들의 관세에 대한 대응은 다양하게 나타나고 있다. 관세에 영향을 받는 제품만 가격을 올리거나, 관세의 직접 영향 여부를 떠나 모든 제품 가격을 올리거나, 가격은 올리지 않고 임시로 수수료를 올리거나, 아니면 마진을 낮추고 관세부담을 떠안는 기업도 있다(Federal Reserve Board, 2025).

마지막으로 관세 인상이 아직까지 물가에 나타나지 않는 것은, 기업들이 관세인상에 어떻게 대응할 지 결정을 못하고 있거나, 관세 수준이 결정될 때까지 기다리고 있기 때문이라는 분석이다. 상호관세가 7월초까지 90일 간 유예되었고 개별 국가와의 협상에 따라 국가별 관세 수준이 결정될 것이다. 그리고, 관세 인상과 유예 패턴이 여러 차례 반복되는 과정에서 기업의 결정이 더욱 어렵게 됐다. 최종 관세 수준이 결정될 때까지, 그리고 비용을 감당할 수 있을 때까지, 해상에서 대기하거나, 보세창고 구역에 놔두고 통관 절차를 늦추는 일도 있다고 한다.

상대적으로 소수이긴 하지만 관세 인상의 인플레이션 상승 효과를 너무 과장할 필요가 없다는 시각도 있다. 특히 선거 기간중에 그런 주장이 많았다. 트럼프 1기때인 2017년부터 2020년까지 관세 인상에도 불구하고 물가가 안정되어 있었는데 이번에도 그럴 수 있다는 주장이다. 2024년 미국우월주의 분위기가 시장에서 세를 떨치고 미국 주가가 사상 최고치를 찍을 때도 이런 주장이 많이 등장했다.

그림 55 트럼프 대통령 재임기간 소비자물가, WTI, 달러인덱스 상승률

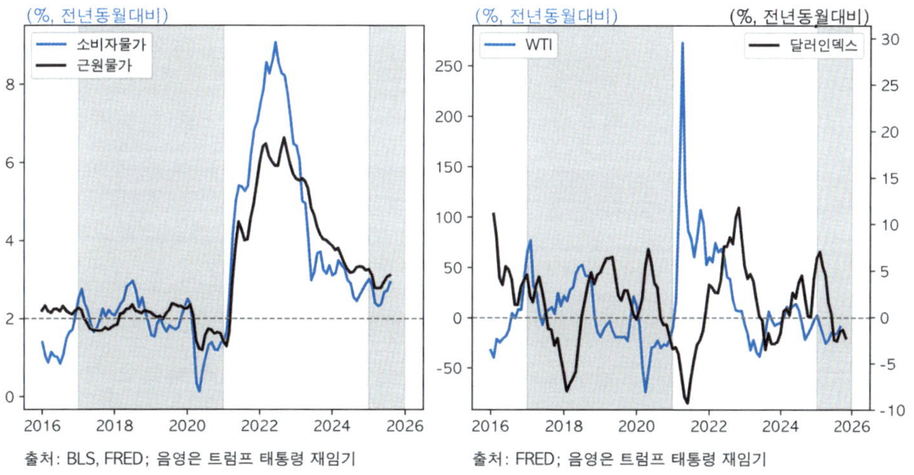

그런데, 2025년 5월말 기준으로 보면, 물가에 영향이 큰 달러환율 움직임이 트럼프 1기 때와 조금 다르다. 달러 가치가 전년대비 내려간 상태다. 달러 가치가 내려가면 달러로 환산한 미국의 수입가격이 올라가고 미국 소비자가격도 올라갈 가능성이 높아진다. 한편, 관세 인상 수준과 범위도 트럼프 1기 때와 다르기 때문에 1:1 비교에 어려움이 있다. 관세 인상 유예기간이 지나고, 국가별 협상이 완결된 다음에 관세가 어떤 수준에서 결정될지 불확실성이 남아있기도 하다. 피터슨

국제경제연구소(PIIE)의 Bown 박사가 발표한 자료에 따르면 미국이 중국산 수입품에 부과한 관세율은 2019년 9월 1일 기준으로 평균 21.0%이고, 2025년 5월 3일 기준으로 126.5%이다. 중국에 대한 고율관세가 한시적으로 유예된 후인 2025월 5월 14일 기준으로도 51.1% 수준이다(Bown, 2025).

관세 인상이 인플레이션에 미치는 효과가 1회성 충격(one time shift)에 그치기 때문에 짧은 기간에만 영향을 준다는 이야기도 있다. 관세가 인상되는 순간에 물가가 오르지만, 관세가 계속 오르는 것이 아니고 한 번 오르면 오른 상태로 이어지기 때문에 인플레이션 효과는 관세 인상이 있던 해에 가장 크고 그 이후에는 잘 나타나지 않을 것이다. 단순한 예를 들어보자. 무관세였던 100달러 상품에 올해부터 10%의 관세가 부과되고, 수입업자가 관세를 모두 판매가격에 반영해서 소비자가격이 110달러가 되었다고 하자. 상품가격이 100달러에서 110달러로 10% 인상되었다. 1년이 지났는데 외국 수출업자의 수출가격이 100달러로 같고 관세도 10%라고 하자. 이번에도 100달러 상품에 10달러 관세를 더해 소비자 가격은 110달러가 된다. 소비자가격 110달러가 유지되고 있으므로 이번에는 가격 인상률이 0%가 된다.

그런데, 보통 현실은 이렇게 단순하지 않다. 연준 파월 의장이 2025년 5월에도, 그리고 6월에도 통화정책결정회의 기자회견에서 이를 설명했다. 관세는 일회성 충격이어서 인플레이션에 미치는 영향이 단기적일 수 있는데, 좀더 지속될 가능성도 있다고 했다. 관세 충격의 지속성은 관세 충격의 크기, 관세가 가격에 반영되는데 걸리는 시간, 그리고 인플레이션에 대한 기대에 달려있다고 했다(Federal Reserve Board, 2025). 기업이 판매가격을 천천히 혹은 보다 빠르게 조정하기도 하고, 중간재의 가격 인상이 중간재를 원료로 생산하는 제품에 반영되는 데에 걸리는 시간도 다양하다. 그리고, 인플레이션 기대가 높아지면 파급효과가 더 길고 크게 나타날 것이고, 반대의 경우는 파급효과가 상대적으로 작게 단기간 나타나게 될 것이다.

관세로 인해 수요가 억제되고 성장이 둔화되면 인플레이션이 하락압력을 받을 것이라는 이야기도 있다. 2025년 6월 FOMC 기자회견에서 월스트리트(Wallstreet)닉 티미라오스 기자가 이에 대한 파월 의장의 견해를 물었다. 의장은 연준이 논의한 시나리오 중의 하나이지만 불확실성이 커서 확실히 알기 어렵다는 취지로 답변했다.

마지막으로, 관세가 외국 정부, 또는 외국 수출업자가 부담하는 것이고 미국 소비자는 부담하지 않는다는 주장이 있다. 100달러짜리 상품에 10달러의 관세부과 되었을 때 소비자가격이 110달러가 되는 것이 아니고, 외국 수출업자가 수출가격을 100달러에서 90달러로 내릴 것이고 여기에 10달러 관세를 더해 소비자가격은 100달러로 유지된다는 논리다. 전적으로 맞는 주장도 아니지만, 완전히 틀린 주장도 아니다. 이론적으로는 가격변화에 보다 민감한 쪽이 관세를 적게 부담하게 된다. 미국 소비자가 약간의 가격변화에도 수요를 크게 줄인다면 수출하는 쪽이 가능한 선에서 관세부담을 떠안고, 즉 수출가격을 낮추고, 관세가 더해진 미국 소비자가격에 큰 변화가 없도록 해야 판매에 지장이 없게 된다. 대체할 수 있는 상품이 있거나, 다른 나라에서 수입해도 되거나, 소비를 줄여도 크게 문제될 게 없다면 수입수요가 가격변화에 더욱 탄력적이게 된다. 그 반대의 경우에는 미국 소비자가 어쩔 수 없이 관세부담을 더 떠안을 수밖에 없다. 대체할 상품이 없거나, 다른 수입선이 없거나, 반드시 필요한 물품일수록 소비자 부담이 커진다. 어린이들이 완구를 조금 덜 가지고 놀 수 있지만, 기초금속인 알루미늄을 다른 것으로 대체하기는 조금 어려울 것 같다.

외국 수출기업도 가격변화에 보다 민감할수록 관세부담을 덜 떠안으려고 할 것이다. 수출가격을 낮춰 달라, 즉 수출기업이 관세 일부를 부담해 달라는 요구에 대해 난색을 표하면서 수용하기 어렵다고 할 수 있다. 생산원가가 있으니 낮은 가격으로 파는 것도 한계가 있다. 미국 이외에 다른 나라에 수출하는 선택지가 많을수록 미국의 수출가격 인하요구에 강경하게 대응할 것이고, 미국만 바라보고 수출하는 기업은 가격인하 요구를 많이 수용할 수밖에 없을 것이다. 결과적으로 수출하는 쪽과 수입하는 쪽이 서로 나누어 수입관세를 부담하게 되는데, 가격변화에 민감한, 즉 가격탄력성이 큰 쪽이 덜 부담하게 된다. 수출하는 쪽과 미국 소비자의 반응에 추가해서 미국 생산자의 반응까지 고려하면 분석이 더 복잡해진다. 국내생산자가 수입산에 비해 가격경쟁력이 높아졌다고 판단해서 생산을 늘릴 수도 있고, 공급이 늘어나서 가격이 떨어질 수도 있다. 반대로 국내생산자가 수입품

가격인상에 편승해서 판매가격을 올릴 수도 있다.

이렇게 여러 가능성이 있지만 미국 의회 보고서와 미국 연준의 보고서 결과는 대체로 한 방향으로 나타난다. 관세 인상이 인플레이션을 유발한다는 것이다. 미국의회예산처(Congressional Budget Office: CBO)에 따르면 2025년 1월부터 5월까지 인상된 관세가 2025년, 2026년 미국의 인플레이션을 각각 0.4% 포인트 상승시킨다(Congressional Budget Office, 2025).[112] 보스턴 연준(Federal Reserve Bank of Boston) 보고서에 따르면 중국산 10%, 캐나다와 멕시코산 25% 관세가 부가될 때 미국의 개인소비지출 물가지수(Personal Consumption Expenditure: PCE)가 최대 0.8% 포인트 오른다. 중국산 60%, 다른 모든 국가로부터 수입에 10% 관세가 부과된다고 가정하면 PCE 물가지수가 최대 2.2% 포인트 오르게 된다(Barbiero & Stein, 2026). 샌프란시스코 연준(Federal Reserve Bank of San Francisco) 보고서도 유사하게 쓰고 있다. 모든 국가로부터 수입에 25%의 관세가 부과될 때 미국의 PCE 물가지수가 2.2% 올라간다.

학계의 연구 결과도 유사하다. 예일대학교의 The Budget Lab 보고서에 따르면 2025년 4월까지 인상된 모든 관세가 연간 PCE 물가지수를 2.31% 올리는 효과를 갖는다(The Budget Lab at Yale, 2025).

2025년 6월 기준으로 월가, 좁게 보면 채권시장은 관세 인상이 인플레이션 압력을 높인다는 주장 쪽을 좀더 반영하고 있는 것으로 평가된다. 10년물 국채 수익률이 4.4% 내외에서 등락하고 있다. 관세 불확실성이 가장 컸던 4월초와 유사한 수준이며 많이 움직이지 않고 있다. 국채 수익률에 반영된 기대인플레이션율[113]은 4월초보다 약간 내려갔지만 2024년 9월초의 저점보다 다소 높은 수준이다. 반면, 2025년 6월 들어 일부 연준이사들이 관세 인상이 인플레이션에 미치는 영향이 단기적이라며 정책금리 인하를 시사하는 듯한 발언을 했다.

---

112) 중국산 30%, 자동차 25%, 철강과 알루미늄 25%, 상호관세 10%, 캐나다와 멕시코산 25% 인상에 더해 개인용 소액우편에 대한 관세 인상을 포함한 효과이다.

113) 국채 수익률에 반영된 기대인플레이션율(Breakeven Inflation Rate)은 명목 국채 수익률에서 물가연동국채(Treasury Inflation Protected Securities: TIPS) 수익률 뺀 것이다. 채권시장이 기대하는 미래의 평균인플레이션율을 반영한다.

정책금리를 결정하는 FOMC 위원들은 서로 견해가 조금씩 다르다. 월러(Christopher Waller) 이사는 관세효과는 일시적이며, 관세 충격의 2/3는 외국의 수출업자와 국내 판매업자가 나누어 부담하고, 1/3 정도만 소비자가격에 반영될 것이라고 했다(Waller, The Case for Cutting Now, 2025). 윌리엄스(John Williams) 뉴욕 연준총재는 관세가 물가로 파급되려면 시간이 걸리기 때문에 지금은 효과가 잘 안보이지만 앞으로 수개월 동안 물가에 반영될 것으로 예상했다. 대체로 2025년 하반기에서 2026년 상반기 동안 관세가 인플레이션을 1% 포인트 올릴 것으로 전망했다(Willams, 2025). 2024년 9월 정책금리 50bp 인하를 찬성하면서부터 월러 이사는 비둘기파 성향으로 분류되고 있고, 윌리엄스 총재는 중도 성향으로 분류되고 있다.

다양한 주장이 있으며 아직도 어렴풋하게만 알 수 있고 확실한 것은 없다. 관세에 대한 불확실성이 4월 최고로 높았고 이후 조금 낮아졌지만 완전히 사라지지 않았다. 관세가 경제에 미치는 효과에 대해서도 불확실성이 있다. 파급의 강도와 지속성을 미리 알기 어렵다. 관세가 확정되고 시간이 지나도 관세의 인플레이션 효과에 대한 논쟁이 한동안 지속될 수 있다. 관세 말고도 인플레이션에 영향을 주는 요소가 많기 때문에 관세의 효과를 분리해서 보는 것도 쉬운 일이 아니기 때문이다.

PCE 물가지수가 무엇인가?

"PCE 물가지수가 연준이 선호하는 물가지표라면서, 통계가 발표될 때, 왜 따로 분석보고서를 안 쓰나요?"

"연준이 선호하는 지표이긴 한데, 항상 CPI보다 늦게 나오고, 통화정책결정회의가 끝나고 나와서 상대적으로 금융시장이 덜 주목해요. 어디까지나 상대적으로 덜 본다는 것이지 아예 안보는 것은 아니고요."

뉴욕사무소에 부임하고 한 달 정도 지난 2023년 9월말이었다. 개인소비지출 물가지수(Personal Consumption Expenditure Price Index: PCE Price Index)가 나온 날인데 분석보고서를 따로 작성하지 않는 이유가 궁금했다. 한국은행 뉴욕사무소는 매달 소비자물가지수가 발표될 때 '소비자물가지수 동향 및 금융시장 반응'이라는 제목으로 분석보고서를 내고 공식 홈페이지에 올리는데, PCE 물가지수가 나오는 날에 발표하는 보고서가 없다.114)

2023년 9월 14일에도 한국은행 뉴욕사무소는 그날 나온 소비자물가지수에 대한 보고서를 올렸다. '소비자물가지수 상승률이 지난달보다 높아졌지만 시장의 예상에 부합하는 수준이어서 시장이 안도하는 분위기였다.', '시장은 연준이 9월

---

114) 소비자물가지수(CPI)는 도시지역 소비자들이 지불하는 재화와 서비스 가격의 변화를 측정하는 지표이고 노동통계청(BLS)이 작성, 발표한다. 개인소비지출(PCE) 물가지수는 국민들이 재화와 서비스를 위해 지불한 가격을 측정하는 지표인데 국민총생산(GDP) 가운데 소비지출의 물가지표이다. 경제통계국(BEA)이 작성, 발표한다.

20일에 금리를 동결할 것이라는 예상을 유지했다.'라는 내용이 핵심이었다.

실제로 9월 20일 연준은 정책금리를 동결했다. 9월 29일에 PCE 물가지수가 나왔다. 소비자물가지수가 발표된 지 15일이나 지났다. 지난달 보다 높게 나왔지만 시장의 예상보다는 약간 낮게 나와서 오전에 국채 수익률이 조금 떨어졌다. 그런데 '통화정책을 한동안 제약적인 수준으로 유지할 필요가 있다'는 존 윌리암스(John Williams) 총재의 한마디로 오후에 시장 흐름이 반전됐다. 연준이 선호하는 물가지수라고 하는데, 시장은 지수보다 뉴욕 연방은행 총재의 말에 더 무게를 뒀다.

그럼 연준이 선호하는 지수라는 말은 맞을까? 연준이사회 공식 홈페이지(Federal Reserve Board, 2025)에 나와있는 것으로 확인해보자. 연준은 "미국 국민들을 위해 물가안정과 완전고용'이라는 양대 책무(dual mandate)를 정책 목표로 하고 있다." "물가안정은 인플레이션율이 2% 수준에서 낮고 안정적으로 유지되는 것을 의미하며, 인플레이션율은 개인소비지출(PCE) 물가지수의 연간 상승률로 측정한다." 연준은 투명한 커뮤니케이션을 위해 3개월마다 발표되는 경제전망보고서 요약(SEP)에 통화정책결정회의 참가자들의 PCE 물가지수 상승률 전망을 발표한다. 의회에 보고하는 통화정책보고서에도 들어간다. 연준이 목표로 삼고 있는 지수이고, 연준이 발표하는 보고서에 나오는 지수이니 연준이 소비자물가지수보다 선호하는 것이 맞다. 그렇지만 오해는 금물이다. 연준이 다른 물가지수를 분석 대상에서 완전히 배제한 것이 아니다. 물가안정 목표, 보고서 등 대외 커뮤니케이션 자료에는 PCE를 사용하지만, 인플레이션 분석에는 CPI를 포함한 다른 물가통계와 실물지표를 모두 활용한다.

미국 연방준비제도가 소비자물가지주(CPI)보다 개인소비지출(PCE) 물가지수를 선호한다고 공식화한 것은 2000년부터이다. 2000년 2월 연준이 미국 의회에 제출한 통화정책보고서에 PCE 물가지수를 선택한 배경이 나온다(Federal Reserve Board, 2000).

> 체인타입의 물가지수인 PCE 물가지수는 CPI에서 광범위한 자료를 가져오지만 CPI에 비해 장점이 몇 가지 있다. (중략) 체인 타입 지수인 PCE 물가지수

는 소비지출 구성이 변화하는 것을 반영하며, 소비지출 가중치를 고정하는 방식의 CPI가 보이는 과대 편향을 피할 수 있다. 또한, PCE 물가지수의 가중치는 보다 광범위한 측정치에 기반하고 있다. 마지막으로 새로 획득한 정보, 측정방식 개선 등을 반영해서, CPI로부터 가져온 데이터를 포함해서 PCE 물가지수의 과거 자료 전체가 수정될 수 있다. 결과적으로 전체 기간에 걸쳐 일관성이 유지된다.

추가로 설명해 보자. PCE 물가지수는 상대적으로 가격이 올라 소비지출이 줄어든 품목의 가중치를 줄이고, 싸지거나, 선호도가 높아져서 소비지출이 늘어난 것의 가중치를 높이는 등 소비 변화를 보다 신속하게 반영한다.[115] 소비자의 행동변화를 잘 반영한다는 점에서 통화정책 지표로서 보다 적합하는 것이 연준의 설명이다. PCE 물가지수를 만들고 발표하는 상무부 경제분석국(U.S. Bureau of Economic Analysis: BEA)은 이 지표가 '주로 거시경제 분석과 전망에 사용된다고' 설명한다. 연준이 주로 하는 일 가운데 하나다. 그리고, PCE 물가지수는 상품과 서비스의 가격을 온전하게 전체 가격대로 반영한다. CPI는 소비자가 자기 돈으로 지불한 가격만 포함한다. 치료비를 예로 들어보자. PCE 물가지수는 병원 청구서에 나온 총비용을 가격으로 반영하지만, CPI는 총비용에서 사회보장보험이 내준 비용을 빼고 소비자에게 청구되는 비용만 가격으로 반영한다. 포괄하는 지역 범위도 다르다. PCE는 전국 모든 지역 물가를, CPI는 도시시역 물가를 반영한다[116]. PCE가 보다 광범위한 측정에 기반한다.

그 두 지표가 인플레이션 상황을 서로 다르게 알려주면 어쩌나? 실제 미국의 소비자물가지수 상승률과 PCE 물가지수 상승률을 비교해 보자. 2000년부터 2025년까지 두 물가지수의 상승률은 매우 비슷하게 움직였다. 약간의 차이가 있지만, 오를 때 같이 오르고 내릴 때 같이 내린다. 그런데, 소비자물가지수 상승률이 PCE 물가지수 상승률보다 평균적으로 약간 높다. 연준의 통화정책보고서가 말한

115) CPI의 가중치도 2023년부터 매년 수정되기 시작했다.

116) 보다 정확히 표현하면 PCE 물가지수는 미국 국민이 지불한 가격을, CPI는 도시지역 소비자가 지불한 가격을 측정한다.

대로 소비자물가지수 상승률이 측정기법상 상대적으로 과대 편향, 즉 플러스 오차가 있기 때문이다. 그리고 구성의 차이 때문에 소비자물가지수 상승률이 PCE 물가지수 상승률보다 높을 수 있다.

그림 56 소비자물가지수와 PCE 물가지수 상승률

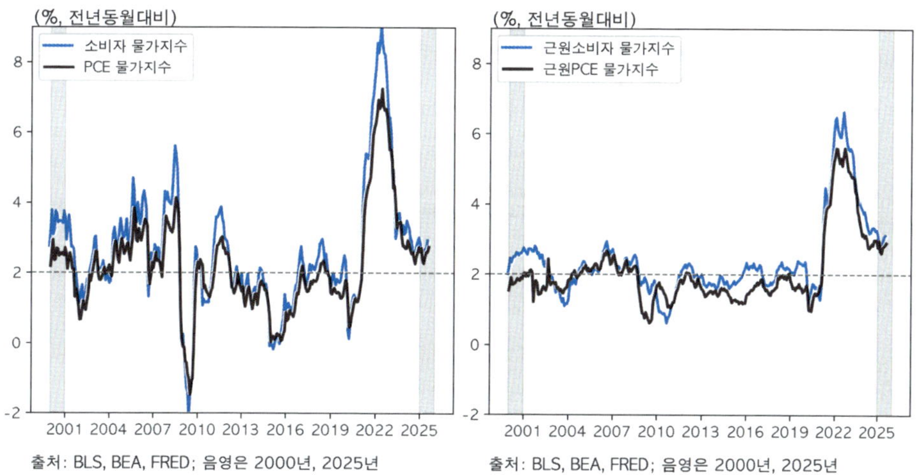

한국은행 뉴욕사무소가 작성한 자료의 표현을 그대로 옮기면 '주요 구성품목의 가중치, 포괄범위, 기초자료 차이' 때문에 두 지표의 상승률이 다를 수 있다(한국은행 뉴욕사무소, 2024). 가장 많이 차이가 나는 것 가운데 하나는 주거비에 대한 가중치이다. CPI의 주거비 가중치는 34.8%이고, PCE의 주거비 가중치는 16.4%이다. CPI의 주거비 가중치가 PCE보다 무려 18.4% 포인트 크다. 반대로, CPI의 의료비 가중치는 PCE보다 작다. CPI의 의료비 가중치는 6.4%, PCE의 가중치는 16.2%이다.[117] 한국은행 분석에 따르면 2017년 상반기 주거비 상승률이 크게 오른 반면, 의료비는 안정세를 보이면서, 주거비 비중이 크고 의료비 비중이 상대적으로 작은 CPI 상승률이 PCE보다 높았다(한국은행 뉴욕사무소, 2017). 2022년에도 주거비가 크게 상승하면서 주거비 가중치가 상대적으로 큰 CPI 상승률이 훨씬 높게 나왔다. 가격 변동성이 큰 에너지와 식품을 제외한 것을 근원물가지수

117) 2024년 3월 기준이다. 그때 작성된 한국은행 뉴욕사무소 자료를 인용했다.

라고 한다. 근원소비자물가지수와 근원PCE 물가지수도 서로 비슷하게 움직여 왔다. 그리고 근원소비자물가지수가 근원 PCE물가지수보다 평균적으로 상승률이 더 높았다.

약간의 수준 차이만 있고 움직임이 비슷하다면 구태여 다른 물가지수를 쓸 필요가 있을까? 대중에게 익숙하지 않은 것을 쓰면 오히려 혼란스럽지 않을까? PCE 물가지수를 공식화하기 전에 연준도 이 문제를 고민하고 토론했다. 1999년 2월 연준의 통화정책결정회의에서 캐시 미네한(Cathy Minehan) 보스턴 연준총재는 PCE 물가지수가 이해하기 어려워 보인다고 했다.

> 어느 지수가 사람들이 인지하고 고려하는 인플레이션을 더 잘 측정하는지, 나에게 명료하지 않다. 사실 나는 소비자물가지수가 바로 그런 목적으로 만들어졌다고 생각했다. PCE 물가지수를 선호하는 기술적, 비기술적 요인들이 분명히 있겠지만, 사람들이 정말로 이해할 지라는 관점에서 볼 때, 그 지표는 어떤 면에서 복잡하고 어려워(arcane)[118] 보인다.

미네한 총재는 보스턴 연준 총재가 되기 전에 뉴욕 연준에서 관리업무를 주로 했다. 경영과정 연수 프로그램도 담당했고, 'Fedwire'라는 결제서비스도 담당했다. 그래서 '거시경제 전망과 분석'을 담당하는 경제 전문가의 관점이 아닌 일반인의 관점에서 PCE의 약점을 지적할 수 있었다. 예일대학교에서 박사학위를 받았고, 당시 연준이사회에서 인플레이션 전망을 담당하던 데이비드 스톡튼(David Stockton)은 그날 미네한 총재에게 PCE 물가지수가 가진 기술적 장점을 설명했다.[119]

---

118) 캠브리지 영어사전에 따르면 형용사 arcane은 '복합한 그래서 소수의 사람만 이해하는'의 의미를 갖고 있다. 2024년 연말 애니메이션 드라마 시리즈 '아케인'이 넷플릭스를 통해 방영됐다. 주인공 '징크스'의 성격이 이중적이고 복잡하며 오직 언니 '비'만 그녀를 이해한다. 드라마에는 소수의 사람들만 이해하는 복잡하고 새로운 과학기술이 나온다.

119) 앨런 그린스펀(Alan Greenspan) 의장은 회의에서 미네한 총재와 스톡튼의 견해를 모두 인정했다. "제출된 자료는 진정한 인플레이션이 PCE 물가지수로 측정된다는 점을 결정적으로 보여준다고 생각한다. 그리고 미네한 총재가 제기한 것은 또 다른 차원의 문제이다."라고 했다.

연준은 PCE 물가지수를 25년 동안 통화정책 지표로 사용해 왔고, 변수가 없는 한 앞으로도 계속 사용할 것으로 보인다. 그럼에도 불구하고 월가는 약 2주 정도 먼저 발표되는 소비자물가지수 상승률을 더 주목하는 편이다. PCE 물가지수가 나올 때 같이 나오는 다른 통계에 시선이 분산되기 때문이기도 하다. 같이 발표되는 개인소비지출 그리고 개인소득 통계가 주목받을 때도 있다. 시선을 끌려면 먼저 움직여야 하고, 경쟁자가 적어야 한다. 친숙하고 이해하기 쉬우면 더욱 좋다. 그렇지만 기술적으로 우수하고 진실한 것도 매우 중요하다.

[통계 공표 일정]

거의 매일 미국 통계자료가 발표된다. 물가지수라는 이름이 붙어 있는 것만 해도 소비자물가지수, PCE 물가지수, 수입물가지수, 수출물가지수, 생산자물가지수가 있다. 모두 월가가 보는 물가지표이다. 때에 따라 더 시선을 받는 지표가 있고 상대적으로 덜 주목받는 것도 있지만, 월가가 보지 않는 지표는 없다. 물가지수 이외에 경제활동을 측정하는 지표, 노동시장 상황을 측정하는 지표, 심리지표, 재무부의 발표자료까지 그야말로 자료의 홍수다. 지표별로 발표되는 주기가 대체로 일정하지만, 주말, 휴일, 그리고 기타 사정 등을 감안해서 탄력적으로 조정된다. 소비자물가지수는 매월 둘째 수요일, 고용은 매월 첫째 금요일이라고 외워도 틀릴 때가 많다. 발표 시간도 다양하다. 뉴욕시간 오전 8시 30분에 발표되는 지표가 많지만, 다른 시간에 나오는 자료도 수두룩하다. 발표되는 자료가 많아서 달력에 적어 놓기도 힘들고 외우는 것은 거의 불가능에 가깝다.

월가 사람들은 통계 공표 날짜와 시간을 어떻게 아는가? 당연히 발표기관의 홈페이지에 발표 일정이 공지되어 있다. 노동통계국이 발표하는 통계지표별 웹페이지에 가면 2025년말까지 해당 통계의 발표 예정 날짜와 시간이 공개되어 있다. 월별 일정표도 있는데, 노동통계국이 작성하는 모든 통계의 발표 일정이 날짜와 시간별로 정리되어 있다. 통계 발표기관의 자료를 보고 일정을 확인하는 것이 가장 정확하지만 번거롭다. 우선, 통계별로 어떤 기관이 발표하는지 확인하고, 다음에 기관마다 발표 일정을 확인해야 한다. 그래서 보통 여러 통계의 발표 일정이 한 눈에 정리된 자료를 이용한다.

마켓와치의 자료가 가장 편리하다.[120] 인터넷을 이용해 누구나 볼 수 있고 통계 발표 일정이 날짜, 시간별로 잘 정리되어 있다. 통계마다 지난달 발표된 실적(previous), 월가가 예상하는 이번 실적(median forecast)도 보여준다. 월가가 예상하는 실적은 절대적이지 않다. 보통 큰 차이가 나지 않지만, 이걸 조사해서 발표하는 곳마다 아주 약간 다르다. 월가가 예상하는 실적은 시장의 기대치, 전망치, 또는 컨센서스라고 불리기도 한다. 통계 공표 일정 이외에 연준이사와 지역 연준 총재의 대외연설 일정, 연준의장의 연설과 미국 의회 보고 일정도 알려준다.

월가의 딜러와 이코노미스트는 블룸버그 서비스를 가장 선호하는 편이다. 블룸버그 서비스는 인터넷과 다르고, 전용 단말기를 이용하는 정보 서비스이다. 주식, 채권 등 금융상품 딜러들이 거래를 할 때도 사용한다. 이용료가 매우 비싸서 일반인이 사용하기에 제약이 크다. 블룸버그는 통계공표 일정도 정리해서 알려주고, 통계가 발표되면 거의 실시간으로 발표 내용도 알려준다. 그래서 아주 짧은 시간 차이도 중요하게 생각하는 딜러들이 선호할 수밖에 없다.

블룸버그 서비스를 이용할 수 없는 일반인들이 미국 통계자료를 실시간으로 입수하려면 방송 매체를 보는 것이 가장 쉽다. 통계발표 시각에 맞춰 발표하는 기관의 인터넷 홈페이지를 확인해도 된다. 블룸버그 티브이 방송은 인터넷, 그리고 케이블로 실시간 송출되고 있다. 유튜브 또는 케이블로 미국 증권시황을 실시간 방송하는 채널에도 중요한 통계 발표 즉시 내용이 나온다. 한국에서는 시차 때문에, 그리고 뉴욕까지 거리 때문에 미세하게 늦게 알게 된다.

---

120) https://www.marketwatch.com/economy-politics/calendar

중앙거래청산소(CCP)

"국채시장 컨퍼런스가 무엇인가요? 여기 초청장이 왔는데 가보겠습니다."

"뉴욕 연준에서 매년 가을에 열리는 컨퍼런스입니다. 미국 국채 거래에 대한 기술적·제도적 내용을 주제로 하는 컨퍼런스라서 채권딜러가 아니라면 조금 지루할 수 있어요."

공식 명칭은 '미국 국채시장 컨퍼런스(The U.S. Treasury Market Conference)'. 2015년부터 시작되었고 해마다 9월과 11월 사이에 뉴욕 연준에서 열린다. 미국 재무부, 연방준비제도, 뉴욕 연방준비은행, 증권거래위원회(SEC), 상품선물거래위원회(CFTC)가 공동으로 주최한다. 2024년 9월 26일에 열리는 컨퍼런스 초청장이 이메일로 왔다. 프로그램 가운데 "국채 중앙청산거래 확대: 거래소 참가 자격을 중심으로"라는 세션이 눈길을 끌어서 참가신청서를 냈다. 연준과 재무부, 증권거래위원회가 주도적으로 국채 중앙청산거래에 대한 방안을 내고 이 주제로 컨퍼런스를 하는 배경이 더 궁금했다.

"미국에 우리나라 한국거래소나 예탁결제원 같은 곳이 없나요?"

"FICC(Fixed Income Clearing Corporation)[121]라고 있어요. 국채와 모기지 증권 매매를 주로 취급해요. 환매조건부채권(RP)[122]은 대부분 양자간 거래 방식입

121) FICC는 국채, 모기지 증권 거래의 중개, 청산, 결제 서비스를 제공하는 미국의 민간기업이며 2003년 설립되었다.

122) 환매조건부채권(Repurchase Agreement: RP) 거래는 말 그대로 팔고 나서, 일정기간

니다. RP도 하는데 상대적으로 규모가 작아요. 청산소를 통한 RP 거래 확대 논의가 오래 전부터 있었는데 진전이 느려요. 그리고, RP딜러들은 관심이 있는데 주식이나 다른 거 하는 월가 딜러들은 관심도 없고 잘 몰라요."

컨퍼런스에 참석했다. 기술적, 법적 내용, 진행 일정 등 위주로 발표와 질의가 나왔는데, 잘 모르는 내용이 많아서 기본적인 것은 다시 알아봐야 했다.

채권거래를 단계별로 나눠보자. 채권을 사고 팔려면, 먼저 거래 조건이 맞는 상대방을 찾아야 한다. 거래 상대를 찾고 나면 계약을 체결하고 채권과 거래대금을 주고받는다. 이를 양자간(bilateral) 거래라고 한다. 먼저 거래 상대방을 찾아야 하고 조건이 맞는 상대를 만나면 계약을 맺는다. 다음으로 채권과 대금을 교환하고 거래를 청산한다. 그런데 매도자, 매수자가 이 일을 직접 하지 않고 보통 제3자에게 의뢰한다. 먼저 매매 거래를 증권회사에 의뢰하고 수수료를 준다. JP모건, Citi그룹 같은 증권회사는 블룸버그와 같은 금융거래 전자 서비스를 이용해서 거래 상대를 찾는다. 전자서비스가 없던 과거에는 여러 곳에 전화를 걸어서 살 의향이 있는지, 또는 팔 의향이 있는지 물어봤다. 거래가 성사되면 채권과 대금을 주고받는 일은 BNY Mellon 같은 예탁기관(Custodian)을 이용한다. 예탁기관은 채권을 전자적으로 보관해 주며, 거래 후에 채권을 매도자 계정에서 매수자 계정으로 전자적으로 전달해준다. 채권 대금 결제도 도와준다. 증권회사와 예탁기관이 도와주지만 이들은 거래 당사자가 아니다. 양자간 거래는 말 그대로 매도자와 매수자의 쌍방거래이다. 상대가 계약대로 하지 않을 수도 있기 때문에 신용이 좋은 상대를 찾아야 한다.

매도자, 매수자 사이에 중앙거래청산소(Central Clearing Counterparty, 또는 Central Counterparty: CCP)가 들어가면 거래 성격이 달라진다. 매도자는 CCP에게 팔고, 매수자는 CCP에게 산다. CCP가 모두의 매수자도 되고 매도자도 된다.[123]

이후 되사는 거래다. 상당수 RP가 1영업일(Overnight) 만기의 단기 거래이다. 결과적으로 RP 매도 거래는 채권담보 단기 차입거래와 비슷하다. 채권을 팔아서 자금을 확보하고 다음날 되사는 것은, 결과적으로 채권을 담보로 하루 동안 자금을 빌리는 것과 유사하다.

123) A와 B의 거래가, A와 CCP, 그리고 CCP와 B, 두 거래로 분리된 형태로 보면 된다. 이 과정을 novation(거래분리)라고 부른다. 양자 간 거래와 달리 A, B는 서로 찾아다닐 필

매도자는 CCP로부터 대금을 받고, 매수자는 CCP에게 대금을 지불한다. 이에 따라 리스크도 줄어든다. 거래 상대방이 개별 기관이 아니고 규모가 큰 CCP이기 때문에 돈을 떼일 위험이 매우 작다. 실제로 CCP가 거래를 보증한다. CCP를 통하면 거래를 더 빨리 완결할 수도 있다. 양자 간 거래에서도 증권회사가 매도자 매수자 사이에 들어가지만, 거래 중계자일 뿐이며, 매매의 당사자가 아니다. 증권회사는 중매쟁이일뿐 신랑, 신부가 아니다.

한편, CCP가 모두의 매수자가 되고, 매도자가 되려면 막대한 자금이 필요하다. CCP와 거래한 매수자와 매도자가 거래를 이행하지 않아도 문제가 생길 수 있으므로, 거래 리스크에 대한 안전장치도 있어야한다. 먼저, CCP는 모든 거래를 묶어서 차액만 관리함으로써(netting) 자금부담을 줄인다. 산 것, 판 것 따로 관리하지 않고, 산 것과 판 것의 차액만 처리하면 자금부담이 크게 준다. 그리고, 차액 계산 즉, netting을 자주한다. 적어도 하루에 한 번 한다. 그래야 거래 편중을 더욱 줄일 수 있고, 필요시 즉각 대응이 가능하다. 또한 거래 이행을 담보하기 위해 거래가 시작되면 증거금을 받으며, 증거금이 부족해지면 추가로 받는다. 회원만 거래할 수 있으며, 회원의 출연을 받아 거래부도기금(default fund)을 만든다. 회원은 철저한 심사를 통해 뽑는다.

CCP가 잘 못 되면 금융시스템 전체가 위험해지기 때문에 만들기 전에 잘 설계해야 하고, 만든 후에도 잘 운영해야 하며, 감독기관의 공정하고 엄밀한 감독도 필요하다. 회원이 모여 만드는 민간기관이지만 연방은행과 연방감독기관이 CCP 논의를 주도하는 이유가 여기 있다.

이제 근본적인 질문을 해보자. 왜 지금 시점에 연준이 앞장서서 CCP를 통한 국채거래 확대방안 논의를 주도하고 있을까? 국채 RP 시장은 이미 잘 돌아가고 있고, 국채거래를 위한 CCP도 이미 있다.

일단, 2023년 12월 미국 증권거래위원회(SEC)가 발표한 '중앙청산기구 설립에 대한 기본 규칙(Standards for Covered Clearing Agencies for U.S. Treasury Securities and Application of the Broker–Dealer Customer Protection Rule with

---

요가 없다. 상대가 누구인지 알 필요도 없고, 상대방의 신용 리스크를 걱정할 이유도 없다.

Respect to U.S. Treasury Securities)'과 관계가 있다. 이 규칙에 따라 앞으로 거의 모든 국채 거래는 중앙거래청산소, 즉 CCP를 통해야 한다.

문제는 CCP를 통하지 않는 국채거래가 꽤 많다는 점이다. 현재 FICC가 유일한 국채거래 CCP로 기능하고 있는데, 국채와 모기지 증권 단순매매거래가 많다. FICC를 통해 국채 RP 거래도 이루어지지만 상대적으로 적은 규모다. 국채 RP 거래는 현재 상당부분 양자간 거래로 이루어지고 있다. 앞으로 국채 RP 거래도 CCP를 통해야 한다.

국채 RP 거래에서 지금까지 양자간 거래가 FICC를 통한 거래보다 더 인기있는 이유는 무엇인가? 비회원일 경우 FICC를 이용하는 데 비용이 더 들고, 절차가 엄격하다. FICC를 이용하면 거래 상대방에 대한 신용 위험을 줄일 수 있다. 매도, 매수가 동시에 발생할 경우, 상계 처리할 수 있기 때문에, 매도와 매수를 각각 회계장부에 따로 기재할 때보다 장부상 위험자산 규모를 줄일 수 있다. 그런데, 회원이 되어야 한다. 비회원은 회원을 거쳐야 하기 때문에 비용이 상승한다. 의뢰를 받은 FICC 회원은 거래를 의뢰한 비회원의 신용 위험을 반영해서 거래 비용을 높여 청구하게 된다. 양자간 거래에 비해 거래의 대상 또는 형식이 규격화되어 있어 유연성이 떨어지는 측면도 있다.

그리고, 청산 방식도 문제가 된다. 양자간 거래를 위주로 해온 비회원사들은 거래 체결과 청산실무를 모두 회원에게 맡기는 것을 선호하지 않는다. 거래 성사와 거래 청산을 기능적으로 분리해야 하는 내부통제 때문이기도 하고, 기존 거래 관계를 유지하고자 하는 수요도 있다. 반면에 회원사는 거래 계약과 청산 전부 본인을 통해 진행하는 것을 선호한다.

2025년 6월 현재 CCP를 통한 국채 RP 거래 활성화를 위해, 위와 같은 문제 인식과 이견을 반영한 구체적 방안을 도출하는 단계이다. 뉴욕 연준은 채권 시장의 전문가들로 구성된 TMPG(Treasury Market Practice Group)를 통해 활발하게 의견을 내고 있고, 금융업계도 연합회인 SIFMA(Securities Industry and Financial Markets Association)를 통해 안을 내고 있다. 현재 국채시장 CCP인 FICC와 지주회사인 DTCC(Depository Trust and Clearing Corporation)도 의견을 내고 있다.

다시 질문으로 돌아가자. 비용문제, 회원자격 문제, 청산 방식 등 산적한 이견을 해결하려면 시간이 필요하다. 이렇게 힘들게 해서라도 국채 RP 거래를 모두 CCP를 통하도록 하려는 의도가 무엇일까?

연준은 CCP를 통한 국채 RP 거래의 확대가 금융안정에 크게 기여하리라 평가하고 있다. 국채 RP 시장은 매우 중요한 단기금융시장이다. 정책금리에서 단기금리, 장기금리로 이어지는 통화정책 파급경로가 구체적으로 실현되는 하부조직이다. 당연히 단기금융시장의 안정이 전체 금융시스템의 안정과 효율적 통화정책 수행을 위해 필수적이다. CCP가 금융안정에 도움이 될 수 있는 부분을 살펴보자.

앞서 서술한 대로 개별 금융기관은 CCP를 통해 거래할 경우 거래 상계를 통해 자금부담을 줄일 수 있다. 지급할 자금 전체가 아니고 받을 돈과 차액만 필요하면, 자금 회전에 크게 도움이 되고 단기금융시장이 어려울 때 보다 수월하게 대처할 수 있다. 그리고, CCP가 거래 상대가 되기에 청산 실패 리스크, 신용 리스크를 줄일 수 있다. 증거금 적립기준과 같이 CCP가 투명하고 통일된 리스크 관리기준도 제공한다.

감독당국과 연준이 양자간 거래로 이루어지는 RP 거래를 전체적으로 파악하는 데는 시간이 걸리고 오류가 있을 수도 있다. 금융시장 감독당국과 연준은 CCP를 통해 국채 RP 시장의 움직임을 보다 신속하고 광범위하게 모니터링할 수 있다. 따라서 금융불안에 보다 신속하고 효과적으로 대응할 수 있게 된다.

현재 연준은 대기성 RP제도(Standing Repo Facility: SRF)를 통해 최종대부자로서 필요시 단기금융시장에 자금을 공급한다. 국채를 이용한 환매조건부채권 거래이며, 연준과 금융기관간 양자간 거래 형식이다. 그런데, 로리 로간(Lorie Rogan) 댈러스 연준총재가 SRF를 CCP 거래로 공급하자는 의견을 내고 있다. 그녀는 "중앙청산거래소를 이용하면 연준이 금융시장에 최종대부자로서 유동성을 보다 효과적으로 공급할 수 있게 될 것이다."라고 했다.[124] 한발 더 나아가 로간 총재는 금융불안시 연준이 CCP에 직접 자금을 공급하는 방안에 대해서도 금융시장 관계자들에게 의견을 묻고 있다.[125] 한편, 스탠포드대학의 두피(Darrell Duffie) 교수는

124) Opening remarks at panel on Market Monitoring and the Implementation of Monetary Policy, 2024.1.6.

125) 2025 Financial Market Conference, session 2, The increasing role of nonbank

연준이 CCP의 회원이 되는 것, 위기 발생시에 연준이 CCP에 유동성을 지원하는 것이 금융안정에 기여할 것이라고 평가하고 있다.[126)]

CCP는 회원사로부터 출연을 받아 비상시에 대응하기 위한 거래부도기금(default fund)를 만든다. 철저한 신용조사와 증거금제도가 있어도 금융불안이 심각해지면 대금 결제와 청산을 이행하지 못하는 회원이 생길 수 있다. 이때 거래부도기금이 활용되는데 이 기금이 모자라면 시스템전체가 위험해진다. 증권거래위원회(SEC)가 모든 국채거래를 앞으로 CCP를 통해 거래하도록 의무화했는데, 연준의 거래는 예외로 인정했다. 연준이 의무적으로 할 필요는 없지만 자발적으로 할 수는 있다.

월가의 채권시장 참가자들은 CCP 거래 활성화를 통해 금융안정 이외에 부가적인 효과도 나타나길 기대하고 있다. CCP를 통한 국채거래 활성화가 국채금리를 낮추는데 도움이 될 것으로 본다. CCP를 통해 거래하면 산 것과 판 것이 상계처리되기 때문에 매수와 매도를 각각 장부에 기록할 때보다 금융기관의 장부상 자산규모를 줄일 수 있다. 자기자본비율은 자기자본을 자산규모로 나눈 것인데, 분모인 자산규모가 작아지니 저절로 자기자본비율이 올라간다. 따라서, 은행이 새로 생기는 여유분만큼 국채를 더 매수할 수 있다. 큰 규모가 아닐 수 있지만, 이는 국채금리 상승압력을 낮추는 방향으로 작용하게 된다.

CCP를 통한 국채 RP 거래 활성화를 위해 추진하고 있는 방안은 구체적으로 무엇인가?[127)] 간단히 말하면 CCP를 통한 국채거래의 접근성을 높이고 거래비용을 낮추는 것이다. 예를 들면, 비회원의 증거금 부담 문제이다. 현재 국채 RP 거래의 약 70%는 증거금이 없는 거래로 알려져 있고, 대부분 양자 간 거래라고 한다. 회원사의 지원을 받는 준회원의 경우 거래소 회원이 증거금을 대신 낼 수도 있지만, 규모가 커질수록 이런 관행을 지속하기 어려운 단점이 있다. 논의되는 방

---

institutions in the Treasury and money markets, 2025.5.19.

126) Duffie, Darrell (2025), “How US Treasuries Can Remain the World’s Safe Haven”, *Journal of Economic Perspectives*, Volume 39, Number2.

127) Michelle Neal, Head of Markets Group, Federal Reserve Bank of New York, “Remarks at the Treasury Clearing Forum: The Evolution of Agency Clearing, Futures Industry Association (FIA), New York City”, 2024.10.15.

안 중에는 국채시장 CCP거래의 마진과 파생상품시장 CCP거래의 마진을 상계하는 방안이 있다.

비회원은 거래와 거래청산 실무 모두 동일한 CCP회원사를 이용하는 방안을 선호하지 않는다. 거래는 CCP회원사를 이용하고 거래청산을 위한 실무는 다른 협력사를 이용하고 싶어한다. 파생상품시장의 CCP인 시카고상품선물거래소(CME)에서 활용되는 방식이다. 국채시장의 CCP인 FICC도 이 방식에 거부감이 없으며, 기술적으로 쉽게 실행 가능하다고 알려져 있다.

이미 국채시장의 CCP인 FICC가 있지만, 시카고상품선물거래소(CME) 등도 국채시장의 CCP가 되고자 희망하고 있다. 복수의 청산거래소가 만들어질 경우 경쟁을 통한 거래비용 절감 등 긍정적 효과도 있지만, 거래 유치를 위해 리스크 관리기준을 경쟁적으로 느슨하게 운용할 수도 있기 때문에 의견을 수렴하면서 최적의 방안을 찾고 있다.

CCP를 통한 국채거래 활성화 방안을 만들어 나가는 과정을 보면, 연준과 감독당국이 일방적으로 방안을 만들어서 시장에 공표하지 않고 장기간 월가와 소통하는 것이 인상적이다. 2023년 증권거래위원회(SEC)가 새로운 규칙을 발표하고 2년 가까운 시간 동안 연준과 감독당국 그리고 월가는 서로 소통하고 연구하며 의견을 모아왔다. 월가의 의견에 따라 SEC는 CCP를 통한 국채거래 의무 시한을 늦추기도 했다. 중요한 일은 서두르지 않고 신중히 해야 한다.

CCP를 통한 국채거래 활성화방안은 모두가 주목하는 빅 뉴스가 아니다. 그러나 작은 금융불안이라도 미리 방지하고, 금융시장이 스스로 부드럽게 소화하고, 불안이 커지더라도 당국이 효과적으로 대응할 수 있는 하부구조를 만들어 나가는 큰 일이다. 금융안정 강화 차원에서 볼 때 미국 국채딜러뿐만 아니라 모든 투자자에게 의미가 있는 일이다. 대중적으로 주목받지 않지만 중요한 일을 하는 곳이 늘 있다.

[개관]

이 책에 포함된 다수의 그래프는 세인트루이스 연방준비은행, 뉴욕 연방준비은행, 미국 재무부 등이 제공하는 Open API에서 가져온 자료로 그린 것이다. Open API를 이용하는 가장 큰 이유는 자료 업데이트가 편하기 때문이다. 그리고 그래프 모양을 일관되게 유지할 수 있다. 엑셀 파일로 자료를 받아서 그리면 자료를 업데이트할 때마다 자료 제공 기관의 웹페이지에 가서 자료를 찾고, 자료 구간을 지정하고, 자료를 다운로드받아 저장하고, 그래프를 그린 프로그램을 열고 그래프에 자료파일 위치, 자료구간을 다시 지정하는 긴 절차를 거쳐야 한다. 파이썬 프로그래밍으로 Open API에서 자료를 받아, 파이썬 프로그래밍으로 그래프를 그리면 프로그램 실행 버튼만 누르면 바로 그래프가 업데이트된다. 처음에 코드를 짜는 데 시간이 걸리지만, 한번 만들어 놓으면 편하다. 자료를 이용해 계량분석이나 다른 작업을 하고자 할 때도 이렇게 만든 코드를 응용할 수 있다.

이 부록은 파이썬 프로그램과 코드 작성을 위한 편집프로그램, 편집프로그램의 셋팅, 그 밖에 필요한 셋팅을 차례로 설명하고 있다. 파이썬 프로그래밍 경험이 없어도 컴퓨터 기초 지식이 있으면 따라할 수 있도록 했다.

파이썬 프로그램 코드를 번역해서 실행하는 데 필요한 파이썬 인터프리터 설치, 파이썬 코드를 작성하고 실행할 때 사용하는 코드편집 프로그램인 PyCharm

설치와 셋팅, 파이썬 코드 실행을 위해 필요한 패키지 설치 방법을 설명하고 있다. 이어서 책에 있는 그래프를 작성한 코드와 Open API에서 코드를 불러오는 코드를 상세하게 설명하고 있다. 파이썬 프로그래밍에 익숙한 독자는 필요한 부분만 참고하면 된다. 부록과 본문의 그래프 작성에 이용한 모든 코드를 GitHub 올려 놓았다.[128] 누구나 GitHub에 공개한 코드를 무료로 이용할 수 있으며 그래프 작성 이외에 다른 분석에 응용해도 된다.

[Python 설치]

가장 먼저 Python을 설치한다. Python은 Python 형식으로 작성된 코드를 컴퓨터가 이해할 수 있도록 번역하는 역할을 한다. 검색 엔진에서 검색 키워드 'python download'로 찾고 나서 검색된 사이트를 클릭하면 쉽다. 반드시 공식 Python 웹페이지[129]에서 다운로드 받기를 권장한다. 윈도우, 맥 등 각자의 컴퓨터 환경에 맞는 버전으로 다운로드 한다. 이 책은 python 3.13.7 버전을 이용했다. [130] Python은 오픈소스 프로그램으로서 누구나 무료로 활용할 수 있다.

윈도우 환경에 설치한다면 실행파일로 받아서 설치하길 권장한다. 윈도우 환경의 경우 설치 과정에서 Path지정 박스에 체크하고 설치해야 한다. Python 설치가 성공적으로 끝나도 컴퓨터에 크게 변화는 없다. 윈도우 바탕화면에 바로가기 아이콘 같은 것이 없을 수도 있다. 맥의 경우 Launchpad 안에 Python Launcher 아이콘이 생긴다.

128) https://github.com/jaeranglee/graphs_python_code
129) https://www.python.org/downloads/
130) Anaconda와 Jupyter Notebook을 이용해도 대부분의 코드가 잘 작동한다.

[PyCharm 설치]

Python이 정상적으로 설치되었다면 PyCharm을 설치한다. 코드편집 프로그램이며 코드 실행도 할 수 있다. 검색 엔진에서 pycharm download라고 검색하면 수월하다. 반드시 공식 홈페이지에서 다운로드하여 설치하기를 권장한다.[131] PyCharm은 1개월 동안 무료평가 버전으로 쓸 수 있고, 1개월이 지나 프로버전을 구매하지 않아도 기본 기능을 무료로 쓸 수 있다. 이 책에서 사용한 코드를 편집하고 실행할 때 무료 버전를 써도 된다. 얼마 전까지 community edition이라는 무료 버전을 별도로 배포하였으나 지금은 통합되었다.

Python과 PyCharm 설치가 완료되었다면 앞으로 코드를 저장할 디렉토리를 만든다. 예를 들어, 윈도우 환경에서 D:\graphs_python_code를 만들어 놓는다. 그리고 데이터를 저장할 하부 디렉토리를 만든다. 예를 들면, D:\graphs_python_code\data로 만든다.

코드와 데이터를 저장할 디렉토리를 만들고 나서 PyCharm을 실행한다. 프로그램 아이콘을 찾아 클릭하면 된다. PyCharm을 실행하고 나서 코드를 만들고 실행할 Project의 경로를 지정하고, Project에 활용할 python interpreter를 지정한다. 코드가 들어 있는 디렉토리와 그 디렉토리에 있는 코드를 실행해줄 python 프로그램의 위치를 알려주는 것이다. 프로그램 위쪽의 메뉴에서 파일-새프로젝트를 선택하면 창이 열린다. 왼쪽에 순수 Pyhon을 선택하고 그 오른쪽 창에서 위치를 지정한다. 위치지정 창에서 디텍토리를 지정할 수 있는 곳을 클릭한 후 방금 전에 만든 D:\graphs_python_code 디렉토리를 프로젝트 위치로 지정한다. 그 아래에 인터프리터 타입을 지정하는 곳이 있다. 처음 지정하므로 '사용자 지정 환경'을 선택하고 '기본 Python' 항목에서 아까 설치한 python 3.13.7의 실행파일을 선택한다. '기본 인터프리터에서 패키지 상속', '모든 프로젝트에서 사용할 수 있도록 설정' 항목은 모두 체크하고 창을 닫는다.

131) https://www.jetbrains.com/pycharm/

Project를 만들고 인터프리터를 지정했다면, 파이썬 코드를 실행하기 전에 가장 많이 쓰는 파이썬 패키지를 설치한다. 패키지는 자주 사용하는 파이썬 코드를 미리 만들어서 누구나 활용할 수 있도록 인터넷에 올려놓은 것이라고 이해하면 된다. 예를 들면, 이 책에서 가장 많이 쓴 패키지인 pandas는 데이터를 다루는 코드이고, matplotlib은 그래프를 그리는 코드이다. 독자가 만든 코드나 이 책의 코드를 실행하기 전에 패키지를 미리 설치하면 편하다. 패키지를 설치하려면 컴퓨터가 반드시 인터넷에 연결되어 있어야 한다.

패키지를 설치하는 방법은 크게 두 가지이다. PyCharm 메뉴에서 설치하는 법과 Terminal 환경에서 명령어로 설치하는 법이 있다. PyCharm을 실행한 후 화면의 왼쪽 창 아래에 보면 세로로 여섯 개의 아이콘이 있다. 그 가운데 포장상자(패키지) 모양의 아이콘을 누르면 Python 패키지 설치창이 뜬다. 돋보기 모양이 달린 검색창에서 pandas를 검색한다. 검색결과 옆에 pandas 패키지의 버전을 클릭해서 설치한다. 같은 방식으로 matplotlib 패키지를 검색해서 설치한다.

Terminal 환경에서 패키지를 설치하려면, 터미널 아이콘을 클릭한다. 패키지 아이콘 아래 쪽에 있다. Terminal 창이 열리고 명령어를 입력할 수 있는 상태가 된다. Terminal 상태에서 다음과 같이 패키지 설치 명령어를 입력한다. 한꺼번에 되지 않으니, platform, os, Image 순서로 하나씩 설치한다.

```
pip install platform
pip install os
pip install Image
```

필요한 패키지가 있을 때마다 설치해도 된다. 패키지가 설치되지 않았으면 코드를 실행한 후 오류 메시지가 뜬다. 오류 화면에 패키지를 설치할 수 있도록 링크가 걸려있다.

[FRED API]

이제 세이트루이스 연준이 제공하는 FRED에서 API를 이용해서 자료를 불러오고 그래프를 그리는 방법을 알아보자. 먼저 FRED API 홈페이지에 접속한다.132) 검색 엔진에서 'fred api'를 키워드로 검색해서 찾아가는 것이 빠르다. FRED API 홈페이지 오른쪽에 'API Keys | Terms of Use' 항목이 있는데 'API Keys' 링크를 클릭한다. 'Request or view your API keys' 항목을 링크하고 보면 회원가입을 해야 함을 알 수 있다. 'Register' 항목을 클릭하고 회원가입 절차를 밟는다. 반드시 본인의 이메일 계정이 있어야 한다. 이메일 확인 과정을 거치면 계정이 생성된다. 계정을 만들고 'Sign in' 항목을 통해 로그인한다. 다시 'Request or view your API keys' 링크를 타고 들어가서 API를 요청하는 양식을 채우고 제출하면 바로 API key가 발급된다. 상업적 목적으로 대량의 데이터를 요청하지 않는다면, 발급목적에 'Personal Study' 정도로 적으면 된다. 나의 계정에서 key를 확인하고 복사해 놓는다. 영어와 숫자가 포함된 긴 문자열이며 FRED API에 접속할 수 있는 비밀번호이다.

FRED API Key를 발급받았다면, 지금부터 FRED API로 자료를 불러와서 본문의 '[그림 2] BTFP 잔액과 정책금리' 그래프를 그리는 코드를 이용해 보자. 먼저 PyCharm 프로그램을 실행시켜서 f2_btfp.py 파일을 열어본다. 코드가 열렸으면 api_key="FRED_API_KEY" 부분을 바꿔야 한다. "FRED_API_KEY"를 지우고 따옴표 안에 발급받은 FRED API key를 넣어야 한다. api_key='aaabbbbcccdddeeefff11122233344' 이런 식으로 넣는다. 윈도우 환경이라면 shift+control+f10 조합으로 동시에 키를 누르면 코드가 실행된다. 맥 환경에서는 상단 우측 선택메뉴에서 '현재 파일'을 선택하고 그 바로 오른쪽에 있는 세모 표시를 클릭하면 실행된다. 정상적으로 실행이 완료되면 모니터에 그래프가 나타난다.

그래프를 그리는 코드는 크게 4단계로 구성되어 있다. 1단계는 준비단계이며

132) https://fred.stlouisfed.org/docs/api/fred/

패키지를 불러오는 부분, 한글과 영문폰트를 정의하는 부분으로 되어 있다. 2단계는 자료호출 단계이며 FRED에서 자료를 호출해서 변수에 저장하는 역할을 한다. 자료의 시작과 끝을 정하고 필요한 가공을 하기도 한다. 3단계는 그래프를 그리는 부분이고, 마지막 4단계는 그래프를 파일로 저장하고 화면에 보여주는 코드이다. 이하 내용은 python을 사용하고, PyCharm을 코드 에디터로 설치하여 사용하는 것을 기준으로 설명하였다. 다른 코드들도 대체로 같은 구조로 되어 있다.

맨 처음은 그림을 그리기 위해 필요한 패키지들을 불러오는 부분이다. pandas는 자료를 다루는 패키지이다. 모든 그래프에서 사용한 자료는 dataframe이라는 형태를 이용한다. pandas가 dataframe를 다루는 도구이다. 첫 줄은 pandas를 불러와서 pd라는 이름으로 줄여서 정의한 것이다. 그 다음 줄은 그래프를 그리는 matplotlib.pyplot을 불러 오고 이것을 plt로 줄여서 쓴다는 것이다. 세번 째 줄은 matplotlib.date를 불러 오는데 날짜 출력 양식을 제어하는 역할을 한다. 이것도 줄여서 mdates라고 정의했다. 필요할 때 마다 패키지를 설치하면 된다. 패키지 이름을 줄여서 쓰는 표현이 관행으로 굳어져 있으니 그대로 따라하면 된다.

```
import pandas as pd
import matplotlib.pyplot as plt
import matplotlib.dates as mdates
import platform
```

다음은 한글과 영문의 폰트를 정의하는 코드이다. 애플 컴퓨터를 사용하면 애플고딕체를 쓰고, 윈도우 기반 컴퓨터를 사용하면 맑은고딕체를 쓰도록 했다. 마지막 줄은 마이너스 부호가 깨져 보이는 것을 방지하는 코드이다.

```
if platform.system() == 'Darwin':
    plt.rcParams['font.family'] = 'AppleGothic'
else:
    plt.rcParams['font.family'] = 'Malgun Gothic'
plt.rcParams['axes.unicode_minus'] = False
```

이제 자료호출 단계로 넘어 간다. Open API를 사용하여 FRED에서 원하는 자료를 불러오고 불러온 자료를 변수에 저장한다. 이때 사용할 requests 패키지를 먼저 불러와야 한다.

```
import requests
```

세인트루이스 연준의 FRED에 사용자 등록을 하고 api key를 받아서 api_key라는 변수에 할당한다. key 값은 반드시 따옴표 안에 써야 한다. 예시를 위해 "FRED_API_KEY"라고 가상의 key 값을 할당했다.

```
api_key = "FRED_API_KEY"
```

다음은 자료 불러오는 함수를 정의한 부분이다. 함수의 이름은 fetch_fred_series()이다. **괄호** 안에 함수에 필요한 변수가 있다. series_id가 호출할 자료인데, FRED에서 사용하는 이름을 써야 한다. FRED에서 사용하는 데이터의 이름은 FRED API 홈페이지에서 검색해서 찾아야 한다. 돋보기가 그려진 검색창에 'BTFP'라는 키워드로 찾으면 결과를 보여준다. 검색 결과중에 원하는 데이터를 클릭하면 데이터에 대한 설명과 그래프가 보인다. 이때 보여주는 데이터의 이름을 복사해서 넣는다. 그렇게 찾은 'H41RESPPALDKNWW'는 연준의 BTFP 프로그램 지원 잔액이다. start는 자료의 시작, end는 자료의 마지막이다. end는 2025년말로 정했다. 미래의 날짜를 end로 정하면 FRED에 수록된 자료료 중에 이용 가능한 자료까지만 불러온다.

def는 함수라는 뜻이고 fetch_fred_series()는 함수의 이름이다. 괄호안은 함수에 이용되는 파라미터 값이 들어 간다. series_id, start_date, end_date를 정해주어야 한다. start_date는 '2022-01-01'이며 start라는 변수에 할당했다. FRED는 일간자료, 월별자료, 분기별자료, 연간자료 모두 같은 형식으로 날짜를 표시한다. 모두 해당 기간의 첫 날로 쓴다. 예를 들면 2022년 1분기는 '2021-01-01', 2분기는 '2022-04-01'이 된다. 연간자료라면 2023년 자료는 '2023-01-01'로 표시된다. def 함수의 마지막 줄에서 불러온 자료를 df라는 dataframe으로 내주는데, df의 첫 번째 열이 'date', 두 번째 열이 series_id이다.

```
start = '2022-01-01'
end = '2025-12-31'
def fetch_fred_series(series_id, start_date=start, end_date=end):
    url = 'https://api.stlouisfed.org/fred/series/observations'

params = {
        'series_id': series_id,
        'api_key': api_key,
        'file_type': 'json',
        'observation_start': start_date,
        'observation_end': end_date
    }
    r = requests.get(url, params=params)
    data = r.json()
    df = pd.DataFrame(data['observations'])
    df['date'] = pd.to_datetime(df['date'])
    df[series_id] = pd.to_numeric(df['value'], errors='coerce')
    return df[['date', series_id]]
```

다음은 fetch_fred_series() 함수를 이용해서 데이터를 불러와 dataframe에 할당하는 부분이다. FRED에서 'H41RESPPALDKNWW'를 불러와서 df0라는 이름의 dataframe에 할당한다. 'H41RESPPALDKNWW'가 series_id이며 api_key는 앞에서 정의한 사용자의 api_key 값이다. FRED에서 검색해보면 'H41RESPPALDKNWW'는 Bank Term Funding Program의 매주 수요일 잔액이라고 되어 있다. df0의 첫째 열은 'date', 둘째 열은 'H41RESPPALDKNWW'이 된다. 같은 방식으로 'RIFSPFFNB'를 불러와서 df1이라는 dataframe에 할당한다. 'RIFSPFFNB'이 바로 Federal Funds Effective Rate이다. df1의 첫째 열은 'date', 둘째 열은 'RIFSPFFNB'이 된다.

```
df0 = fetch_fred_series('H41RESPPALDKNWW',
                        start_date=start, end_date=end)
df1 = fetch_fred_series('RIFSPFFNB',
                        start_date=start, end_date=end)
```

df0에 자료가 잘 들어왔는지 확인하기 위해 df0의 처음 다섯 줄만 출력해 본다. dataframe의 구조를 이해하는 데에도 도움이 된다. 자료가 잘 들어왔다면 첫 번째 열의 이름은 date, 두 번째 열의 이름은 H41RESPPALDKNWW로 나온다. 두 번째 줄부터 자료가 나오는데 먼저 인덱스가 나온다. 첫 번째 줄의 인덱스는 0, 날짜는 2022－01－05, 자료는 0.0이다. 인덱스는 각 줄의 페이지 번호 같은 것이다. 현재의 첫 번째 열인 date를 인덱스로 만들기도 한다.

```
print(df0.head())
        date  H41RESPPALDKNWW
0 2022-01-05              0.0
1 2022-01-12              0.0
2 2022-01-19              0.0
3 2022-01-26              0.0
4 2022-02-02              0.0
```

이제부터 3단계, 그래프를 그리는 부분이다. fig는 그림이라는 정의이고 그림의 이름은 ax인데 괄호안의 1, 2는 한 줄에 2개의 그림이 있다는 뜻이다. 그림의 크기는 가로가 8, 세로가 4.5이고 constrained_layout=True는 그림이 꽉차게 보이도록 한다.

ax[0]는 첫 번째 그림이며, plot은 선그래프를 의미하고 가로축에는 df0['date']를, 세로축에 df0['H41RESPPALDKNWW']/1e2를 놓고 선그래프를 그린다. /1e2는 1x10의 제곱 즉 100으로 나누었다는 의미이다. 백만 달러 단위를 억 달러 단위로 바꾸기 위해서이다. 선그래프의 가로축에 날짜가 들어가고 세로축에 BTFP 잔액이 들어간다. 선그래프에 'BTFP'라는 라벨을 달았고, 붉은 색으로 했고, 선의 굵기는 2이다.

ax[0], 즉 첫 번째 그림에 가로로 선을 하나 그렸는데 y=0에 해당하는 부분이고, 회색이며, 라인스타일이 점선이다. 다음에 x축에 날짜를 표시하는데 연도만 표시한다. 라벨을 박스에 넣어 표시하고, 박스 좌상단 꼭지점이 비례적으로 가로 0.2, 세로 0.7쯤에 위치하게 했다. y축의 축 라벨이 숫자로 보이게 했다. 그림의 상단 왼쪽에 (억 달러)라는 단위 표시를 달았고 그래프 왼쪽으로 정렬했으며, 글자의 바닥이 그림 바로 위에 붙도록 했고, 글자색은 검정, 폰트 크기는 12이다. 글자를 비스듬하게 쓰지 않고 가로 쓰기로 했다. 출처를 FRED로 명시했고, 음영구간이 BTFP를 실시한 시기를 의미한다고 표시했다. 가로 세로로 그리드를 그리지 않아서 깔끔한 모양이 나오게 했다.

```
fig, ax = plt.subplots(1,2, figsize=(8, 4.5), constrained_layout=True)
ax[0].plot(df0['date'], df0['H41RESPPALDKNWW']/1e2,
           label='BTFP', color='red', lw=2)
ax[0].axhline(y=0, color='gray', linestyle='--')
ax[0].xaxis.set_major_locator(mdates.YearLocator())
ax[0].legend(loc='upper left',bbox_to_anchor=(0.2, 0.7))
ax[0].yaxis.label.set_visible(True)
ax[0].text(0, 1.00, '(억 달러)', ha='left', va='bottom', color='black',
           fontsize=12, rotation=0, transform=ax[0].transAxes)
ax[0].text(0.0, -0.15, "출처: FRED, 음영은 BTFP 실시기간",
           transform=ax[0].transAxes, fontsize=10, ha='left')
ax[0].grid(False)
```

ax[1]이 두 번째 그림인데 가로축에 날짜, 세로축에 실효연방기금금리를 그리도록 했고, 선의 이름을 'Effective Federal Funds Rate'로 달았다. 붉은 선이고 선의 굵기는 2이다. 나머지는 ax[0]에 설명한 것과 유사하다.

```
ax[1].plot(df1['date'], df1['RIFSPFFNB'],
           label='Effective Federal Funds Rate', color='red', lw=2)
ax[1].axhline(y=0, color='gray', linestyle='--')
ax[1].legend(loc='upper left',bbox_to_anchor=(0.35, 0.7))
```

```
ax[1].xaxis.set_major_locator(mdates.YearLocator())
ax[1].text(0, 1.00, '(%)', ha='left', va='bottom', color='black',
           fontsize=12, rotation=0, transform=ax[1].transAxes)
ax[1].text(0.0, -0.15, "출처: FRED, 음영은 BTFP 실시기간",
           transform=ax[1].transAxes, fontsize=10, ha='left')
ax[1].grid(False)
```

첫 번째, 두 번째 그림에 음영구간을 추가했다. 음영의 시작은 2023년 3월 12일이고, 끝은 2024년 3월 11일이다. 연준이 BTFP를 실시했던 시기를 의미한다.

```
from datetime import datetime
shaded_periods = [(datetime(2023, 3, 12),datetime(2024, 3, 11))]
for i in [0,1]:
    for start_date, end_date in shaded_periods:
        ax[i].axvspan(start_date, end_date, color='gray', alpha=0.2)
```

그림을 파일로 저장하는 단계이다. 먼저 그림을 저장하기 위해 필요한 os, Image 패키지가 호출된다. 설치되어 있지 않다면, 이번에 새로 설치해야 한다. 이 파일의 이름을 base_filename 변수에 할당한다. 이 파일의 경우 f2_btfp가 base_filename에 할당된다.

```
import os
from PIL import Image
try:
    base_filename = os.path.splitext(os.path.basename(__file__))[0]
except NameError:
    base_filename = "default_filename"
```

저장 경로를 설정하고 파일 이름을 정해준다.

```
image_path_tif = f"pic_tif/{base_filename}.tif"
image_path_jpg = f"pic_jpg/{base_filename}.jpg"
```

저장 경로가 없으면 자동으로 생성하도록 했다.

```
os.makedirs("pic_tif", exist_ok=True)
os.makedirs("pic_jpg", exist_ok=True)
```

그래프를 파일로 저장한다.

```
plt.savefig(image_path_tif, dpi=300)
plt.savefig(image_path_jpg, dpi=300)
```

그래프를 저장한 그림파일의 색공간을 JPEG와 CMYK로 각각 변환한다. JPEG는 주로 모니터 출력용, CMYK는 인쇄용으로 사용된다. 마지막 줄이 그래프를 모니터로 보여준다.

```
img = Image.open(image_path_jpg).convert("CMYK")
img.save(image_path_jpg, "JPEG")
plt.show()
```

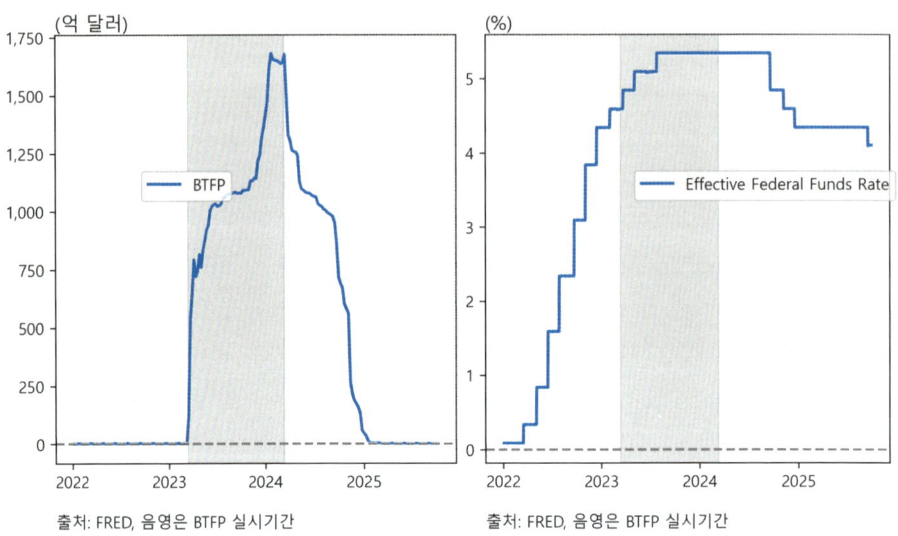

출처: FRED, 음영은 BTFP 실시기간

출처: FRED, 음영은 BTFP 실시기간

[FRED 데이터 호출함수]

파이썬 코드에 FRED에서 데이터를 호출하는 부분을 포함하면 코드가 길어지고 가독성이 떨어진다. FRED 자료를 자주 조회 한다면 함수를 별도 파일로 저장해 놓고 사용하길 권장한다. 코드길이도 짧아지고 호출 형식도 통일할 수 있어서 편하다. 그리고 API key를 함수에 포함시켜 놓으면 매번 입력하지 않아도 된다. 이 코드는 FRED에서 시계열 데이터를 받아 pandas DataFrame으로 반환하는 함수, def fetch_fred_series()를 fred_api.py라는 별도 파일로 저장한 것이다. 이 함수의 사용 방법은 앞에 이미 설명했다. 함수의 내용을 더 자세히 알아보자.

이 함수의 구성은 다음과 같다. 먼저 필요한 패키지를 불러온다. os, requests, pandas 패키지가 필요하다.

```
import os
import requests
import pandas as pd
```

이번에는 API key를 외부파일로 저장해 놓고 호출해서 쓰는 방식을 소개한다. 외부파일로 저장해 놓으면 함수 파일을 공유할 때 나의 key를 노출하지 않아도 된다. 매번 긴 문자열을 외우거나 복사, 붙여넣기 하지 않아도 된다. 서로 다른 기관에서 제공하는 데이터 호출용 API key를 한 곳에 모아 관리할 수 있다. .env라는 이름의 텍스트 파일을 만든다. 이름은 없고 확장자만 .env로 정의된 파일이다. 노트패드나 PyCharm 같은 에디터로 FRED_API_KEY="aaabbbcccdddeeefff12345"라고 기록하고 파일 이름을 .env로 해서 저장한다. load_dotenv 패키지를 불러온 다음 .env 파일에서 FRED_API_KEY를 가져온다. key를 외부파일로 저장하지 않으려면 api_key=os.getenv("FRED_API_KEY") 대신 api_key="aaabbbcccdddeeefff12345"와 같이 사용한다. 키를 직접 할당하면 from dotenv import load_dotenv를 지우고, load_dotenv()도 삭제한다.

```
from dotenv import load_dotenv
load_dotenv()
api_key = os.getenv("FRED_API_KEY")
```

FRED에서 시계열 데이터를 받아 pandas DataFrame으로 반환하는 함수이다. 필요한 파라미터 3개를 넣어야 한다. series_id는 가져오려는 시계열 자료의 ID이다. FRED 홈페이지를 검색해서 찾아야 한다. 예를 들면 'CPIAUCNS'는 계절조정을 하지 않은 소비자물가지수의 ID이다. start_date는 조회 시작일, end_date는 자료의 마지막 일자이다. YYYY-mm-dd 형식으로 적어야 한다. start_date, end_date, series_id는 모두 문자열이며 작은 따옴표, 또는 큰 따옴표 안에 적는다.

url은 FRED API의 주소(endpoint)이며, requests 패키지가 자료를 json 형식으로 불러온다. 우리가 필요한 자료는 data['observation'] 항목안에 들어있고, 그것을 골라서 df라는 이름의 dataframe에 할당했다. 날짜는 'observation_date'라는 이름의 열에 넣었고, 조회한 시계열자료의 ID인 series_id를 호출한 자료의 이름으로 삼았다. 'observation_date'는 날짜 형식으로 변환하며, 호출한 자료는 숫자형식으로 변환한 다음 dataframe 형식으로 반환한다.

```
def fetch_fred_series(series_id, start_date, end_date):
    if not api_key:
        raise ValueError("FRED_API_KEY가 .env에 없습니다.")
    url = 'https://api.stlouisfed.org/fred/series/observations'

params = {
        'series_id': series_id,
        'api_key': api_key,
        'file_type': 'json',
        'observation_start': start_date,
        'observation_end': end_date
    }
    response = requests.get(url, params=params)
    data = response.json()
    if 'observations' not in data:
        raise ValueError(f"FRED 응답 오류: "
                         f"{data.get('message', 'Unknown error')}")
    df = pd.DataFrame(data['observations'])
    df['observation_date'] = pd.to_datetime(df['date'])
    df[series_id] = pd.to_numeric(df['value'], errors='coerce')
    return df[['observation_date', series_id]]
```

예시를 위해 FRED에서 'IORB'라는 ID를 가진 자료를 불러와서 iorb라는 변수에 할당하고 출력해보자. 자료의 시작은 2025-09-01이고 자료의 끝은 2025-09-30이다. 먼저 함수를 import 해야 하지만 지금 함수가 같은 코드 안에 들어있어서 import 과정을 생략할 수 있었다. 만약 fetch_fred_series() 함수가 다른 파일에 저장되어 있다면, 아래와 같이 import 문을 앞에 써야 한다.

```
from fred_api import fetch_fred_series
iorb = fetch_fred_series('IORB',
    start_date='2025-09-01', end_date='2025-09-30')
```

확인을 위해 처음 5개의 자료만 출력한다. 첫 번째 열의 이름은 'observation_date'이고, 두 번째 열의 이름은 'IORB'가 되었다. 모든 줄에 인덱스가 있다. 첫 번째 줄의 인덱스가 0, 다음이 1, 이어서 순서대로 나가고 있다.

```
print(iorb.head())
  observation_date  IORB
0       2025-09-01   4.4
1       2025-09-02   4.4
2       2025-09-03   4.4
3       2025-09-04   4.4
4       2025-09-05   4.4
```

[Yahoo Finance]

이번에는 Yahoo Finance가 제공하는 주식가격 자료를 불러보는 법을 알아본다. 그리고 앞서 FRED API에서 자료를 호출하는 함수를 별도 파일로 저장했는데 이 함수를 다른 파일에서 호출해서 사용하는 사례를 알아본다. f1_bank_deposits.py 파일을 열어보자. '[그림 1] 은행예금 잔액과 은행업 ETF가격'을 그려주는 코드이다.

Yahoo Finance가 제공하는 주식가격 자료를 불러올 때 yfinance라는 파이썬 패키지를 활용한다. yfinance는 Yahoo Finance API를 쉽게 이용할 수 있게 만들어 놓은 오픈소스 패키지이다. yfinace 패키지를 호출하고 yf라고 정의한다. 다른 패키지들은 앞에 설명한 것과 동일하다. 파이썬 코드는 파일을 새로 만들 때마다 필요한 패키지를 호출해야 한다.

```
import pandas as pd
import matplotlib.pyplot as plt
import matplotlib.dates as mdates
import platform
```

```
import yfinance as yf
```

애플 컴퓨터와 윈도우 컴퓨터에서 쓸 수 있는 폰트를 설정해 준다.

```
if platform.system() == 'Darwin':
    plt.rcParams['font.family'] = 'AppleGothic'
else:
    plt.rcParams['font.family'] = 'Malgun Gothic'
plt.rcParams['axes.unicode_minus'] = False
```

fred_api.py라는 이름의 파일에서 fetch_fred_series라는 함수를 불러온다.

```
from fred_api import fetch_fred_series
```

이용할 자료의 시작 시점과 마지막 시점을 정했다. 2022년 1월부터 가장 최신 자료까지 불러온다.

```
start = "2022-01-01"
end = "2025-12-31"
```

FRED API에서 자료를 불러온다. 은행예금 총액 'DPSACBM027NBOG'를 불러와서 df0에 할당하고, 소규모 은행예금 총액 'DPSSCBM027NBOG'를 불러와서 df1에 할당했다. 각각 Deposits, All Commercial Banks 그리고, Deposits, Small Domestically Chartered Commercial Banks에 해당한다. fetch_fred_serie() 함수에는 파라미터가 3개 들어간다. 맨앞에 series_id 값을 적고, start_date, end_date 순서로 적는다.

```
df0 = fetch_fred_series('DPSACBM027NBOG',
                        start_date=start, end_date=end)
```

```
df1 = fetch_fred_series('DPSSCBM027NBOG',
                        start_date=start, end_date=end)
```

yfince 패키지에서 S&P Banks ETF 주가를 불러오는 곳이다. S&P Banks ETF의 ticker, KBE를 yfinance 패키지에 주고 결과를 받아서, bkx라는 변수에 할당한다. 개별 주식의 ticker는 검색엔진으로 미리 검색해 놓아야 한다. 정확한 ticker를 넣어야 오류없이 주식가격을 불러온다. ticker는 미국 주식시장에 상장된 주식마다 붙어있는 식별기호이다.

bkx에 할당된 자료 중에 2022년 1월 1일부터 가장 최신 자료를 선별해서 data라는 변수에 할당한다. data에 들어있는 자료에서 한번 더 2022년 1월 1일부터 2024년 12월 31일까지 자료를 선별했다. 다음에 data변수에 있는 자료의 시작시기와 최종시기를 점검하고, 자료의 처음 10개를 출력해서 확인한다.

다른 주식가격을 알고 싶으면 해당 ticker를 KEB자리에 교체해서 넣으면 된다. 자료 구간을 달리하려면 start, end 날짜를 바꾸면 된다. ticker와 날짜 모두 따옴표 또는 작은 따옴표 안에 넣어야 한다. 날짜는 YYYY-mm-dd 형식으로 넣어야 한다.

```
bkx = yf.Ticker("KBE")
data = bkx.history(start="2022-01-01", end="2025-12-31")
data = data[(data.index >= "2022-01-01") & (data.index <= "2024-12-31")]
print(data.index.min(), data.index.max())
print(data.head(10))
```

선그래프를 그리는 코드이다. 먼저 그림을 정의해 준다. 1줄에 2개의 그래프가 그려진다. 첫째 그래프에 '은행예금' 잔액과 '중소은행예금' 잔액을 선그래프로 그리고, 둘째 그래프에 'S&P Banks ETF'의 가격을 그린다.

```
fig, ax = plt.subplots(1,2, figsize=(8, 4.5), constrained_layout=True)
```

첫째 그림이 그려지는 곳이다. FRED가 제공하는 예금 잔액이 10억 달러 단위로 되어 있어서 1e3 즉, 1,000으로 나누어 1조 달러 단위로 바꾸어 그렸다. 첫째 그림은 y축을 왼쪽과 오른쪽에 그렸다. 전체 은행의 예금 잔액과 중소은행의 예금 잔액의 크기가 너무 차이가 나서 하나의 축만 사용하면 모양이 잘 안나오기 때문이다. 첫째 줄이 의미하는 것은 다음과 같다. ax_left는 왼쪽 y축이며 ax[0]의 왼쪽 y축에 할당된다. ax_right는 오른쪽 y축이며 ax[0]의 ax_left와 쌍을 이룬다. 첫째 그래프의 x축에는 df0의 날짜가, 왼쪽 y축에는 df0에 할당된 전체 은행 예금이 그려진다. 첫째 그래프의 오른쪽 y축에는 df1에 할당된 중소은행예금이 그려진다. x축에는 df1의 날짜가 사용된다.

```
ax_left = ax[0]
ax_right = ax_left.twinx()
ax_left.plot(df0['observation_date'], df0['DPSACBM027NBOG']/1e3,
             label='은행예금', color='red', lw=2)
ax_right.plot(df1['observation_date'], df1['DPSSCBM027NBOG']/1e3,
              label='중소은행예금', color='blue', lw=2)
```

첫째 그래프의 x축 날짜 간격, 선그래프 라벨, 단위표시, 자료출처 표시를 지정하는 곳이다.

```
ax[0].xaxis.set_major_locator(mdates.YearLocator())
ax_left.legend(loc='upper left',bbox_to_anchor=(0.2, 1.0))
ax_right.legend(loc='upper left',bbox_to_anchor=(0.2, 0.94))
ax_left.yaxis.label.set_visible(True)
ax_left.text(0, 1.00, '(조 달러)', ha='left', va='bottom', color='black',
             fontsize=12, rotation=0, transform=ax[0].transAxes)
ax_right.text(1.0, 1.00, '(조 달러)', ha='right', va='bottom', color='black',
             fontsize=12, rotation=0, transform=ax[0].transAxes)
ax[0].text(0.0, -0.15, "출처: FRED", transform=ax[0].transAxes,
             fontsize=10, ha='left')
ax[0].grid(False)
```

오른쪽 그래프를 그리는 코드이다. yfinance 패키지로 불러온 S&P Banks ETF 가격을 그려준다. x축이 날짜, y축이 주식가격이다. yfinance 패키지로 불러온 자료의 날짜는 열(column)에 저장되어 있지 않고 각 행의 index로 지정되어 있다. 그래서 x축을 data.index로 할당한 것이다. 1개의 자료만 그리기 때문에 y축도 당연히 1개이다.

```
ax[1].plot(data.index, data['Close'], label='S&P Banks ETF', color='red', lw=2)
ax[1].legend(loc='upper left',bbox_to_anchor=(0.3, 1))
ax[1].xaxis.set_major_locator(mdates.YearLocator())
ax[1].xaxis.set_major_formatter(mdates.DateFormatter('%Y'))
ax[1].text(0, 1.00, '(달러)', ha='left', va='bottom', color='black',
        fontsize=12, rotation=0, transform=ax[1].transAxes)
ax[1].text(0.0, -0.15, "출처: Yahoo Finance, S&P",
        transform=ax[1].transAxes, fontsize=10, ha='left')
ax[1].grid(False)
```

그림을 파일로 저장하는 단계이다. 먼저 그림을 저장하기 위해 필요한 os, Image 패키지가 호출된다. 설치되어 있지 않다면, 이번에 새로 설치해야 한다. 이 파일의 이름을 base_filename 변수에 할당한다. 이 파일의 경우 f1_bank_deposits가 base_filename에 할당된다.

```
import os
from PIL import Image
```

저장 경로를 설정하고 파일 이름을 정해준다.

```
try:
    base_filename = os.path.splitext(os.path.basename(__file__))[0]
except NameError:
    base_filename = "default_filename"
```

저장 경로를 설정하고 파일 이름을 정해준다.

```
image_path = f"pic_tif/{base_filename}.tif"
image_path_jpg = f"pic_jpg/{base_filename}.jpg"
```

저장 경로가 없으면 자동으로 생성하도록 했다.

```
os.makedirs("pic_tif", exist_ok=True)
os.makedirs("pic_jpg", exist_ok=True)
```

그래프를 파일로 저장한다.

```
plt.savefig(image_path, dpi=300)
plt.savefig(image_path_jpg, dpi=300)
```

그래프를 저장한 그림파일의 색공간을 JPEG와 CMYK로 각각 변환한다. JPEG는 주로 모니터 출력용, CMYK는 인쇄용으로 사용된다. 마지막 줄이 그래프를 모니터로 보여준다.

```
img = Image.open(image_path_jpg).convert("CMYK")
img.save(image_path_jpg, "JPEG")
plt.show()
```

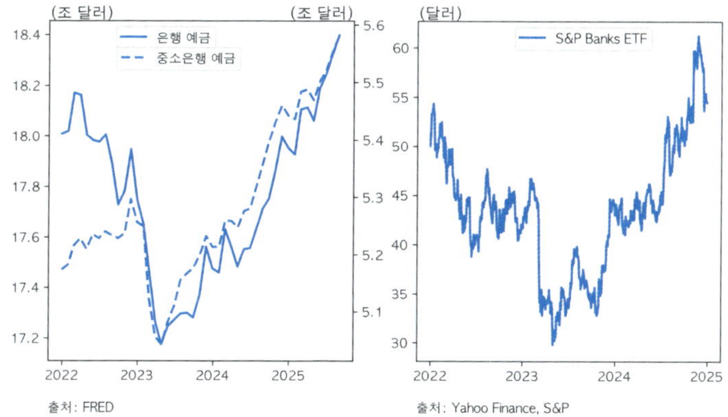

[뉴욕 연준 Markets Data API 1]

이번에는 NY Fed에서 제공하는 Markets Data를 API로 불러오는 함수를 소개한다. 뉴욕 연준 API는 key를 발급받지 않아도 누구나 접속해서 조회할 수 있다. 그리고, Markets Data 웹페이지에서 API를 이용할 때 필요한 endpoint, parameter 등에 대한 정보를 자세히 알려주고 있다.133)

우선, secured rates의 거래량을 호출하는 함수를 살펴본다. 이 코드는 nyfed_api_rate_volume.py라는 파일로 저장해 놓았고 함수의 이름은 fetch_all_secured_rate_vol()이다. '[그림 10] MMF의 RRP와 TGCR 거래 규모'를 그릴 때 이 함수로 자료를 호출했다. [그림 10]을 그려주는 코드는 f10_tgcr_vol.py이다. GitHub에 올려놓은 파일을 참고하면 된다.

지금부터 nyfed_api_rate_volume.py 코드의 내용을 개략적으로 소개한다. 먼저 필요한 패키지를 호출한다. requests와 pandas 패키지가 필요하다.

```
import requests
import pandas as pd
```

133) https://markets.newyorkfed.org/static/docs/markets-api.html

다음은 fetch_all_secured_rate_vol() 함수를 정의한 부분이다. 입력 파라미터는 start_date, end_date, rate_type_filter이며, 각각 자료 시작일, 자료 종료일, 그리고 불러올 이자율 type이 할당된다. start_date, end_date는 YYYY-mm-dd 형식으로 입력한다. rate_type_filter는 tgcr, bcgr, sofr 등 가져올 금리 유형을 소문자로 입력한다. rate_type_filter를 할당하지 않으면 모든 rate type의 자료가 출력되도록 했다. rate_type_filter=None이 그런 의미이다. rate_type_filter='tgcr'로 할당하면 TGCR에 대한 자료만 가져온다. url이 이번에 가져올 Market Data API의 주소, endpoint이다. json 포맷으로 불러와서 data라는 변수에 먼저 할당한다. 이어서 json 형식의 자료 안에 "refRates"로 시작하는 대괄호 속 자료를 모두 가져온다.

```
def fetch_all_secured_rates_vol(start_date, end_date, rate_type_filter=None):
    url="https://
markets.newyorkfed.org/api/rates/all/search.json?type=volume"
    params = {
        "startDate": start_date,
        "endDate": end_date,
        "type": rate_type_filter
            if isinstance(rate_type_filter, str) else None
    }
    response = requests.get(url, params=params)
    if response.status_code != 200:
        raise RuntimeError(f"Failed to fetch all rates: "
                           f"{response.status_code}"
                           f"\n{response.text}")
    data = response.json()
    df = pd.DataFrame(data.get("refRates", []))
    if df.empty:
        return pd.DataFrame(columns=[
            "Date", f"{rate_type_filter.upper()}", "Rate",
            "Percentile1", "Percentile25",
            "Percentile75", "Percentile99"
        ])
```

열의 이름을 직관적이고 간단하게 바꾸고 자료 순서를 정렬해서 보내주는 부분이다. effectiveDate는 파이썬의 datetime 형식으로 바꿔준 다음 Date라는 열에 넣는다. 호출되는 자료는 Date, Type, Volume이며 Type, Date 순서로 정렬한다.

```
df["Date"] = pd.to_datetime(df["effectiveDate"])
df = df.rename(columns={
    "type": "Type",
    "volumeInBillions": 'Volume'
})
return df[[
    "Date", "Type", "Volume"
]].sort_values(["Type", "Date"])
```

예시를 위해 뉴욕 연준의 Markets Data API에서 secured rate의 거래량 자료를 불러와서 data_all이라는 변수에 할당하고 출력해보자. 먼저 함수를 import 해야 하지만 지금 함수가 같은 코드 안에 들어 있어서 import 과정을 생략할 수 있었다. 만약 fetch_all_secured_rates_vol() 함수가 다른 파일에 저장되어 있다면, 아래와 같이 import 문을 앞에 써야 한다.

```
from nyfed_api_rate_volume.py import fetch_all_secured_rates_vol
data_all = fetch_all_secured_rates_vol(start_date="2025-09-01",
        end_date="2025-09-03")
```

확인을 위해 자료를 출력했다. 열의 이름은 각각, Date, Type, Volume이 되었다. rate_type_filter에 지정을 하지 않아서 모든 rate type이 다 조회되었다. 모든 줄에 인덱스가 있다. 이번에는 인덱스 순서로 정렬이 되어 있지 않고, Type, Date 순서로 정렬되어 있음을 알 수 있다. start_date를 2025-09-01로 했는데 가져온 자료의 시작은 2025-09-02이다. 2025-09-01에 자료가 없기 때문에

2025-09-02부터 시작된다.

```
print(data_all)
          Date    Type  Volume
9   2025-09-02    BGCR  1142.0
3   2025-09-03    BGCR  1146.0
6   2025-09-02    EFFR   120.0
0   2025-09-03    EFFR   119.0
7   2025-09-02    OBFR   220.0
1   2025-09-03    OBFR   218.0
10  2025-09-02    SOFR  2947.0
4   2025-09-03    SOFR  2880.0
11  2025-09-02  SOFRAI     NaN
5   2025-09-03  SOFRAI     NaN
8   2025-09-02    TGCR  1118.0
2   2025-09-03    TGCR  1118.0
```

[뉴욕 연준 Markets Data API 2]

NY FED Markets Data 가운데 뉴욕 연준의 RP 거래와 RRP 경매결과 자료를 가져오는 코드를 소개한다. 이 코드는 nyfed_api_rrp_vol.py라는 파일로 저장해 놓았고 함수의 이름은 fetch_rrp_vol()이다. '[그림 10] MMF의 RRP와 TGCR 거래 규모'를 그릴 때 이 함수로 자료를 호출했다. [그림 10]을 그려주는 코드는 f10_tgcr_vol.py이다.

지금부터 nyfed_api_rrp_vol.py 코드의 내용을 개략적으로 소개한다. NY FED Markets Data의 API는 자료마다 endpoint가 다르고 json 형식도 약간씩 다르다. 그래서 다른 함수로 정의한 것이다. Markets Data API 웹페이지에 데이터별 endpoint와 필요한 parameter, 형식 등이 잘 정리되어 있으니 참고하면 된다. 앞의 내용과 중복되는 부분은 설명을 생략하였다.

특징적인 부분은 다음과 같다. endpoint url이 달라졌다. 들어가는 parameter도 rate volume을 호출하는 API와 다르다. json 포맷으로 불러오는 데이터의 구조가 다층구조로 바뀌었다. “repo”, {} 형식의 상위구조 아래, “operations”, []로 된 하위구조의 자료를 가져온다.

```
import requests
import pandas as pd
def fetch_rrp_vol(start_date, end_date):
    url = f"https://markets.newyorkfed.org/api/rp/results/search.json"

params = {
        "startDate": start_date,
        "endDate": end_date,
        "method": 'fixed',
        "securityType": 'tsy',
        "term": 'overnight',
        "details": 'details',
        "propositions": 'propositions'
        }
    response = requests.get(url, params=params)
    if response.status_code != 200:
        raise RuntimeError(f"Failed to fetch all rates: "
                           f"{response.status_code}\n{response.text}")
```

날짜별 RP, RRP 경매결과를 가져와서 dataframe에 담는 과정이다. Type에는 RP 또는 RRP가 표시되고, Total Volume에는 그날의 낙찰총액이, Accepted Cpty에는 낙찰기관의 개수, Participating Cpty에는 응찰기관의 개수, Date에 날짜 자료가 담기고, Date는 datetime 형식으로 변환한다. 총액 데이터는 첫 번째 dataframe으로 돌려준다.

```
data = response.json()
df = pd.DataFrame(data.get("repo", {}).get("operations", []))
df["Date"] = pd.to_datetime(df["operationDate"])
df = df.rename(columns={
    "operationType": "Type",
    "totalAmtAccepted": 'Total Volume',
    "acceptedCpty": 'Accepted Cpty',
    "participatingCpty": 'Participating Cpty'
})
```

RP, RRP 거래 데이터를 거래 Counterparty, Accepted Volume 별로 가져오는 코드가 시작된다. Counterparty Type, Amount Accepted, Date 자료가 담기고, Date는 datetime 형식으로 변환한다. 거래상대방별 데이터는 두 번째 dataframe으로 돌려준다. 거래상대방은 금융기관을 기관 성격에 따라 그룹화한 것이다. 개별 기관에 대한 내용은 아니다. 거래상대방별 데이터는 두 번째 dataframe으로 돌려준다.

```
prop_list = []
for i, props in enumerate(df["propositions"]):
    if isinstance(props, list) and len(df) > 0:
        temp_df = pd.json_normalize(props)
        temp_df["Date"] = df.loc[i, "Date"]
        prop_list.append(temp_df)
if prop_list:
    propositions_df = pd.concat(prop_list, ignore_index=True)
    propositions_df = propositions_df.rename(columns={
        "counterpartyType": "Counterparty Type",
        "amtAccepted": "Amount Accepted"
    })
    propositions_df["Date"] = pd.to_datetime(propositions_df["Date"])
else:
    propositions_df = pd.DataFrame(columns=
```

```
                                          ["Counterparty Type",
                                           "Amount Accepted", "Date"])
        propositions_df["Date"] = pd.to_datetime(
                                           propositions_df["Date"])
    return df, propositions_df
```

확인을 위해 총액을 보여주는 첫 번째 자료를 df_total로 할당하고 csv 파일로 저장했다. 양이 많아서 파일의 내용은 수록하지 않았다. Type 가운데 RRP의 낙찰총액, Total Volume을 [그림 10]에 이용했다. 두 번째 자료는 낙찰기관 타입별 자료이며 화면에 결과를 출력했다. Counter Party 가운데 mmf의 낙찰규모를 [그림 10]에 이용했다.

```
df_total = fetch_rrp_vol(start_date="2024-01-01",
                         end_date='2024-02-01')[0]
df_total.to_csv("total.csv", index=False)
df_cpt = fetch_rrp_vol(start_date="2024-01-01",
                       end_date='2024-02-01')[1]
print(df_cpt)
   Counterparty Type    Amount Accepted         Date
0       bank                  0            2024-02-01
1       gse             25855000000        2024-02-01
2       mmf            477693000000        2024-02-01
3       pd                    0            2024-02-01
4       bank                  0            2024-01-31
..      ...                 ...            ...
83      pd                    0            2024-01-03
84      bank                  0            2024-01-02
85      gse             27250000000        2024-01-02
86      mmf            677614000000        2024-01-02
87      pd                    0            2024-01-02

[88 rows x 3 columns]
```

[Treasury Securities Buybacks]

미국 재무부 Fiscal Data API에서 buybacks data를 가져오는 코드를 알아보자. Fiscal Data는 하나의 형식으로 모든 자료를 제공하지 않고, 데이터베이스별로 다르다. 지금부터 설명하는 것은 Treasury Securities Buybacks 데이터에 있는 자료를 호출하는 코드에 대한 것이다. Treasury Securities Auctions Data를 포함해서 본문에 있는 그래프에 활용한 자료를 호출하는 코드는 따로 만들어서 Github에 올려두었다. Fiscal Data API에 접속할 때 key가 없어도 된다. 사용자 계정을 만들 필요도 없다. Fiscal Data 웹페이지에서 API를 이용할 때 필요한 endpoint, parameter 등에 대한 정보를 자세히 알려주고 있다.[134)]

아래 코드가 '[그림 47] 월별 미재무부 국채 바이백 낙찰규모'에 필요한 자료를 얻기 위해 이용한 코드이다.

```
import requests
import pandas as pd
```

함수의 이름을 fetch_buybacks()로 했다. start_date, end_date를 지정해야 한다. Fiscal Data API는 한번에 호출할 수 있는 자료의 크기를 제한하고 있는데, 하나의 page[size]를 1000 이내로 해야 하고 한 번에 한 페이지씩 호출해야 한다.

```
def fetch_buybacks(start_date, end_date):
    url = ("https://api.fiscaldata.treasury.gov/services/api"
           "/fiscal_service/v1/accounting/od/buybacks_security_details")
    params = {
        'filter': f'operation_date:gte:{start_date},'
                  f'operation_date:lte:{end_date}',
        'fields': 'operation_date,cusip_nbr,coupon_rate_pct,'
```

134) https://fiscaldata.treasury.gov/datasets/

```
                'maturity_date,'
                'par_amt_accepted,weighted_avg_accepted_price',
        'page[size]': 1000,
        'page[number]': 1
    }
    all_data = []
    print("데이터 가져오기를 시작합니다...")
    while True:
        try:
            response = requests.get(url, params=params)
            response.raise_for_status() # 요청 실패 시 예외 발생
            print(f"페이지 {params['page[number]']} 가져오는 중 - 상태 코드: {response.status_code}")
            page_data = response.json().get("data", [])
            if not page_data:
                print("더 이상 가져올 데이터가 없습니다.")
                break
            all_data.extend(page_data)
            params['page[number]'] += 1
        except requests.exceptions.HTTPError as http_err:
            print(f"HTTP 오류가 발생했습니다: {http_err}")
            print(f"응답 내용: {response.text}")
            break
        except requests.exceptions.RequestException as req_err:
            print(f"요청 중 오류가 발생했습니다: {req_err}")
            break
```

데이터가 다 호출되면 dataframe 형식으로 지정하고, 날짜 데이터는 datetime 형식으로 숫자 데이터는 numeric으로 변환한다. 불러오는 자료의 내용은 df의 column 이름으로 짐작할 수 있다. 이 함수는 두 개의 return 값을 가지고 있다. 첫 번째 return은 csv 형식으로 지정한 자료 파일이고, 두 번째 return은 dataframe 형식이다. 데이터를 불러오는데 시간이 걸리기 때문에 한번 호출해서 output_path에 정한 treasury_buybacks.csv 파일로 저장해서 사용할 수 있도록 만들었다. 그

래프를 그릴 때 이 csv 파일을 불러와서 그리면 API를 호출할 때보다 속도가 빠르다. csv file 대신 두 번째 return 값인 dataframe을 이용할 수도 있다.

```
    if all_data:
        df = pd.DataFrame(all_data)
        print("\n데이터 샘플 (처음 5개):")
        df['operation_date'] = pd.to_datetime(df['operation_date'])
        df['coupon_rate_pct'] = pd.to_numeric(df['coupon_rate_pct'],
                                                errors='coerce')
        df['maturity_date'] = pd.to_datetime(df['maturity_date'])
        df['par_amt_accepted'] = pd.to_numeric(df['par_amt_accepted'],
                                                errors='coerce')
        df['weighted_avg_accepted_price'] = pd.to_numeric(
                                            df['weighted_avg_accepted_price'],
                                                errors='coerce')
        output_path = "data/treasury_buybacks.csv"
        csv_file = df.to_csv(output_path, index=False)
    return csv_file, df
```

이 함수를 이용해서 자료를 호출하는 방법은 아래와 같다. 첫 번째 return 값을 data 디렉토리 안에 treasury_buybacks.csv이라는 파일로 저장하거나, 두 번째 return 값을 dataframe으로 호출하면 된다.

```
from treasury_buybacks_api import fetch_buybacks
fetch_buybacks(start_date='2025-01-01',
            end_date='2025-09-01')[0]
df = fetch_buybacks(start_date='2025-01-01',
            end_date='2025-09-01')[1]
```

[Treasury Securities Auctions Data]

미국 재무부 Fiscal Data API에서 Treasury Securities Auctions data를 가져와서 파일로 저장하는 코드를 살펴보자. 다른 곳에서 설명한 것은 제외하고 특징적인 사항위주로 설명하였다. Markets Data 웹페이지에서 API를 이용할 때 필요한 endpoint, parameter 등에 대한 정보를 자세히 알려주고 있다.

아래 코드가 '[그림 26] 월별 미국 국채 경매규모'에 활용되었다. 먼저 필요한 패키지를 호출한다.

```
import requests
import pandas as pd
```

국채 경매결과를 호출하는 함수를 정의하는 곳이다. start_date, end_date를 파라미터로 입력한다.

```
def fetch_securities_auction(start_date, end_date):
```

treasury fiscal data의 Treasury Securities Auctions Data에 접근하는 endpoint를 url에 할당한다.

```
    url = ("https://api.fiscaldata.treasury.gov/services"
            "/api/fiscal_service/v1/accounting/od/auctions_query")
```

시작일, 종료일이 필터로 들어가는 곳이다. 필드에 호출하는 자료의 이름이 들어간다. Auctions Data는 상당히 구체적인 정보를 제공한다. 자료 기록일, 경매실시일, 발행일을 알려주며 발행금액, 발행한 채권의 종류와 만기(term)도 나온다.

다만, 낙찰기관에 대한 구체적 정보가 없고 primary dealer, direct bidder, indirect bidder, soma, fima 등의 그룹별 데이터를 제공한다.

한번에 가져올 수 있는 페이지 크기는 1,000줄로 제한되며, 1페이지씩 가져온다. 먼 과거부터 자료를 가져오면 호출시간이 오래 걸린다. 2023년부터 최근까지 자료를 가져오면, 2페이지로 끝난다. json 포맷으로 자료를 가져오며, 호출이 끝나면 자동으로 dataframe 형식으로 전환한다.

```
params = {
    'filter': f'record_date:gte:{start_date},record_date:lte:{end_date}',
    'fields': 'record_date,security_type,security_term,auction_date,issue_date,'
              'primary_dealer_accepted,soma_accepted,'
              'total_accepted,direct_bidder_accepted,'
              'direct_bidder_tendered,indirect_bidder_accepted,'

'indirect_bidder_tendered,fima_noncomp_accepted,treas_retail_accepted',
    'page[size]': 1000,
    'page[number]': 1
}
all_data = []
print("데이터 가져오기를 시작합니다...")
while True:
    try:
        response = requests.get(url, params=params)
        response.raise_for_status() # 요청 실패 시 예외 발생
        print(f"페이지 {params['page[number]']} 가져오는 중 - 상태 코드: {response.
status_code}")
        page_data = response.json().get("data", [])
        if not page_data:
            print("더 이상 가져올 데이터가 없습니다.")
            break
        all_data.extend(page_data)
        params['page[number]'] += 1
    except requests.exceptions.HTTPError as http_err:
```

```
            print(f"HTTP 오류: {http_err}")
            print(f"응답 내용: {response.text}")
            break
        except requests.exceptions.RequestException as req_err:
            print(f"요청 중 오류: {req_err}")
            break
    if all_data:
        df = pd.DataFrame(all_data)
```

자료호출이 끝나면 자료의 처음 5개를 화면에 출력하고 자료를 csv 파일로 저장한다. 현재는 csv 파일만 return하도록 했는데, df를 return해도 된다.

```
        print(df.head())
        output_path = "data/treasury_auctions_2024.csv"
        csv_file = df.to_csv(output_path, index=False)
    return  csv_file
```

함수를 호출할 때의 예시이다. 이 함수와 별개의 py 파일에서 호출한다면 먼저 함수를 import 한다. 한편 자료를 정상적으로 모두 가져와도 'HTTP 오류가 발생했습니다.'라는 오류 메시지가 뜬다. 마지막 자료 호출 이후 한번 더 자료를 호출하면서 나타나는 오류인데 무시하면 된다. 중간에 자료를 가져오는 중이라는 메시지가 계속 나왔다면 잘 실행된 것이다. output_path에서 지정한 경로에서 csv 파일을 찾아 확인하면 된다.

```
from treasury_auctions_api import fetch_securities_auction
fetch_securities_auction(start_date='2023-01-01', end_date='2025-12-31')
```

[IMF Data API]

코드를 설명하기 전에 IMF Data에서 API로 자료를 fetch하기 위한 기본적 준비사항을 알아보자. 우선 IMF Data 홈페이지에서 회원가입을 하는 것을 권장한다. API key는 요구하지 않지만 사용자로 가입하고 로그인해야 API 이용에 필요한 세부 내용을 열람할 수 있다. 참고로, 2025년 하반기 IMF Data의 API 형식과 필드 이름 등이 전면 개편되었다. 따라서 IMF API 자료 fetch를 도와주던 기존의 많은 python package가 제대로 작동하지 않는다.

IMF API는 endpoint가 Dataset마다 다르다. data id도 직접 확인해야 한다. IMF Data 홈페이지[135]에서 샘플 자료를 받아서 열어보고 확인하는 것이 가장 확실하다. 먼저 원하는 자료를 검색해서 csv 파일로 받아서 indicator id, country id 등을 확인한다. 다음 DATASET로 가서 원하는 dataset을 찾아 가면 자료의 API 형식을 확인할 수 있다.

예를 들어보자. DATASET에서 international reserve를 검색한다. 이 자료는 dataset 가운데 Composition of Official Foreign Currency Reserves(COFER) dataset에 있다. COFER dataset 링크를 타고 가면 API, VIEW DATA, DOWNLOAD 아이콘이 있다. DOWNLOAD에 들어가면 자료를 csv 형태로 나의 컴퓨터로 받을 수 있다. VIEW DATA에 들어가면 화면에 자료를 보여준다. API에 들어가서 SDMX 2.1 API와 SDMX 3.0 API 가운데 하나를 선택해 들어간다. IMF data는 SDMX 2.1 API와 SDMX 3.0 API로 자료를 제공한다. SDMX1 API 방식은 이제 제공되지 않는다. 각각의 endpoint와 형식이 다르기 때문에 어떤 것을 사용할 지 정해야 한다. SDMX 2.1 API를 선택해 들어간다. 왼쪽 중간에 GET Data Query [Flow, Key]를 선택한다. 들어가면 오른쪽에 Try it 녹색 아이콘이 있다. 클릭하고 들어가면, 입력이 필요한 박스들이 있고 IMF.STA, CPI 데이터셋에서 미국의 CPI를 조회하는 parameter 들이 채워져 있다. 그 아래 노란색 아이콘 SEND를 클

135) https://data.imf.org/en

릭하면 결과가 화면에 나온다. 중간에 GET로 시작하는 부분이 endpoint 형식을 보여주는 부분이다. 이제 본인이 원하는 dataset id와 indicator id를 찾아 같은 방식으로 try해보면 된다.

아래 코드는 IMF IFS COFER Dataset에서 외환보유액의 통화별 구성 자료를 가져오는 함수이다. imf_api.py 파일로 저장해 놓았다. '[그림 52] 전세계 외환보유액의 주요 통화별 구성'을 그릴 때 fetch_cofer_data() 함수로 자료를 호출했다.

SDMX 2.1 API endpoint에서 자료를 가져온다. 다른 Dataset에서 자료를 가져오려면 endpoint와 field 등을 그 Dataset에 맞게 수정해야 한다. 앞의 내용과 중복되는 부분은 설명을 생략하였다.

특징적인 부분은 다음과 같다. endpoint url이 있고, 들어가는 parameter는 currency_code, param, start_period, end_period이다. 호출된 자료는 'Date'와, param의 실제 값이 열이 이름인 dataframe이다. currency_code는 IMF가 쓰는 코드를 사용해야 한다. DATA EXPLORER에서 미리 확인이 필요하다. param은 통화별 달러표시 총액(NV_USD)과 통화별 비중(SHRO_PT)이다. 이 이름도 미리 확인해 두어야 한다.

IMF Data는 날짜 표시 형식이 FRED나 NY FED Markets Data와 다르다. convert_period_to_date() 함수는 IMF Date의 분기 표기방식을 FRED 방식으로 바꿔준다. IMF Data는 분기를 2025−Q2로 표시한다. 아래 함수는 이것을 2025−04−01로 바꿔준다. IMF Data의 월간 데이터 표시는 2025−M05로 표시한다. 아래 함수가 이것을 2025−05−01로 바꾼다.

```
import pandas as pd
import requests
from lxml import etree
def convert_period_to_date(period_str):
    if "-M" in period_str:
        year, month = period_str.split("-M")
        return f"{year}-{month}-01"
    elif "-Q" in period_str:
```

```
        year, quarter = period_str.split("-Q")
        month_map = {"1": "01", "2": "04", "3": "07", "4": "10"}
        return f"{year}-{month_map[quarter]}-01"
    else:
        return f"{period_str}-01-01"
def fetch_cofer_data(currency_code, param, start_period, end_period):
    base_url = ("https://api.imf.org/external/sdmx/2.1/data/"
                "IMF.STA,COFER/"
                "G001.AFXRA.{currency}.{param}.Q")
    url = base_url.format(currency=currency_code, param=param)
    params = {
        "startPeriod": start_period,
        "endPeriod": end_period,
        "detail": "full"
    }
    response = requests.get(url, params=params)
    tree = etree.fromstring(response.content)
    obs_nodes = tree.xpath('//*[local-name()="Obs"]')
    data = []
    for obs in obs_nodes:
        time = obs.attrib.get("TIME_PERIOD")
        value = obs.attrib.get("OBS_VALUE")
        if value:
            date = pd.to_datetime(convert_period_to_date(time))
            data.append((date, float(value)))
    return pd.DataFrame(data, columns=["Date", param])
```

다른 py 파일에서 이 함수를 다음과 같이 import한다. imf_api 파일에 함수가 두개 있어서 함수를 모두 호출하도록 * 표시했다. currency의 key 값은 저자가 쓴 것이고 value 값은 IMF Data가 정한 통화별 코드이다. 다른 통화에 대한 자료를 fetch하려면 IMF Data 홈페이지에서 검색해서 입력한다.

```
from imf_api import *
currencies = {
    "USD": "CI_USD",
    "EUR": "CI_EUR",
    "JPY": "CI_JPY",
    "GBP": "CI_GBP",
    "CNY": "CI_CNY"
}
start = "1999-Q1"
end = "2025-Q1"
```

한번의 fetch로 한 가지 통화의 자료만 가져오기 때문에 dictionary에 있는 다섯 통화의 자료를 순차적으로 fetch해서 하나의 dataframe으로 만든다. ‘Date’ column을 index로 한다.

```
dfs_usd = []
dfs_share = []
for name, code in currencies.items():
    df_usd = fetch_data(code, "NV_USD", start_period=start, end_period=end)
    df_usd.rename(columns={"NV_USD": name}, inplace=True)
    dfs_usd.append(df_usd.set_index("Date"))
    df_share = fetch_data(code, "SHRO_PT", start_period=start, end_period=end)
    df_share.rename(columns={"SHRO_PT": name}, inplace=True)
    dfs_share.append(df_share.set_index("Date"))
```

아래 코드는 IMF IL(International Liquidity) Dataset에서 세계 각국의 금보유 자료를 가져오는 함수이다. imf_api.py 파일 안에 저장해 놓았다. ‘[그림 53] 전세계 금 보유량, 국가별 보유량’을 그릴 때 fetch_gold_data() 함수로 자료를 호출했다. Dataset이 바뀌면서 endpoint도 달라졌다.

```
def fetch_gold_data(country_id, indicator_id, unit_id, start_period, end_period):
    base_url = ("https://api.imf.org/external/sdmx/2.1/data/"
                "IMF.STA,IL/"
                f"{country_id}.{indicator_id}.{unit_id}.M")
    url = base_url.format(indicator_id=indicator_id, unit_id=unit_id)
    params = {
        "startPeriod": start_period,
        "endPeriod": end_period,
        "dimensionAtObservation": "TIME_PERIOD",
        "detail": "dataonly",
        "includeHistory": "false"
    }
    response = requests.get(url,params=params)
    response.raise_for_status()
    tree = etree.fromstring(response.content)
    obs_nodes = tree.xpath('//*[local-name()="Obs"]')
    data = []
    for obs in obs_nodes:
        time = obs.attrib.get("TIME_PERIOD")
        value = obs.attrib.get("OBS_VALUE")
        if value:
            date = pd.to_datetime(convert_period_to_date(time))
            data.append((date, country_id, indicator_id, float(value)))
    return pd.DataFrame(data, columns=["Date", country_id, indicator_id, "OBS_VALUE"])
```

사용 사례는 아래와 같다. 먼저 imf_api에서 모든 함수를 import한다.

IMF IL Dataset에서 사용하는 data id를 확인해서 필요한 id를 변수에 할당하는 코드이다. indicator_id는 각각 금보유량(온스), 금보유량(금액), 외환보유액(금액)을 의미한다. 자료를 불러올 해당 국가코드를 country_id로 할당했다. G001은 전세계를 의미한다. 단위를 표시하는 id가운데 FTO는 금의 무게를 재는 단위인 troy oz를, XDR은 IMF 특별인출권 SDR을 의미한다.

```
from imf_api import *
indicator_id = ['RGV_REVS', 'RGOLDMV_REVS', 'TRGMV_REVS']
country_id = ['G001','USA','DEU','ITA', 'FRA',
              'CHN', 'CHE','IND','JPN','TUR']
unit_id = ['FTO', 'XDR']
```

world total gold volume을 불러와서 df_world_gold로 할당하는 코드이다.

```
df_world_gold = fetch_gold_data(country_id[0], indicator_id[0],
    unit_id[0], start_period=start, end_period=end)
df_world_gold = df_world_gold.rename(columns={"OBS_VALUE":"World Holdings"}).
copy()
```

나라별 금보유량을 불러와서 df_pivot이라는 dataframe에 할당하는 코드이다. 한 국가씩 fetch_gold_data로 자료를 불러와서 all_data라는 dictionary에 차곡차곡 모은 다음 df_pivot이라는 dataframe으로 변환한다. indicator_id[0]는 'RGV_REVS'이며 금보유량을 의미한다. unit_id[0]는 'FTO'이며 troy oz를 의미한다. 'Date'를 index로 설정하고, 호출된 금보유량이 들어있는 열의 이름을 나라이름 코드로 바꾼다.

```
countries = ['DEU', 'CHN', 'IND', 'JPN', 'TUR']
all_data = {}
for country in countries:
    df = fetch_gold_data(country, indicator_id[0],
        unit_id[0], start_period=start, end_period=end)
    df.rename(columns={df.columns[-1]: "value"}, inplace=True)
    all_data[country] = df.set_index("Date")['value'].to_dict()
df_pivot = pd.DataFrame(all_data)
```

참고문헌

ADP Research. (2025). *ADP® National Employment Report.* Retrieved from https://adpemploymentreport.com/

Barbiero, O., & Stein, H. (2026). *The Impact of Tariffs on Inflation.* Retrieved from https://www.bostonfed.org/publications/current-policy-perspectives/2025/the-impact-of-tariffs-on-inflation

Barron's. (2024). *Inside the Plan for Trump to Sideline the Powell Fed.* Retrieved from www.barrons.com

Beschwitz, B. v., & at. al. (2019). *Revisions to the Federal Reserve Dollar Indexes.* Retrieved from https://www.federalreserve.gov/econres/notes/feds-notes/revisions-to-the-federal-reserve-dollar-indexes-20190115.html

Bloomberg. (2024). *Trump, Harris Angle to Gain Political Edge from Fed Rate Cut.* Retrieved from Bloomberg.com

Bloomberg. (2025). *Stephen Miran Explains Why There's No Secret Dollar Pact.* Retrieved from https://www.bloomberg.com/news/articles/2025-05-22/stephen-miran-on-market-volatility-the-deficit-and-a-mar-a-lago-accord

Boomberg. (2024). *2024 annual rebalance of the Bloomberg Dollar Index.* Retrieved from https://assets.bbhub.io/professional/sites/27/2024-Bloomberg-Dollar-Spot-Index-Rebalance-Announcement.pdf

Bostrom, E., Bowman, D., Rose, A., & Xia, A. (2025). *What Happens on Quarter-Ends in the Repo Market.* Federal Reserve Board.

Bowman, M. W. (2024). *Remarks on the Economic Outlook and Financial Inclusion.* Retrieved from www.federalreserve.gov

Bown, C. P. (2025). *US-China Trade War Tariffs: An Up-to-Date Chart.* (PIIE)

Retrieved from https://www.piie.com/research/piie-charts/2019/us-china-trade-war-tariffs-date-chart

Butkiewicz, J. L. (2012). The Political Business Cycle: New Evidence from the Nixon Tapes. *Journal of Money, Credit and Banking, 44*, pp. 385-399.

Clouse, J. A., Infante, S., & Senyuz, Z. (2025). *Market-Based Indicators on the Road to Ample Reserves.* Federal Reserve Board.

CME Group. (2025). *CME FedWatch.* Retrieved from https://www.cmegroup.com/markets/interest-rates/cme-fedwatch-tool.html

CNBC. (2015). *Why is Yellen skipping Jackson Hole?* Retrieved from www.cnbc.com

CNN. (2025). *Analyzing the scale of Trump's federal layoffs in his first 100 days.* Retrieved from cnn.com

Congressional Budget Office. (2025). *Budgetary and Economic Effects of Increases in Tariffs Implemented Between January 6 and May 13, 2025.* Retrieved from https://www.cbo.gov/publication/61389

Congressional Budget Office. (2025). *Estimated Budgetary Effects of H.R. 1, the One Big Beautiful Bill Act.* Retrieved from https://www.cbo.gov/publication/61461

Congressional Reserve Service. (2023). *Bank Capital Requirements: Basel III Endgame.* Retrieved from https://www.congress.gov/crs-product/R47855

Dudley, W. (2024). *The Fed Should Go Big Now. I Think It Will.* Retrieved from bloomberg.com

Duffie, D. (2025). How US Treasuries Can Remain the World's Safe Haven. *Journal of Economic Perspectives*, (pp. Volume 39, Number 2).

ECB. (2024). *ECB Forum on Central Banking.* Retrieved from https://www.ecb.europa.eu/press/conferences/ecbforum/html/index.en.html

Erik Bostrom, D. B. (2025). *What Happens on Quarter-Ends in the Repo Market.* Federal Reserve Board.

Erin Ferris, A. R. (2025). *What can public Fedwire payments data tell us about ample reserves?* Federal Reserve Board.

Federal Reserve Bank of Kansas City. (2013). In Late August: The Federal Reserve

Bank of Kansas City's Jackson Hole Economic Policy Symposium. Retrieved from https://www.kansascityfed.org/Jackson%20Hole/Jackson%20Hole/documents/7694/InLateAugust.pdf

Federal Reserve Bank of St. Louis. (2025). *Revisions to BLS employment data.* Retrieved from FRED Blog.

Federal Reserve Board. (2000). *Monetary Policy Report.* Retrieved from www.federal reserve.gov

Federal Reserve Board. (2024). *Transcript of Chair Powell's Press Conference.* Retrieved from www.federalreserve.gov

Federal Reserve Board. (2025). *Beige Book – May 2025.* Federal Reserve Board.

Federal Reserve Board. (2025). *Chair Powell's Press Conference.* Retrieved from https://www.federalreserve.gov/monetarypolicy/fomcpresconf20250618.htm

Federal Reserve Board. (2025). *Draft notice of proposed rulemaking to modify the enhanced supplementary leverage.* Retrieved from www.federalreserve.org

Federal Reserve Board. (2025). *Minutes of the Federal Open Market Committee.* (Federal Reserve Board) Retrieved from https://www.federalreserve.gov/monetarypolicy/fomcminutes20250507.htm

Federal Reserve Board. (2025). *Monetary Policy Principles and Practice.* Retrieved from https://www.federalreserve.gov/

Federal Reserve Board. (2025). *Summary of Economic Projections.* Retrieved from www.federalreserve.gov

Forbes. (2025). *Three Reasons Why the Fed Should Get Rid of the Dot Plot.* Retrieved from Forbes.com

Gara Afonso, G. C. (2023). *Who's Borrowing and Lending in the Fed Funds Market Today?* Federal Reserve Board.

Garbade, K. D. (2024). Direct Purchases of U.S. Treasury Securities by Federal Reserve Banks. *Federal Reserve Bank of New York Staff Report.* Retrieved from https://www.newyorkfed.org/research/staff_reports/sr684.html

Garbade, K. D., & Rutherford, M. (2007). Buybacks in Treasury Cash and Debt Management. *Federal Reserve Bank of New York Staff Report.*

Geraty, M. (2002). How to Calculate the Odds of a Change in the Fed Funds Rate.

Bianco Research L.L.C.

MarketWatch. (2025). *U.S. Economic Calendar.* Retrieved from https://www.marketwatch.com/economy-politics/calendar

McCabe, S. J. (2023). *Money Market Fund Repo and the ON RRP Facility.* Board of Governors of the Federal Reserve System.

Miran, S. (2024). *A User's Guide to Restructuring the Global Trade System.* Hudson Bay Capital.

NPR Morning Edition. (2025). *Brookings Institution's David Wessel discusses whether the stock market is overvalued.* Retrieved from www.npr.org

Peterson Institute for International Economics. (2025). *Trump's trade war timeline 2.0: An up-to-date guide.* Retrieved from https://www.piie.com/blogs/real-time-economics/2025/trumps-trade-war-timeline-20-date-guide

Politico. (2013). *Bernanke to miss conference.* Retrieved from www.politico.com

Powell, J. (2022). *Monetary Policy and Price Stability.* Retrieved from www.federalreserve.gov

Powell, J. (2024). *Review and Outlook.* Retrieved from www.federalreserve.gov

Powell, J. (2024). *Semiannual Monetary Policy Report to the Congress.* Retrieved from www.federalreserve.gov

SIFMA. (2025). *US Treasury Securities Statistics.* Retrieved from www.sifgma.org

Stefan Gissler, S. H. (2025). *Monitoring Reserve Scarcity Through Nonbank Cash Lenders.* Federal Reserve Board.

The Budget Lab at Yale. (2025). *Where We Stand: The Fiscal, Economic, and Distributional Effects of All U.S. Tariffs Enacted in 2025 Through April 2.* Retrieved from https://budgetlab.yale.edu/research/where-we-stand-fiscal-economic-and-distributional-effects-all-us-tariffs-enacted-2025-through-april

The Wall Street Journal,. (2015). *Fed's Yellen Plans to Skip This Year's Jackson Hole Conference.* Retrieved from www.wjs.com

the White House. (2026). *MEMO: The One Big Beautiful Bill Improves the Fiscal Trajectory.* Retrieved from https://www.whitehouse.gov/articles/2025/06/memo-the-one-big-beautiful-bill-improves-the-fiscal-trajectory/

Timiraos, N. (2024, 9 17). *Fed Prepares to Lower Rates, With Size of First Cut in Doubt.* Retrieved from www.wsj.com

Timiraos, N. (2024, 9 12). *The Fed's Rate Cut Dilemma: Starts Big or Small?* Retrieved from www.wsj.com

Treasury Borrowing Advisory Committee. (2025). *Treasury Buyback Program Effectiveness Assessment.* Treasury Borrowing Advisory Committee.

U.S. Bureau of Labor and Statistics. (2025). *Consumer Price Indexes.* Retrieved from https://www.bls.gov/cpi/

U.S. Bureau of Labor and Statistics. (2025). *Economic Situation Report.* Retrieved from https://www.bls.gov/bls/news-release/empsit.htm

U.S. Bureau of Labor and Statistics. (2025). *Import/Export Price Indexes.* Retrieved from https://www.bls.gov/mxp/

U.S. Bureau of Labor and Statistics. (2025). *Job Openings and Labor Turnover Survey.* Retrieved from https://www.bls.gov/jlt/

U.S. Bureau of Labor and Statistics. (2025). *Producer Price Indexes.* Retrieved from https://www.bls.gov/ppi/

U.S. Bureau of Labor and Statistics. (2025). *The Beveridge Curve(job opening rate vs. unemployment rate), seasonally adjusted.* Retrieved from https://www.bls.gov/charts/job-openings-and-labor-turnover/job-openings-unemploy-ment-beveridge-curve.htm

U.S. Department of The Treasury. (2024). *Remarks by Assistant Secretary for Financial Markets Joshua Frost on Recent Progress by the Inter-Agency Working Group on Treasury Market Surveillance at the Federal Reserve Bank of New York's Annual Primary Dealer Meeting.* Retrieved from https://home.treasury.gov/news/press-releases/jy2328

U.S. Department of The Treasury. (2025). *FiscalData.* Retrieved from https://fiscaldata.treasury.gov/datasets/daily-treasury-statement/operating-cash-balance

U.S. Department of The Treasury. (2025). *Quarterly Refunding Statement of Acting Assistant Secretary for Financial Markets Brian Smith.* Retrieved from https://home.treasury.gov/news/press-releases/sb0010

U.S. Department of The Treasury. (2025). *Table 1: U.S. Long-Term Securities Held by Foreign Residents.* Retrieved from https://ticdata.treasury.gov/resource-center/data-chart-center/tic/Documents/slt_table1.html

U.S. Department of The Treasury. (2025). *Table 5: Major Foreign Holders of Treasury Securities.* Retrieved from https://ticdata.treasury.gov/resource-center/data-chart-center/tic/Documents/slt_table5.html

U.S. Department of The Treasury. (2025). *Treasury Announces Marketable Borrowing Estimates.* Retrieved from https://home.treasury.gov/news/press-releases/sb0115

USA today. (2015). *Janet Yellen, other big names, no shows at Federal Reserve summit in Jackson Hole.* Retrieved from www.usatoday.com

Vissing-Jorgensen, A. (2025). *Fluctuations in the Treasury General Account and their effect on the Fed's balance sheet.* Federal Reserve Board.

Waller, C. (2024). *The Time Has Come.* Retrieved from www.federalreserve.gov

Waller, C. (2025). *Demystifying the Federal Reserve's Balance Sheet.* Federal Reserve Board.

Waller, C. (2025). *The Case for Cutting Now.* (Federal Reserve Board) Retrieved from https://www.federalreserve.gov/newsevents/speech/waller20250717a.htm

White House. (2025). *Fact Sheet: President Donald J. Trump Reins in Independent Agencies to Restore a Government that Answers to the American People.* Retrieved from www.whitehouse.gov

Wikipedia.com. (2025). *2024 United States presidential election in New York".* Retrieved from Wikipedia.com

Willams, J. (2025). *Summer of '25: The Data.* (Federal Reserve Bank of New York) Retrieved from https://www.newyorkfed.org/newsevents/speeches/2025/wil250716

연합인포맥스. (2024). "[New York Now] Powell's Love for the Beveridge Curve." https://en.infomaxai.com에서 검색됨

한국은행 뉴욕사무소. (2017). "[현지정보] 8월 미국 CPI와 PCE 물가간 괴리 원인 및 평가." www.bok.or.kr에서 검색됨

한국은행 뉴욕사무소. (2024). "[현지정보] 9월 FOMC 회의결과에 대한 시장참가자들

의 평가 및 금융시장 반응." www.bok.or.kr에서 검색됨

한국은행 뉴욕사무소. (2024). "[현지정보] 최근 미국 CPI, PCE 물가간 괴리 원인 및 평가." www.bok.or.kr에서 검색됨

한국은행 뉴욕사무소. (2024). "2025년 미국경제 전망 및 주요 이슈." www.bok.or.kr에서 검색됨

한국은행 뉴욕사무소. (2024). "미국 재정적자와 미국채 금리 동향 및 전망." www.bok.or.kr에서 검색됨

한국은행 뉴욕사무소. (2025). "[현지정보] 美 2025.5월 소비자물가 동향 및 금융시장 반응."

찾아보기

ㅈ

ㅌ

ㅍ

A-Z

저자 약력

이재랑

2023년 여름부터 2025년 봄까지 한국은행 뉴욕사무소장을 역임하였으며, 현재 한국은행 경제연구원 연구자문위원으로 재직 중이다. 1990년 한국은행에 입행한 이후 국제부, 조사국 그리고 경제연구원에서 외환관리, 국제경제와 한국경제 분석, 거시경제모형 구축 업무 등을 수행하였고 조사총괄팀장, 거시모형부장, 경제연구원 부원장, 전북본부장, 인재개발원장 등을 역임하였다. 1990년 서울대학교 국제경제학과를 졸업하였고, 2004년 미국 워싱턴주립대학교(University of Washington)에서 국제무역론을 전공하고 박사 학위를 받았다.

주요 연구실적으로 "베이지안 모형평균법에 의한 인플레이션 예측"(조사통계월보, 2008), "인플레이션 변동성 확대가 통화수요에 미치는 영향과 시사점"(한은조사연구, 2008), "아시아경제의 장래"(공저, 금융경제연구, 2005), "업종별 실질실효환율을 이용한 우리나라 제조업의 가격경쟁력 분석"(공저, 경제분석, 2005), "Vertical Integration and Strategic Trade Polices"(공저, The North American Journal of Economics and Finance, 2005) 등이 있다.

이야기로 풀어가는 현실 국제금융론

초판발행 2026년 1월 30일

지은이 이재랑
펴낸이 안종만 · 안상준

편 집 우석진
기획/마케팅 정연환
표지디자인 BEN STORY
제 작 고철민 · 김원표

펴낸곳 (주) 박영사
서울특별시 금천구 가산디지털2로 53, 210호(가산동, 한라시그마밸리)
등록 1959. 3. 11. 제300-1959-1호(倫)
전 화 02)733-6771
f a x 02)736-4818
e-mail pys@pybook.co.kr
homepage www.pybook.co.kr
ISBN 979-11-303-9724-5 93320

정 가 20,000원